上海城市发展与社会生活丛书

丛书主编：忻平 丰箫 吴静

上海儿童日常生活中的历史
（1927—1937）

刘 媛 著

上海大学出版社
·上海·

图书在版编目(CIP)数据

上海儿童日常生活中的历史：1927—1937 / 刘媛著
.—上海：上海大学出版社，2023.12
（上海城市发展与社会生活丛书）
ISBN 978-7-5671-4879-6

Ⅰ.①上… Ⅱ.①刘… Ⅲ.①儿童-生活状况-史料-上海-1927-1937 Ⅳ.①D432.7

中国国家版本馆CIP数据核字(2023)第236144号

责任编辑　王　聪
封面设计　倪天辰
技术编辑　金　鑫　钱宇坤

上海儿童日常生活中的历史(1927—1937)
刘　媛　著
上海大学出版社出版发行
（上海市上大路99号　邮政编码200444）
(https://www.shupress.cn　发行热线021-66135112)
出版人　戴骏豪

*

南京展望文化发展有限公司排版
上海华业装潢印刷厂有限公司印刷　各地新华书店经销
开本787mm×960mm　1/16　印张19.5　字数317千
2024年1月第1版　2024年1月第1次印刷
ISBN 978-7-5671-4879-6/D·260　定价　88.00元

版权所有　侵权必究
如发现本书有印装质量问题请与印刷厂质量科联系
联系电话：021-56475919

总　　序

城市发展在人类历史中占有重要地位,城市塑造了与乡村生活迥异的社会生活。斯本格勒这样描述:"在一座城市从一个原始的埃及的、中国的或德国的村落——广阔土地上的一个小点——中产生的时候,到底意味着什么。在外貌上,或许没什么区别,但在精神上,它是如此的一个地方,此后,乡村便被它看成是、感到是、体验为其'四郊',成为一种不同的及从属的东西。从此时起便有了两种生活,即城内的与城外的生活,农民与市民同样清楚地知道这一点。"①当然,在城市化发展过程中,城市与农村既有巨大差异,也有某些相似特征。从小渔村发展而来的上海,更为典型。

从近代开埠到中华人民共和国成立前夕的上海历史,是一部上海现代化发展史,也是一部社会转型的历史。中华人民共和国成立前,上海的现代化进程已达到一个历史的顶峰时期。但传统社会仍未消失,从而使社会生活凸显出一种多元势差结构②。

本丛书的主要特点是:以多视角、多资料、多专题来展现少有人研究的上海城市发展过程中上海人的多样社会生活。此次几位年轻学者的书稿都是在其博士论文基础上经过多年修改而成,以多元史料和深刻分析见长。

茶馆是透视城市发展、社会变迁的窗口,茶馆是反映社会百态、世俗风情的空间,茶馆是国家权力与日常文化此消彼长的场域。学界相关研究较多,但缺乏对近代上海这个大城市的茶馆全面而翔实的考察。

---

① [德]斯本格勒著,张兰平译:《西方的没落》,陕西师范大学出版社2008年版,第106页。
② 忻平:《从上海发现历史——现代化进程中的上海人及其社会生活1927—1937(修订版)》,上海大学出版社2009年版,第18—19页。

包树芳博士的《上海茶馆与都市社会(1843—1949)》一书,聚焦近代上海茶馆,运用报刊、笔记、指南书、竹枝词、图像、小说等多样资料,呈现茶馆在都市化进程最快、中西交汇最激烈的城市中所拥有的丰富而独特的面貌,展示了茶馆空间与都市社会、文化之间的交织互动,以及茶馆空间与政治、权力之间的复杂关系。其研究指出,茶馆及其空间是城市文化和区域人性特点的映射,不同城市的茶馆在拥有共性的同时呈现出鲜明的个性;国家权力在基层社会的渗透及改变日常生活的尝试,是有限的干预,同时在茶馆并没有产生严格意义上的公共领域。

十里不同风,百里不同俗。民俗是民间流行的风尚、习俗,一般指的是一个民族或一个社会群体在长期的生产实践和社会生活中逐渐形成并世代相传、较为稳定的民间文化现象。以往的民俗研究多将研究对象投注在边远地区的奇风异俗,很少关注大都市的民风习俗。民俗同时也是作为一种资源,自古以来就受到统治阶级的关注,并被作为一种社会控制的重要手段加以利用。

艾萍博士的《变俗与变政——上海民俗变革研究(1927—1937)》一书,从社会控制角度出发,立足于国家和社会两种视野,考察1927—1937年间上海民俗变迁的缘起、历程和结果,探寻民国时期中央政府、上海地方政府和上海民众的相互关系,并对变俗变政的效果和制约因素进行评价和分析。其研究指出,变俗以变政的关键核心,就是以权威构建和维系为导向的秩序与进步,其实质就是要顺应时代潮流,维持社会秩序、改革传统陋俗,推动社会进步,从而夯实政府执政的合法性基础。秩序与进步的偕同与纠葛正是民俗变革成败的决定性因素。

上海城市的各个角落,生活着不同性别、不同年龄,不同阶级的儿童,享受着完全不同的人生际遇,他们的人生轨迹都受到上海城市现代化的影响。儿童不应该是历史研究的"失语者",所以展示和呈现1927—1937年上海儿童生存状况,可探明儿童在社会转型期的生存和生活特征。

刘媛博士的《上海儿童日常生活中的历史(1927—1937)》①一书,突破传统儿童史研究中的家庭史取向,将儿童置于20世纪20—30年代上海从传统走向现代这一宏观社会背景和城市环境中来研究。其研究依据占有社会资源的多寡,将上海儿

---

① 本丛书原计划中吕佳航博士的书稿因故不能出版,改用本书替代。

童划分为上、中、下三个层次,考察各阶层儿童"不平等的童年",并对儿童衣食住行、生产消费、学习娱乐等进行总体评估。其研究提出,儿童日常生活是上海城市现代化建设的重要组成部分,城市培养的儿童在成年后又继续塑造和建设城市,从这个意义上说,儿童与社会是互相建构的。"大都市中的小儿童"不仅仅是纯粹的受惠者或被动接受者,他们在与城市中的人、事、物互动的过程中,形成城市发展的动力之源。

非单位人群是中华人民共和国成立后城市社会中的一个客观存在。作为社会结构的一个类型,一般多从社会学角度来看,但是往往少了历史感。由历史学者来做这个课题是比较少的。长期以来,"非单位人"现象似乎并未引起政府部门和学界的足够重视。近年来,基层社会的再组织问题成为社区研究的重要议题,尤其是随着现代化的发展,强化大城市事实存在大量的非单位人群的研究就显得更为迫切。

杨丽萍博士的《从非单位到单位——上海非单位人群组织化研究(1949—1962)》一书,就1949年后的上海非单位人群的组织化做了详尽的考察。按照历史脉络,将1949—1962年间的基层社会组织化历程划分为组织建构、组织强化、组织的非常态三个阶段。研究指出,通过以街居组织为代表的基层群众组织,中共重构了城市基层社会,将国家权力渗透到基层,造就了具有高度动员和整合力的社会调控体系。上海非单位人群的组织化不是政府的单向调控,其书通过案例分析游民、摊贩、家庭妇女和失业者等非单位人群被纳入组织化框架的过程,生动展示了调控者与被调控者之间互动的详情。

住房是一种物理空间,大城市的住房更是一种社会空间。上海的住房困难问题世界闻名。1949年5月,上海解放,中国共产党和上海市人民政府立即着手进行棚户改造工作,棚户的空间环境和社会结构两个维度均发生了不同程度的改变。

潘婷博士的《空间改造与社会重构——上海棚户区改造研究(1949—1966)》一书,从国家与社会视角、城市更新的视角,从人与空间两方面探求上海棚户区改造的历史过程,梳理1949—1966年间棚户区的发展和改造历程、采取的政策、遇到的问题及同时期其他重要事项对棚户改造的影响等。研究指出,1949—1966年间的上海棚户区改造,呈现出三大历史特点:一是改造与工业发展错峰进行;二是对棚户区的两大基本要素——社会与空间并重改造;三是政府主导与民众广泛参与相结合。有别于棚户空间外部环境的简单改善,棚户区内部社会结构的变化更为深刻。棚户区的劳动人口随着工业城市的建设,普遍实现了就业,"工人阶级当家作主"的意识渗透进棚户居民的工作与生活,棚户身份淡化,工人身份凸显,棚户居民的身份认同和社会地位得到显著提升。

本丛书既关注不同人群,也关注不同空间和载体。鉴于1949年中华人民共和国成立后,上海城市的发展既有新的特征,也有旧的延续,因而本丛书包含了1949年中华人民共和国成立前后两个时段的研究。本丛书皆是在博士论文基础上修改而成的专著,在"上海城市发展与社会生活"这一专题下进行深入研究,有较强的学术价值和现实意义。希望本丛书可以加强与学术界的交流和对话,共同促进对近现代史和上海史的研究。

当然,丛书还存在不足之处,还请各位专家学者批评指正。

最后,感谢本丛书各位作者的辛苦努力,感谢上海大学出版社各位领导对丛书出版的支持,以及编辑老师对丛书的认真编辑、校对和设计。

课题资助

本丛书得到

1. 教育部哲学社会科学重大课题攻关项目"伟大建党精神研究"(21JZD005)
2. 上海市哲社项目"上海红色基因百年传承与时代价值研究"(2021BDS003)
3. 上海市教委项目"建党百年品牌课程建设"
4. 上海大学历史系课程思政"领航计划"

的资助,谨致谢意!

丛书主编:忻 平

2022年6月

目　　录

楔子 ·· 1

导言 ·· 5
 一、选题缘起 ··· 5
 二、学术史回顾 ·· 13
 三、研究思路、资料和方法 ······································ 20

第一章　寻梦而来：1927—1937年上海儿童的生活环境 ············· 28
 第一节　社会转型期的上海儿童 ···································· 29
  一、上海的儿童人口 ·· 29
  二、上海儿童人口的来源 ·· 36
  三、上海儿童人口的社会分层 ···································· 51
 第二节　上海城市发展为儿童成长提供契机 ························ 61
  一、现代儿童观念启蒙下儿童地位的提升 ······················ 62
  二、社会转型期上海城市对新式人才的渴求 ···················· 70

第二章　回归现实：1927—1937年上海儿童物质生活的建构 ········ 81
 第一节　儿童的衣食住行：从传统走向现代 ························ 81
  一、儿童衣食住行与现代物质文明 ······························ 82
  二、儿童衣食住行与现代生活观念 ······························ 87
  三、衣食住行与多重社会阶层 ···································· 94
 第二节　儿童的医疗卫生：健全国民的培育 ························ 105
  一、儿童卫生的现代性底蕴 ······································ 105
  二、儿童医疗卫生的发展变迁 ···································· 115

三、社会转型期儿童卫生的不平衡发展 ………………………………… 119
第三章　生存与发展：1927—1937年上海儿童的消费 ……………………… 124
　　第一节　家庭收入与儿童消费 ……………………………………………… 124
　　　一、家庭收入 ………………………………………………………………… 125
　　　二、家庭中的儿童消费 ……………………………………………………… 129
　　第二节　童工的收入与消费 ………………………………………………… 134
　　　一、童工的收入 ……………………………………………………………… 134
　　　二、童工的消费 ……………………………………………………………… 137
　　第三节　《申报》中的儿童用品广告与上海儿童日常生活的建构 ………… 143
　　　一、《申报》中的儿童用品广告构建全方位的儿童日常生活 …………… 144
　　　二、儿童用品广告与儿童日常生活的变迁 ……………………………… 146
　　　三、儿童用品广告呼应多元社会诉求 …………………………………… 150

第四章　学习与娱乐：1927—1937年上海儿童精神世界的营造 …………… 155
　　第一节　学习：现代人才的培养 …………………………………………… 155
　　　一、日益完善的现代化教育体系 ………………………………………… 156
　　　二、1927—1937年儿童教育之趋势 ……………………………………… 170
　　第二节　身体的解放与国家的解放：上海现代儿童体育的发展 ………… 179
　　　一、身体的解放：现代儿童体育演进的新思维 ………………………… 179
　　　二、国家的解放：现代儿童体育发展的时代诉求 ……………………… 181
　　　三、1927—1937年上海现代儿童体育发展的历史脉络 ………………… 183
　　第三节　休闲：从传统走向现代的儿童娱乐 ……………………………… 191
　　　一、与时俱进的儿童图书 ………………………………………………… 191
　　　二、塑造新民的儿童玩具 ………………………………………………… 197
　　　三、应运而生的儿童电影 ………………………………………………… 205

第五章　梦想照进现实：走在前列的上海儿童幸福事业 …………………… 214
　　第一节　上海率先设立儿童节与儿童年 …………………………………… 214
　　　一、经济危机中的上海对现代人才的呼唤 ……………………………… 215
　　　二、经济危机中的儿童节与儿童年的诞生 ……………………………… 219

第二节　庆祝活动 ·· 224
　　一、政府的倡导 ·· 224
　　二、社会的推崇 ·· 228
　　三、家庭的呼应 ·· 231
第三节　社会效应 ·· 234
　　一、带动其他城市的儿童节和儿童年庆祝活动 ·············· 234
　　二、受惠儿童分析 ·· 235
　　三、儿童的回应 ·· 237

第六章　追梦而去：1927—1937年上海儿童的群体生活与人格养成 ·············· 243
第一节　儿童的群体生活 ······································ 243
　　一、童子军 ·· 244
　　二、孩子剧团 ·· 252
　　三、儿童群体生活的特点 ···································· 259
第二节　儿童现代人格的塑造 ·································· 262
　　一、生活技能的积累和社会角色的塑造 ······················ 262
　　二、行为规范的约束和价值观念的养成 ······················ 272

结语 ·· 281
图表目录 ·· 284
参考资料 ·· 288
后记 ·· 298

楔　子

　　1933年9月15日,《申报月刊》第二卷第九号刊发署名洛文的文章——《上海的儿童》,文章从法租界北四川路一带冷清到热闹的变化说起,描述了北四川路一带弄堂里中国儿童混乱贫弱的生活与萎靡不振的精神状态,与活泼轩昂的外国孩子形成鲜明的对比。接着说明这是由中国家庭教育不当造成的恶果,中国家长对孩子要么不加管教,要么苛于管教。然后指出儿童画本中的中国儿童形象是"钩头耸背,低眉顺眼",而在外国的儿童画本中,儿童形象是"英国沉着,德国粗豪,俄国雄厚,法国漂亮,日本聪明"。最后从国家发展和民族兴衰的角度进一步指出"童年的情形,便是将来的命运",儿童严重落后的教育问题亟待解决。这篇署名洛文的文章实为鲁迅于1933年8月所作。

　　实际上,作为当时远东第一大都市的上海,相对于其他地区,儿童公共事业是走在前列的。1931年,上海中华慈幼协会致函上海市社会局,建议将4月4日设立为儿童节,在此基础上,南京国民政府于1932年颁布儿童节纪念办法,四四儿童节正式设立。"为唤起全国民众注意儿童事业起见",上海中华慈幼协会又建议将民国23年也就是1934年设为儿童年,后经南京国民政府教育部复议,最终将1935年8月1日至1936年7月31日设为儿童年。1935年4月3日,《申报》刊载《本市各界明日庆祝儿童节》,陈述了4月4日儿童节林林总总的庆祝活动,如庆祝典礼、儿童电影、游艺大会等,上海各商家积极为儿童发放赠品,包括儿童玩具、儿童图书、儿童衣物、牙刷等。中国儿童文化协会由陶行知、魏冰心等文化界知名人士在中西电台发表关于儿童教养的宣言,号召"推进一切儿童文化建设,研究一切儿童问题,研究儿童教育,创造儿童科学、儿童文学、儿童艺术、增进儿童健康、提高儿童娱乐"。

　　鲁迅所写的《上海的儿童》与《申报》所刊的儿童节庆祝活动均反映了20世纪30年代上海儿童的生活和教育状况,但内容相差甚远,仿佛两个世界的上海儿童生

活场景,鲁迅文中的上海儿童令人同情,而《申报》刊载的儿童节盛况却又令人向往,想来颇为感慨,兹将二文摘录如下,作为楔子:

上海的儿童①

上海越界筑路的北四川路一带,因为打仗,去年冷落了大半年,今年依然热闹了,店铺从法租界搬回,电影院早经开始,公园左近也常见携手同行的爱侣,这是去年夏天所没有的。

倘若走进住家的弄堂里去,就看见便溺器,吃食担,苍蝇成群的在飞,孩子成队的在闹,有剧烈的捣乱,有发达的骂詈,真是一个乱烘烘的小世界。但一到大路上,映进眼帘来的却只是轩昂活泼地玩着走着的外国孩子,中国的儿童几乎看不见了。但也并非没有,只因为衣裤郎当,精神萎靡,被别人压得像影子一样,不能醒目了。

中国中流的家庭,教孩子大抵只有两种法。其一,是任其跋扈,一点也不管,骂人固可,打人亦无不可,在门内或门前是暴主,是霸王,但到外面,便如失了网的蜘蛛一般,立刻毫无能力。其二,是终日给以冷遇或呵斥,甚而至于打扑,使他畏葸退缩,仿佛一个奴才,一个傀儡,然而父母却美其名曰"听话",自以为是教育的成功,待到放他到外面来,则如暂出樊笼的小禽,他决不会飞鸣,也不会跳跃。

现在总算中国也有印给儿童看的画本了,其中的主角自然是儿童,然而画中人物,大抵倘不是带着横暴冥顽的气味,甚而至于流氓模样的,过度的恶作剧的顽童,就是钩头耸背,低眉顺眼,一副死板板的脸相的所谓"好孩子"。这虽然由于画家本领的欠缺,但也是取儿童为范本的,而从此又以作供给儿童仿效的范本。我们试一看别国的儿童画罢,英国沉着,德国粗豪,俄国雄厚,法国漂亮,日本聪明,都没有一点中国似的衰惫的气象。观民风是不但可以由诗文,也可以由图画,而且可以由不为人们所重的儿童画的。

顽劣,钝滞,都足以使人没落,灭亡。童年的情形,便是将来的命运。我们的新人物,讲恋爱,讲小家庭,讲自立,讲享乐了,但很少有人为儿女提出家庭

---

① 鲁迅:《鲁迅文集·杂文集》(下),华中科技大学出版社2014年版,第45页。

教育的问题,学校教育的问题,社会改革的问题。先前的人,只知道"为儿孙作马牛",固然是错误的,但只顾现在,不想将来,"任儿孙作马牛",却不能不说是一个更大的错误。

本市各界明日庆祝儿童节①

明日为第五届儿童节,本市庆祝事宜,经各界联合筹备以来,迄至昨日止,大体工作已完成,国语教育促进会定明日举行儿童四四庆祝会,中国儿童文化协会,亦有播音演讲,并发表宣言,兹分志各情如次。

联合筹备会各界参加,庆祝特刊业已编就,市党部与儿童幸福会合编之庆祝特刊,业已全部编就,内容计有孔祥熙、吴铁城、潘公展、吴醒亚、李廷安、胡叔异等之论著,及汪精卫、吴开先、姜怀素等之题字,已于前日分送各大报,请于明日发刊,晨报方面为引起社会重视儿童教育起见,并单独增出儿童特刊一全张,内容异常丰富。

庆祝典礼各项节目,上午九时在法租界太平月光大戏院举行开幕典礼,全市各小学均将有代表儿童参加,节目单大体已拟就,如无临时问题发生,不致有所更改,兹将筹会所拟于下:一、行体如仪;二、主席报告;三、儿童电影日揭幕;四、筹备会代表报告筹备工作;五、党政机关代表训词;六、演说;七、儿童代表答词;八、分发赠品;九、游艺。

儿童电影开始发券:下午二时起仍在月光大戏院开映儿童电影,入场券业已印就,定自今日下午起分在月光大戏院及儿童幸福会两处发给,凡属儿童,均可前往索取,惟以座位有限,仅以送完为止。

市民教育馆筹备游艺:文庙路市立民众教育馆于明日下午七时举行游艺大会,除各小学表演外,并有该馆之国术魔术等节目参加,开该馆极望非学校儿童多往参加。

各大厂商分送赠品:各商家赠品,已送到者,有上海国货公司之马头车,五和织造厂之儿童衫,大中华赛璐厂之玩具,儿童书局之书报,梁新记及一心牙刷厂之牙刷,中西药房之幸福券……

---

① 《申报》1935年4月3日。

国语教育会四四庆祝：儿童文化会发表宣言，中国儿童文化协会，定四月四日上午十时至十一时，请陶行知、魏冰心在中西电台演讲儿童问题，并发表宣言如下：

在我们国里，儿童一向是被遗忘掉了，他们是大人的附属品，是大人的玩物，他们没有自由，没有教养，大人所给他们的一是打，二是骗，三是教他们完全屈服做奴隶，有钱的公子小姐，在家里享福，做玩物，有一些在书堆里做书呆子，没钱的在人家放牛做工，荡马路做小叫花子，再不然给父母们卖了或丢弃了，大人所给儿童的是一个残酷的世界，可是现在政府已经正式宣布，从今年八月一日起儿童年，而且拟定保护儿童的办法了，此后，这个世界属于儿童的了。我们要打破大人所造成的世界，把儿童解放出来，特别是解放他们的手和脑，来创造新的儿童世界，在儿童的世界里，只有真实，没有欺骗，只有公道，没有残酷，只有自由，没有压迫，只有制造，没有因袭，只有人中人，没有人上人。它是一个自由、平等、互助、自卫、卫人的世界，这个世界并不是少数儿童的而是大众儿童的，我们万万不要只顾这一部分，而遗忘了那一部分，我们纯正为儿童文化服务的人，应该一致的联合起来，为这个新的儿童世界努力，来建设这个世界里的儿童文化，我们并不是替儿童建设好了，来使儿童享清福，而是化成儿童世界里的一份子来参与这项工作，我们是儿童世界里的一个活细胞，来帮助儿童世界生长，我们当前所要做的工作，是推进一切儿童文化建设，研究一切儿童问题，研究儿童教育，创造儿童科学，儿童文学，儿童艺术，增进儿童健康，提高儿童娱乐等。我们在目前一方面把一切旧有的儿童文化，重新加以估价，一方面创造儿童世界里最合理的儿童文化，谨此宣言。

20世纪20—30年代的上海，其儿童生活是如鲁迅所描述的那般传统单一、萎靡消沉，却又无可奈何？还是像《申报》所刊载的那样多元先进、丰富多彩，且又令人向往？抑或者，这两种儿童生活均在当时的上海并行不悖地存在着呢？

导　言

一、选题缘起

（一）寻找被遗忘的儿童：走近研究对象

近年来，随着城市史的兴起，史学家将目光投向上海，上海史成为一门"显学"，当史学家从经济、政治、社会生活、文化等方面来剖析上海现代化发展之时，往往忽略了儿童的存在。上海是中国通商口岸城市的典型代表，1927—1937年间上海处于从传统走向现代的社会转型期，受西方社会的影响十分显著，这也反映在儿童日常生活中。诚然在日常生活的诸多领域，传统的韧性依然存在，而上海重视从城市实际需求出发培育和教养儿童，力求为城市未来建设提供充分的人力资源。在这一过程中，一代代上海儿童努力生存、认真生活，展现出不同的生存轨迹，追寻着多样的生活场景，反映出上海从传统到现代的社会转型。

  1. 儿童的界定

不同历史时期、不同学科门类对儿童的年龄划分有所不同。作为生理上的自然人，儿童在医学上根据自然属性和生理特点被划分为不同阶段。中国古代中医学通常把儿童称为"小儿"，如隋代的巢元方就有"年六岁已上为小儿，十八岁已上为少年"[①]之说，《寿世保元》之中对小儿年龄进行详细划分："夫小儿，半周两岁为婴儿，三四岁为孩儿，五六岁为小儿，七八岁为龆龀，九岁为童子，十岁为稚子矣。"[②]现代中医儿科学将小儿年龄划为6个阶段：① 胎儿期（从受孕到分娩共四十周）；② 新生儿期（出生到第28天）；③ 婴儿期（从28天到1周岁）；④ 幼儿期（从1周岁到3周岁）；⑤ 幼童期（从3周岁到7周岁）；⑥ 学龄期（也称儿童期，7周岁到12

[①] （隋）巢元方著，鲁兆麟等点校：《诸病源候论》，辽宁科学技术出版社1997年版，第207页。
[②] （明）龚廷贤著，王均宁等点校：《寿世保元》，天津科学技术出版社1999年版，第549页。

周岁)。

儿童心理学认为:"儿童和成人不论在生理方面或心理方面都有所不同,……在儿童期中由于社会生活的影响以及家庭和学校的教育,儿童的心理不断发展,逐渐达到成熟的水平,儿童发展成熟时,终于形成为能创造性地改造世界的社会成员。"①儿童心理学将儿童分为"婴儿期(出生后的第1年)""先学前期(出生后的第2、3年)""学前期(3足岁至6、7岁)""学龄初期(6、7岁至12、13岁)""少年期(12、13岁至15、16岁)"和"青年早期(15、16岁至18、19岁)"。儿童社会学中,对儿童"通常理解是把0至14岁的人称为儿童"②。《汉语大词典》对儿童的解释为:"古代凡年龄大于婴儿而尚未成年的人都叫儿童,现代只指年纪小于少年的幼孩。"③

《辞海》归纳了儿童期的三种划分方式:第一种分三期,自出生至两岁或两岁半为乳儿期,三四岁至七八岁为幼儿期,八九岁至十二三岁为童年期;第二种分二期,六岁以前为幼稚期,六岁至十二岁为童年期;第三种以六岁至十四岁相当于小学之时期为儿童期。④《联合国儿童权利公约》第一条规定"儿童系指18岁以下任何人,除非对其使用之法律规定成年年龄低于18岁"⑤,这和我国现行法律未成年人的概念一致,民国时期多数关于儿童的著述认为"儿童就是未成年人"⑥,但对于未成年人的年龄段又有诸多不同意见,据当时上海法租界、公共租界的人口调查,以0—14岁为未成年人,14岁以上为成年人;华界人口调查中没有成年人与未成年人的划分,把1—5岁划为幼童,6—12岁划为学童,13—20岁划为学生;鉴于本书的研究对象是1927—1937年间的上海儿童,依照当时当地儿童为0—14岁的划分标准,文中儿童泛指0—14岁之未成年人,主要是在上海的中国儿童,外国儿童涉及较少;又因儿童是不断成长中的人,其年龄是向上发展运动的,0—14岁并非稳固不变,1927—1937十年间儿童的年龄增长可高达十余岁,也是儿童由未成年到成年的转变期,研究过程中可能无可避免会涉及一些年龄稍长的青少年。

---

① 丁祖荫:《儿童心理学》,山东教育出版社1984年版,第1—2页。
② 薛素珍、柳林:《儿童社会学》,山东人民出版社1985年版,第1页。
③ 汉语大词典编委会:《汉语大词典》(第2册),上海辞书出版社1986年版,第272页。
④ 舒新城等主编:《辞海》,中华书局1981年版,第302页。
⑤ 冯林主编:《人权读本》,经济日报出版社1989年版,第322页。
⑥ 张少微:《儿童社会问题》,文通书局1942年版,第1页。

儿童期是个人在生理、心理、社会性等方面发展迅速的时期,成人对儿童的养育和教导对儿童的个体成长有至关重要的作用,这是因为无论是作为生物的人,还是作为社会的人,儿童都需要成人的保护和引导。作为自然层面的人,儿童需要物质支撑,要借助成人的物质力量来维系个体生存;作为社会层面的人,儿童需要在同成人的交往中获得精神食粮,离开周围人和社会的支持,儿童心理难以健康成长。关爱儿童在我国有着悠久的历史文化传统,《礼记·礼运》以"人不独亲其亲,不独子其子,使老有所终,壮有所用,幼有所长,鳏寡孤独废疾者,皆有所养"来描述理想中的大同社会;《孟子·梁惠王上》说若"老吾老,以及人之老,幼吾幼,以及人之幼",则"天下可运于掌";《桃花源记》则勾勒出一个"黄发垂髫,并怡然自乐"的乌托邦世界。儿童不仅仅属于家庭,更属于国家、社会和民族。儿童是正在成长中的人,尚未成年的特性决定了其生活于成人为之建构的物质和精神环境中,儿童无法自主决定其生存状况,必须在成人的庇佑下成长发展,特定时期中成人对儿童有特定的期望,而这又直接决定了儿童的发展状况,"少年强则国强,少年弱则国弱",一个社会中儿童的生活环境和生存状况反映该社会的文明程度和发展水平。1927—1937年,上海社会由传统到现代转型的特殊历史时期决定了这一时期上海对现代人才的需求激增,人们以新式的、现代的方式教养儿童,上海儿童被赋予更多维的象征意义,他们是社会转型背景下出生和成长的儿童,在童年时期就切身体会到传统与现代的交锋和融汇,以童真的眼光评判传统与现代的孰优孰劣;他们是现代家庭中的孩子,在享受现代生活的同时也要肩负起家庭的责任,掌握现代生活技能以期成人后自立;他们是上海未来城市建设事业的接班人,在他们身上,可以更鲜活地看到社会的进步和未来上海城市发展的方向;他们是属于民族的,社会在把他们定位为未来城市建设接班人的同时,也赋予他们一项更神圣的使命——壮大国家的力量,实现民族的复兴。基于这些因素,上海儿童在上海城市从传统走向现代的社会背景下成长,拥有和享用现代文明的物质及精神成果,同时也被赋予种种责任和义务来实现上海城市的接续发展。

2. 儿童的日常生活

马克思说过,"个人怎样表现自己的生活,他们自己也就怎样。因此他们是什么样的同他们的生产是一致的——既和他们生产什么相一致,又和他们怎样生产相一致"①。20世纪20—30年代,在诸多偶然和必然的因素作用下,历史选择上海作为中国现代化运动的先行者,安克强认为"1927年的胜利标志着一个新时代的开始,这个时代被认为是看到了现代化和强大的中国的建设"②。1927年国民党建立政权后,进行上海社会的现代改造。现代化的核心是城市化,1927—1937年的上海城市在政治、经济、社会、文化等方面产生了一系列剧烈变革,新型的权力运作、经济模式、意识形态和生活方式充溢于民众生活的方方面面,市民的日常生活因上海城市化的突飞猛进而日新月异,儿童日常生活更是发生了不同于传统的质的改变,传达着社会变迁的因素。"20世纪20—30年代的上海现代化进程发展得最快,社会生活的现代性体现得最为突出"③,那么当民国时期上海剧烈变革之时,这个沿海城市的儿童日常生活究竟是怎样的,勾勒出几许的现代性特征?儿童传统生活在多大程度上被改变了,或者在多大程度上没有改变呢?上海城市对儿童寄予哪些厚望和提出怎样的要求?儿童在这个特殊的时代有怎样的人生经历?处在社会转型时期的上海儿童生活经验能为今天儿童成长成才提供哪些有益的借鉴?带着这些疑问,本书将一步步走近儿童日常生活的各个环节,并通过对儿童成长发展规律的探寻,捕捉儿童日常生活传达的社会变革讯息,以进一步探求这种社会变革背后的历史动因。

　　本书以1927—1937年上海儿童的日常生活为研究对象,覆盖了儿童生活的各个方面,涉及儿童参与社会生活各领域的全部活动,包括劳动、学习、消费、家庭活动、人际交往、闲暇等领域的活动,在生活琐事、邻里交往、家长里短、童真稚语中叙述以期再现上海儿童日常生活的历史。上海城市的各个角落,生活着不同性别、不同年龄,不同阶级的儿童,享受着完全不同的人生际遇,他们的人生轨迹都受到上海城市现代化的影响,成人对儿童的期望,也因现代化进程的加快而发生了与传统社会不同的改变,是把儿童训育为忠孝义悌的顺民,还是拥有现代思想的城市新人呢?这无疑成为上海社会在教养儿童时面临的首要问题。上海城市的发展需要现

---

　　① 中共中央马克思恩格斯列宁斯大林著作编译局:《马克思恩格斯全集》(第1卷),人民出版社1972年版,第24—25页。

　　② [法]安克强:《1927—1937年的上海——市政权、地方性和现代化》,上海古籍出版社2004年版,第124页。

　　③ 忻平:《从上海发现历史——现代化进程中的上海人及其社会生活1927—1937(修订版)》,上海大学出版社2009年版,前言第2页。

代人才,社会转型要求未来城市建设接班人具备现代素养,这一切都促使社会培育儿童的方式、思想等发生一系列顺应时代潮流的变化;不得不提及的是,对于上海而言,1927—1937年虽然代表了抗日战争全面爆发之前中国现代化发展水平的巅峰,但从长时段看依然是其现代化发展的"童年期",社会制度的不完善、社会保障的不完备、现代体系的不成熟等都造成上海城市发展的不平衡,直接影响到不同儿童的人生际遇,当上海社会各界意识到儿童是未来城市建设接班人,并以此作为培养目标时,童工、报童、雏妓等社会阴暗现象也堂而皇之地为世人接受并司空见惯,这也是社会转型时期各种矛盾运动的无奈,是儿童在上海现代化发展初期所付出的代价。

从完整意义上讲,民国史是中国历史上距离现实最近的一部断代史①。考察民国时期的社会生活,可以给今天以诸多借鉴。"两千年看西安,五百年看北京,一百年看上海"②,理论上讲,民国时期上海儿童的日常生活,对今天的城市儿童生活直接或间接地有着最强烈的示范性和延续性,也有进行合理对接和比较的可能性。因而,"从下而上地看历史",在儿童日常生活中发现上海现代化的特征和源泉,"让史学向历来被忽视的人群敞开大门、在小人物群体中探寻历史动因"③,在儿童的衣食住行中找寻上海现代化进程的规律,尤其是研究素来被历史所遗忘的儿童在一个世纪前的日常生活,体现着对儿童历史和现实的双重关照,在儿童的日常生活中表现上海的现代化城市建设和找寻上海城市发展变迁的动力源泉。

(二) 发现上海儿童的历史:探讨研究意义

1. 勾勒儿童日常生活的轨迹

1927—1937年儿童日常生活研究是上海社会史和城市史的重要组成部分,可以最大限度地恢复这一时期上海儿童生存生活状况的本来面貌。历史研究的首要任务是掌握丰富可信的史料,尽可能地接近历史,还原历史。民国时期的上海有比当时其他城市数量更多的儿童群体,上海儿童日常生活也是民国时期城市儿童生活的代表,但是1927—1937年上海儿童日常生活状况的研究目前给人的印象是零散的、片段的、不成体系的。实际上,儿童的生存、生活和上海社会生活的日常性之

---

① 张海鹏、龚云:《中国近代史研究》,福建人民出版社2005年版,第440页。
② 熊月之主编:《上海通史》,上海人民出版社1999年版,总序。
③ 刘新成:《日常生活史:一个新的研究领域》,载《光明日报》2006年2月14日。

间有着密切联系。

从宏观上看,对儿童日常生活的研究包括社会对儿童的总体规划和定位,儿童生存生活的社会环境,政府、社会、家庭为儿童成长发展所做的努力和不足之处,儿童日常生活的特点和出现这些特点的社会原因,等等;从微观上看,又有当时的人们对儿童的看法即儿童观、儿童权益保护状况、儿童教育状况、儿童救助状况、儿童卫生状况,等等,这些都需要研究者把看似凌乱的史料串联起来,分门别类,并加以整理概括,从源头到发展,溯清1927—1937年上海儿童日常生存生活状况的整体脉络。力求根据掌握的材料,精细地描述当时上海儿童的日常生活,"细致的重建,再现历史的复杂性和多面相"[1],从而发现上海现代化进程中儿童的生活轨迹,并以此探讨现代化和儿童成长之关系,"透过往昔儿童生活场景,我们依稀能够发现一个历史时段儿童的生活方式、区域特色、时代特征以及演变痕迹"[2]。在1927—1937年上海儿童日常生活研究中,让人们对上海儿童生活有更多的了解,恢复儿童生存生活状况的全貌是研究者最首要的任务,也是对此进行研究的最突出的意义。

2. 分析社会转型对儿童日常生活的影响

对上海儿童日常生活状况的考察,有利于分析上海由传统到现代的社会转型与儿童生存发展的关系。"没有无意义的研究对象,无论我们的研究对象是多么平淡无奇,多么缺乏宏大的'政治叙事',如果我们有利用'显微镜'解剖对象的本领,有贴近底层的心态和毅力,我们就可以从那些表面看来'无意义'的对象中,发现历史和文化的有意义的内涵"[3]。考察上海儿童的日常生活状况的过程中也能发现上海历史的转折发展过程,通过深入细致地研究上海儿童日常生活,可以发现儿童生活和社会转型之间存在互动,社会转型为上海儿童生存生活提供现代化的物质及精神设施,同时在儿童生存生活的各个方面,传统依然具有很大韧性,现代与传统交织在儿童日常生活的各个领域。儿童是城市发展和建设的生力军,城市对儿童的养育为城市发展和建设提供新鲜的血液和源源不断的人力资源。

1927—1937年上海儿童的生存环境有其时间和空间上的特殊性,上海社会正

---

[1] 马敏:《21世纪中国近现代史研究的若干趋势》,载《史学月刊》2004年第6期。
[2] 小田:《江南场景:社会史的跨学科对话》,上海人民出版社2007年版,第314页。
[3] 王笛:《新文化史、微观史和大众文化史——西方有关成果及其对中国史研究的影响》,载《近代史研究》2009年第1期。

经历着政治、经济和社会文化全方位的从传统转到现代的巨大变革,当我们将微观视野聚焦在民国时期的上海儿童的衣食住行、医疗、娱乐等问题之上时,国家、社会以及现代化运动等问题也不可避免地被纳入我们的讨论体系之中。在上海现代化建设风起云涌之时,社会亟须新型现代人才握紧城市建设的接力棒,为此上海以新型的物质和精神媒介,构建了儿童的现代生活环境,以期培养适应未来社会的现代人,这是不同于以往上海的任何时期和同时期任何其他地域的。把20世纪20—30年代上海儿童的命运置于这个历史背景下进行考察,可以发现其生存生活的诸多独特之处。人的现代化是直接而生动地在日常生活领域里展开的,在日常生活领域中对作为现代化中心问题的"人"的现代化进行考察,将有助于完备社会整体系统现代转型问题的研究。

上海社会的现代转型是一个复杂多样的历史运动过程,只有从多维的视角和更加开阔的视野去观察上海社会,才能更加有助于我们理解上海城市如何从传统走向现代,在这点上,研究儿童生存生活状况会使我们对上海社会的历史变迁过程有一个更加全面深刻的把握和理解。

3. 梳理上海儿童日常生活特征

"所有的孩子,其生而长、长而育,当然代表某种特殊环境的博成,每一种童年,都是一种历史文化渊源在一个幼稚的生命上的化身"①。儿童不应该是历史研究的"失语者",展示和呈现1927—1937年上海儿童生存状况,可探明儿童在社会转型期的生存和生活特征。

社会转型期上海儿童的日常生活特征,首先是差异性,依据占有社会资源的多寡,将上海儿童划分为上中下三个层次,对其日常生活进行总体评估,社会中上阶层儿童能够享用城市提供的生存生活资料,下层儿童生活困苦,陷入畸形发展的困境,由社会转型期城市发展的不平衡造成上海城市各阶层儿童"不平等的童年";其次是时代性,通过追踪儿童成长,发现上海儿童成人后绝大多数从事第二、三产业,极少数从事农业,符合上海从传统走向现代的时代特征。上海儿童日常生活还具有鲜明的反侵略性特征,在儿童的衣食住行、教育娱乐中有着全方位的体现;再次是儿童日常生活能够体现政府、社会、家庭三位一体的教育特性,通过分析上海社

---

① 熊秉真:《童年忆往》,广西师范大学出版社2008年版,第324页。

会转型的具体过程中不同阶层的儿童权利保障、教育、娱乐状况和人格养成等,可以总结政府、社会、家庭在儿童日常生活中各自承担哪般责任,扮演何许角色,给予儿童怎样的关怀? 为培养具有现代素质的人做出怎样的努力? 又留下哪些遗憾和不足? 在实现民族复兴的历史语境和为城市发展提供人力资源的需求下,政府、社会和家庭依据社会发展需要来教养儿童。上海市政府率先倡导成立并试行"四四"儿童节等,社会对儿童成长格外关注,希望儿童掌握现代科技知识,具备爱国观念,养成现代人格等以建设城市和复兴民族,家庭呼应政府和社会教育的要求,积极实施各项政策措施。政府、社会、家庭互相配合,协调一致,助力儿童成长成才。探讨上海儿童生存生活状况,有助于总结1927—1937年上海政府、社会和家庭在儿童生存和发展过程中的作用,以期为今天的儿童创设更好的生活环境提供规律性指导经验。

4. 探讨上海城市发展的内生动力

上海是典型的通商口岸城市,在"冲击—反应"理论的影响下,上海被看作是"近代中国的钥匙",成为中国"最西化的城市",强调西方对近代上海城市影响的深刻性。实际上,上海城市日常生活的诸多领域内,传统的社会风俗依然广泛存在,源自中国绵延数千年文化的根基,并非被西方完全移植改变,"中国中心论"关注中国历史存在着自身自主性。对于上海来说,自开埠后城市的变化与西方的冲击紧密相连,但传统的影响依然广泛并持续存在,上海城市对西方的回应是有选择地进行的,并不是全盘接受。

人类历史的首要因素是人,日常生活是人类活动和思想的重要体现。20世纪20—30年代是上海城市从传统走向现代的高速转型期,本书关注这一时期上海的儿童日常生活,既基于成人的眼光关注社会对儿童的塑造,又注重从儿童的角度即真正地以儿童为中心寻找上海城市发展的内部力量,剖析儿童自我成长过程中对城市的适应规律和他们与城市发展之间的互动关系。近年来的城市史研究加强了城市与社会变迁的互动研究。从城市发展与社会变迁这一独特的视角去进行历史探索,对于探究中国社会的变迁轨迹,对于认识当时的社会,对于整体的历史规律的探索都将有所裨益和启迪[①]。儿童是上海城市未来发展的建设者和接班人,30

---

① 何一民:《历史时空之城的对话:中国城市史研究意义的再思考》,载《西南民族大学学报》(人文社科版)2008年第6期。

年代上海小学六年级14岁女生朱佩兰想要"做一个生产的人,来挽救中国的危机;并且希望人人都抱着一种是生产家的决心……你种田,我织布,他创造;如果全国人民都这样去做,那么我们的工业就逐渐发达,生产力也逐渐增高,工厂也逐渐加多,一般的穷人,也有地方去做工。这样不但可挽回利权,并且还可以救济贫民啦"①,儿童从心底生发出生产以自强的意识和意愿。

14岁男生李宏铎呼吁"我们应认清我们的地位,负起我们的责任""明了我们国家在国际间的地位""大家不要忘了救国救同胞,我们要从今天起一齐努力,努力尽我们的责任啊!"②更有一些儿童在童年时期承担整个家庭的开销,棚户区的儿童以捡煤渣为生……上海儿童的日常活动不仅反映着城市传统与现代的交互作用,也推动着城市与儿童的共同进步。一代代上海儿童努力生存、认真生活,进而希望民族解放、国家强盛的美好愿望构筑起上海城市的繁荣与进步,成为城市发展的不竭动力。

英国历史学家卡尔认为历史是"现在跟过去之间永无止境的问答交谈",是"今天的社会跟昨天的社会之间的对话"③,历史学者不仅应该积极参与现实生活,而且应该成为把现实与过去及未来连接起来的桥梁④。历史研究中关于儿童日常生活的研究还未引起足够的关注,民国时期上海儿童生活的研究更是相当薄弱,历史和现实都督促我们对其进行研究,本书择取上海现代化进程狂飙突进的1927—1937年十年时间来考察儿童的日常生活,考察儿童作为上海未来城市主人公的寻常光景,以期探讨上海城市发展的内生动力。

二、学术史回顾

(一) 国外儿童史研究

在历史研究中,儿童历来受到忽视。儿童在任何社会中均占有相当数量的人口比重,童年时他们是历史的见证者,成年之后则是历史的创造者,然而长久以来,

---

① 《儿童节纪念册》,儿童书局1932年版,第49页。
② 《儿童节纪念册》,儿童书局1932年版,第31—32页。
③ [英]爱德华·霍列特·卡尔:《历史是什么》,吴柱存译,商务印书馆1981年版,第28、57页。
④ 章开沅主编:《中外近代化比较研究丛书》,湖南人民出版社1989年版,总序。

传统史学认为儿童不值得研究，儿童缺乏政治筹码，又无经济能力，加之儿童自身留下的资料稀少等原因，关于儿童的历史研究一直处于边缘化的位置。发现儿童在历史研究中是一个晚近的现象，迟至20世纪70年代，西方儿童史的研究才开始慢慢萌芽。"由于受到社会学研究典范转变的影响，历史研究重心的转移，20世纪70年代社会史的扩充，造成学术界对过去历史上的儿童产生极大的兴趣"[1]。随着微观史、大众文化史、新社会史等的兴起，西方史学渐渐走出精英史的窠臼，不再局限于政治史、经济史、政府或政体演变的历史，转而强调从社会的边缘阶层由下而上地思考历史，突出"小人物"的行动和意识，如妇女史和妇女书写步入历史研究并备受关注，在这种背景下，西方学者也开始接受"年轻人有历史"[2]的正当性，对儿童史发生兴趣。

法国史学家菲利普·阿利斯是儿童史研究的拓荒者，其代表作为《童年世纪》，这本书被视为儿童史的"圣令"，是这一领域中最有影响力的作品[3]。阿利斯主要使用图画和日记等资料，进行分析推理，得出童年时期是一种社会构建的结论。社会构建取向认为童年的概念是一种社会现象，童年的特质不是理所当然地被视为与生俱来的、天生的，而是在儿童与周遭环境互动中所创造出来的。童年的概念是一种文化产品，为儿童所处的社会环境与历史脉络所激发、培育[4]。阿利斯也受到很多批评。针对其从图画推断出17—18世纪童年时期作为独立形态的概念逐步被人接受的观点，有人质疑：图画能代表真实的程度有多大？童年的文化再现何以视为儿童生活真实面的反映？没有任何理由相信，代表（图像）与被代表者（真实情况）之间为什么应该有关联？图画未必能显示当时社会对小孩的真正想法[5]。也有

---

[1] 陈贞臻：《西方儿童史研究的回顾与展望——阿利斯及其批评者》，载陈恒、耿相新编：《新史学》（第四辑），大象出版社2005年版，第122页。

[2] Harry Hendrick, *Child, Childhood and English Society, 1880-1990*, New York: Cambridge University Press, 1997, p. 1.

[3] Lloyd de mause, *The History of Childhood*, New York: Psychohistory Press, 1974, p. 5; Linda A. Pollock, *Forgotten Children: Parent-child Relations from 1500 to 1900*, Cambridge: Cambridge University Press, 1983, p. 1.

[4] 陈贞臻：《西方儿童史研究的回顾与展望——阿利斯及其批评者》，载陈恒、耿相新编：《新史学》（第四辑），大象出版社2005年版，第129页。

[5] Linda A. Pollock, *Forgotten Children*, Cambridge: Cambridge University Press, 1983, p. 46; Malcolm Hill and Kay Tisdall, *Children and Society*, New York: Longman, 1997, p. 15; David Buckingham, *After the Death of Childhood*, Cambridge: Polity Press, 2000, p. 34.

人批评阿利斯极端的"现代心态",他赞同现代社会所共同分享的价值及对待儿童的情感,认为中世纪缺乏现代的情感及育儿价值,他以现代的态度倾向推理研究中世纪或近代早期的资料,所以发现这些态度是缺席的①。无论如何阿利斯激发了一系列儿童史和家庭史的研究②。

儿童史研究的第二个取向为结合儿童概念与儿童生活经验的研究,代表人物为琳达·波拉克。她全面检视儿童史的研究,为20世纪80年代的研究建立了一个新的典范,强调亲子关系的真实情况,而非儿童的概念③。其代表作为《被遗忘的小孩》,这本书重视日记、自传资料及遗嘱等第一人称史料,强调亲子关系的联系性,反驳18世纪的父母对子女漠不关心的论点,着重探讨儿童生活经验,即儿童的生存状况和生活境遇等。儿童生活经验研究也得到响应④,其主要研究内容有生育的观念、儿童的形象、童年的阶段、儿童受教育的过程、儿童福利、儿童卫生,等等。

安妮特·拉鲁所著《不平等的童年》探究了20世纪末美国社会不同阶层儿童面临的迥异的家庭教育模式,以及不同教育方式如何导致阶层的再生产。认为中产阶级的孩子在协作培养的教养模式下能够发展自己各方面的兴趣爱好并大多有优越的未来;工人阶级和贫困家庭的孩子在生活中学会自娱自乐,缺少参加正式活动的机会。中产家庭孩子成绩更好,性格更加乐观和自信。工人阶级和贫困家庭孩子大部分没有上大学,性格自卑。不一样的社会阶层导致儿童发展出差异明显的文化资本,进而决定了他们成年后归属哪一阶层。

社会构建论与生活经验论,皆试图了解过去儿童的社会关系。所不同的是,前

---

① Adrian Wilson, "The infancy of the History of Childhood: an Appraisal of Philippe Ariès", History and Theory, 1980(19), pp. 138–139.
② 后续的儿童史研究成果主要有:John Demos, *A Little Commonwealth*, New York: Oxford University Press, 1970; Edward Shorter, *The making of the Modern Family*, New York: Basic Book, 1976; Lawrence Stone, *The Family, Sex and Marriage in England, 1500–1800*, New York: Harper and Row, 1974.
③ Hugh Cunningham, *Children and Childhood in Western Society since 1500*, New York: Longman, 1995.
④ 这一研究的代表作品主要有:Ralph A. Houlbrooke, *The English Family 1450–1700*, New York: Longman, 1984; Shulamith Shahar, *Childhood in the Middle Ages*, New York: Routledge, 1990; Barbara A. Hanawalt, *Growing up in Medieval London: the Experience of Childhood in History*, New York: Oxford University Press, 1993; Nicholas Orme, *Medieval Children*, London: Congress, 2001; Steven Ozment, *Ancestors: The Loving Family in Old Europe*, Cambridge, Mass.: Harvard University Press, 2001.

者视儿童为一种理念,后者视儿童为实体。前者注重变动,认为童年概念的转变会影响儿童的生活经验,一种新的亲子关系的出现,使儿童的生活境遇不同于以往;后者强调延续,不论过去与现在,亲子之间的情感一直存在,成人看待儿童的态度与其对待儿童的行为之间少有关联。①

(二) 国内儿童史研究

对比西方,国内关于儿童史的研究较少,成果多散见于论文中,著述较少,主要结合政府相关的儿童政策、儿童卫生保健、儿童福利、儿童教育、童工等问题展开。

中国台湾"中央研究院"近代史研究所学者熊秉真致力于中国历史上儿童生活与健康问题研究,其著作《童年忆往》一书从不同的角度搜索历史中孩子的踪影,分析了近代以来中国儿童成长的外在环境,哲人对儿童及童年曾有的论辩争议和儿童自身的生活经验等;认为"年龄"和"人生阶段"本身就是界定价值规范社会、形成人生经验的关键性因素。就像族群、阶段、性别一般,规划了不同人群的行为方式、观念心态,也决定了整体的社会对某一种特殊年龄的人们,其处置与对待,其态度与期望②。因而儿童史是中国史有益且必要的增添,将给历史研究带来若干不同的新面貌。

辛旭提出儿童——社会相互建构论,指出近些年来儿童史的研究取得了历史性突破,儿童的历史更加立体化,而要突破儿童史研究的瓶颈,便需要了解儿童这一"主体",弄清楚社会建构他们的过程,勾勒出他们的内在世界;突破"家庭史"的眼光,从一个更大的社会、文化立场上观察问题,注意到围绕着儿童产生的多重社会关系。将儿童置放在更为广阔的社会环境里加以认知;从成人世界对待儿童的认识、态度、实践和制度等方面,探讨站在"被动"和"消极"地位的儿童怎样成为历史中的一个行动主体,参与到对社会的建构中。在社会建构儿童的同时,儿童也在建构着成人社会③。

关于近现代中国儿童的研究较多的是专题研究:关于政府的儿童政策,陆士桢、魏兆鹏、胡伟的《中国儿童政策概论》④从儿童的界定入手,提出了儿童的概念及

---

① 陈贞臻:《西方儿童史研究的回顾与展望——阿利斯及其批评者》,载陈恒、耿相新编:《新史学》(第四辑),大象出版社2005年版,第135页。
② 熊秉真:《童年忆往》,广西师范大学出版社2008年版,第319—320页。
③ 辛旭:《儿童与社会的相互建构:儿童史研究突破的一种可能》,载《学术月刊》2016年第6期。
④ 参见陆士桢、魏兆鹏、胡伟:《中国儿童政策概论》,社会科学文献出版社2005年版。

其含义,概括了儿童的本质,指出了儿童发展的特征并描述了中国儿童人口的生存和发展,受教育和医疗保健的基本状况;同时界定了儿童政策的定义、内涵及基本特征,分析了儿童政策的功能及其意义。追溯了中华民族儿童政策思想的渊源,概括分析了清末、民国时期及当代的主要儿童政策法规,并做出了相关评价。书中介绍了中华民国南京国民政府时期的儿童法规,主要分为以下五个方面:关于儿童权益保护的法规,关于儿童医疗保健的法规,关于儿童教育的法规,关于儿童身心娱乐的法规和关于儿童社会福利的法规。认为促成这些法规主要得益于两大动因:国内民主人士关于儿童的进步思想和实践以及来自国外的关于儿童思想的传播。《中国儿童政策概论》从宏观的角度全面梳理了中国的儿童政策,为儿童的研究提供了一个政府的视角,不足的是,对各时期儿童政策的介绍不尽详细,对政策落实的实际情况未做研究。

关于儿童福利,左芙蓉、刘继同根据社会福利理论和儿童福利的分析框架,从社会环境与制度背景、价值观念与福利思想、服务对象与儿童群体、福利资源与资金来源、福利组织与服务人员等层面,全面系统地勾画出民国时期儿童福利发展状况与历史经验。认为民国时期是思想解放和价值观念更新的时代,国家、社会、权利、民生、自由、互助、福利、慈善等现代社会思想观念进入中国社会生活,儿童保护、儿童福利受到高度重视,处于公共福利事业的优先领域和中心地位,儿童福利行政体制和儿童福利立法得以完善,同期的困境儿童较多,婴幼儿保育尤其贫苦儿童的救济保护、社会教育和院舍照顾是儿童福利的基本内容[1]。刘继同的文章也述及儿童福利理论与政策的历史演变[2]。

关于儿童保健,吕美颐、郑永福述评了19世纪下半叶西医妇产知识在中国的推广,认为新法接生的推广促进了妇婴的健康,冲击了传统的生育观念和生育制度;但从全国看,新法接生的推广机制存在很大缺陷,专业助产士的数量与实际需求存在很大差距,新旧法接生并存的现象持续很长时间[3]。华东师范大学秦韶华的硕士

---

[1] 左芙蓉、刘继同:《国家与儿童:民国时期儿童福利政策与服务实践历史研究》,载《青少年犯罪问题》2006年第3期。
[2] 刘继同:《国家与儿童:社会转型期中国儿童福利的理论框架与政策框架》,载《青少年犯罪问题》2005年第5期。
[3] 吕美颐、郑永福:《近代中国新法接生的引进与推广》,载《山西师大学报》(社会科学版)2007年第5期。

学位论文《上海市华界中小学学校卫生研究(1929—1937)》论述了学校卫生的实施背景,叙述了政府系统办理学校卫生的各项举措并评价其成效,分析了社会团体、教师、家长对学校卫生的反应。认为1929—1937年上海学校卫生采取现代化的举措,表明了市政府推行现代化的决心,学校卫生取得不错的成绩;同时社会团体参与进来,积极配合,贡献颇多,教师和家长则有配合和敷衍并存的态度。学校卫生的实行出现是政府、社会的互相渗透,形成政府主导、社会参与的格局。

关于儿童慈善,谢忠强认为民国初年上海的人口拐卖现象严重,不仅给普通下层民众造成深重苦难,也给整个社会的正常发展带来严重危害。中国救济妇孺会作为旅沪同乡团体创办的、专为救济被拐妇孺的慈善组织,以救济弱小和协助社会治安为出发点,对被拐妇孺进行解救、留养、技能培训以及思想文化教育等,不仅为他们提供了人道主义援助,而且在一定程度上遏制了人口拐卖现象的泛滥,促进了区域社会的平稳转型和有机整合①。苏新有以中央赈济委员会儿童教养院为例,论述了抗战时期国民政府对难童的救济政策和活动②;董根明认为国民政府和社会慈善机构采取一系列措施急救难童,重视难童的教养工作。尽管在整个抗战时期,国民政府所推行的儿童福利政策存在着很大的局限性,但其制定的"善种、善生、善养、善保、善教"的儿童福利政策,还是初步显现了现代儿童福利观念的某些特征,抗战时期国民政府在难童救济与教养方面的努力还是值得肯定的③。

关于儿童读物,李雅选取商务印书馆为例介绍民国时期儿童读物的出版情况,进而分析了民国时期儿童阅读的具体情况④。王黎君梳理了中国现代儿童观的生成走过了从晚清到"五四"的历史阶段,梁启超等对儿童重要性的张扬,使儿童走出了成人高大背影的遮掩;周作人、鲁迅"儿童本位论"的提出,完成了具有现代品格的儿童观的塑造,而这一过程的得以顺利进行,则借助于《清议报》《新青年》等报刊的合力扶持,点明报刊在儿童观形成中的重要作用⑤。小田通过丰子恺的艺术视角

---

① 谢忠强:《中国救济妇孺会慈善工作述评(1912—1917)》,载《山西师大学报》(社会科学版)2007年第4期。
② 苏新有:《抗战时期国民政府难童救济述论——以赈济委员会儿童教养院为例》,载《贵州社会科学》2007年第7期。
③ 董根明:《抗战时期国民政府的儿童福利政策》,载《抗日战争研究》2006年第4期。
④ 李雅:《民国时期商务印书馆儿童读物的出版与阅读》,载《高校图书馆工作》2007年第7期。
⑤ 王黎君:《从晚清到"五四"——近现代报刊在中国现代儿童观生成中的作用》,载《浙江师范大学学报》(社会科学版)2006年第3期。

观照儿童生活的琐屑与微末,发现与成人世界不同,生活于特定社群中的儿童,熨帖着亲属和邻里关系,较少受自然的支配和社会习惯的束缚,由其生活激活出无限的创造性,而伴随着初始社会化而来的异化生活终结了儿童的本真,同时也丧失了创造力。透过儿童生活场景,可以发现一个历史时段儿童的生活方式、区域特色、时代特征以及演变痕迹①。傅宁对中国儿童报刊产生的背景、源流与发展演变过程进行探讨,从中国近代第一份儿童报刊——创刊于1874年的《小孩月报》开始,直到1949年的《中国儿童》终刊,将整个近代时期的儿童报刊分布和发展轨迹纳入研究视野,溯清了儿童报刊的发展脉络②。

儿童教养方面,李小鹰、李定开认为儿童公育与非儿童公育是中国近代两种教育思潮,前者力主先将大家庭小型化,后把大小家庭一齐废除,家庭养育儿童的任务也随之先社会化,再完全公育;后者反对废除家庭,认为只把大家庭离析为小家庭就可以了,家庭养育儿童的任务亦需交社会承担。两种思潮互相争鸣,推动了中国近代家庭的变革和婴幼儿教育社会化的进程③。

在史料的挖掘方面有邓玉娜和李宁分别整理出关于北平庆祝儿童节④和远东禁贩妇孺会议的史料⑤。

关于童子军的研究,吴小玮的博士学位论文认为国民党根据政治统治和具体国情的需要最为强调童子军的政治训练,根本目的在于维护其统治,童子军呈现出政党化三民主义和军事化的发展趋势⑥。上海师范大学于喜敏的硕士学位论文《上海童子军研究》阐述了上海童子军复杂多变的发展脉络及其组织训练情况,重点介绍了上海童子军所参加的各项社会活动,随着国民党党化童子军过程的完成,成为国民党推行奴化教育,控制青少年思想的工具。

丁勇华、吕佳航对上海童工生存状况进行研究⑦,指出20世纪20—30年代上

---

① 小田:《儿童生活往昔:丰子恺作品之社会史考察》,载《史学月刊》2006年第10期。
② 傅宁:《中国近代儿童报刊的历史考察》,载《新闻与传播研究》2006年第1期。
③ 李小鹰、李定开:《中国近代儿童公育与非儿童公育思潮对婴幼儿教育社会化的推进》,载《西南师范大学学报》(社会科学版)2001年第2期。
④ 邓玉娜:《1946年北平市庆祝"四四儿童节"史料》,载《北京档案史料》2007年第3期。
⑤ 李宁:《中国代表团出席国联远东禁贩妇孺会议经过报告书》,载《民国档案》2007年第3期。
⑥ 吴小玮:《以训练为中心的儿童组织——民国时期童子军之研究》,博士学位论文,华东师范大学,2013年。
⑦ 丁勇华、吕佳航:《试论1920、1930年代上海童工问题》,载《上海大学学报》(社会科学版)2008年第2期。

海各工厂普遍存在着雇佣童工现象,童工人数多、年龄小、生存状况恶劣。童工问题的产生有着多方面的原因,当时的社会虽然予以关注,但一直没有从根本上解决。童工问题给当时的上海社会带来很大的负面影响,在一定程度上影响了上海的现代化进程。

王星慧系统地梳理了抗战期间华北根据地在中共组织动员下教育组织儿童支持参与抗日斗争的历史[1],指出抗战时期根据地少年儿童经受了血与火的锻炼。在中共组织动员下,根据地儿童的学校教育、家庭生活、社团生活等发生了巨大变化。儿童积极参加抗战、参与生产劳动、充当小先生等,为抗战的胜利发挥了自己的独特作用;体现了社会建构论的思想,社会动员促使儿童实现了从家庭生活到参与社会建构的转变,从蒙昧小童到初步具有近代意识的转变。

以上各研究大多就某一点或某一方面阐述了观点,苏全有认为相对于"儿童被教育、被保护、被认知,有关儿童自身的研究太过单薄",因此是"没有儿童的儿童史""强化儿童自身研究,是近代中国儿童史学界的努力所在"[2]。儿童史研究的零散成果远不足以展现民国时期儿童的总体风貌和生活状态,总体来看对近现代中国儿童的研究是不够深入全面的,具体针对近现代上海儿童的研究更是少之又少,因此有必要对1927—1937年上海儿童生活进行更为细致的研究。

三、研究思路、资料和方法

(一)上海儿童的生活轨迹:研究思路的设定

本书研究的核心在于重现1927—1937年间上海儿童的日常生活,力求突破传统儿童史中的家庭史研究取向,将儿童置于广阔的社会背景和城市环境中加以研究,于当时、当地儿童生活所留下的蛛丝马迹中探讨社会、城市和成人对"儿童"和"儿童生活"的建构,从中发现上海城市从传统到现代的历史变迁,在童年时光中映射上海社会对现代人才的需求和培育。同时重视从儿童这一成长者自身的生长经验和童真稚语中发现儿童的力量,循点滴之萤火烛光,探求儿童为生存和生活付出

---

[1] 王星慧:《华北根据地少年儿童生活变迁研究》,江苏人民出版社2022年版。
[2] 苏全有:《没有儿童的儿童史——对近代中国儿童史研究的回顾与反思》,载《河南理工大学学报》(社会科学版)2013年第2、3期。

的努力,将儿童的追求和奋斗放在近代中国人民寻求民族复兴的历史潮流中,找寻儿童对于历史和社会的建构,探讨城市发展的内生动力。

全书共六章,第一章"寻梦而来:1927—1937年上海儿童的生活环境"。运用数据分析城市发展造就人口在上海的聚集与农业人口向城市人口的转变,劳动方式由手工劳作转向机器生产。论证在社会进步的带动下,上海的儿童生存状况好转,无论是本土儿童还是移民儿童,社会地位有所提高,生活环境有所改善。按照占有社会资源多寡和家庭所处阶层高低,将上海儿童划分为社会上、中、下三个层次,由于社会转型的诸多不健全,总体来看社会中、上层儿童境遇优于社会下层儿童,他们或为生存,或为更好的生活,努力在上海实现自己的梦想。分析转型期上海社会对儿童提出的具体要求包括强健身体、保家卫国、学习现代科技知识、掌握现代生活技能、养成现代人格等方面。目的是使儿童成长为日后城市建设所需的后备力量,为社会生产力的持续发展提供可能,为上海民族工商业的发展和社会变革储备人才,促进城市的文明进步。

第二章"回到现实:1927—1937年上海儿童物质生活的建构"。儿童想要在上海生存生活,需要获得必要的物质资料。运用实证分析法,梳理儿童衣食住行的基本面貌,分析其多元化、市场化等现代特征;通过对比研究分析社会上、中、下儿童物质生活的差异性,衣食住行的基本面貌能够直观地刻画儿童的物质生活质量的高低。通过阐述上海城市先进的医疗体系、学校卫生、儿童卫生运动等各项工作能够有条不紊地进行,总结城市为增强儿童体格采取的措施,反映社会对儿童身体状况的重视以及儿童抵御疾病的物质技术条件。尽管现代的影响明显,传统的影响依然存在,城市发展的原生特征并未完全消失。

第三章"生存与发展:1927—1937年上海儿童的消费"。将档案资料、统计资料、报刊资料等有机结合,对20世纪20—30年代上海儿童的消费进行综合研究,指出童工消费从属于其家庭消费,主要集中在以满足温饱为目标的食品等领域,多为生存性消费;教育和娱乐等发展性和享受性消费所占份额较少,但反映出童工日常消费中的现代取向,上海大量童工的存在以及他们的收入与消费都和这一时期上海城市从传统到现代的社会转型密切相关。分析《申报》为代表的有关儿童用品的广告,从中传达上海城市对儿童爱国强国、健康成长的殷切期望,促进了当时上海儿童日常生活习惯、方式与观念的现代转型。

第四章"学习与娱乐：1927—1937年上海儿童精神世界的营造"。择取儿童的教育、儿童的娱乐为分析对象，通过对社会给予儿童的教育环境的度量、教育内容的实施、新型娱乐方式的出现描绘1927—1937年儿童精神生活的概貌。重点介绍儿童体育作为一种救国救民的方式，在上海城市被普遍认可，儿童身体的解放和国家的解放被密切联系，电影、图书、体育等成为儿童的新式生活方式。在成人塑造儿童、营造儿童精神世界的同时，成人自身也受到影响，新式生活方式被不断强化，从这一点上说，儿童在"被塑造"的过程中，实现对城市和成人的塑造。

第五章"梦想照进现实：走在前列的上海儿童幸福事业"。通过分析1929年的世界经济危机对上海城市经济发展带来的消极影响，指出经济危机中的上海培养儿童为现代人才的针对性、自觉性和紧迫性，愈加关注儿童幸福事业，在全国首倡儿童节和儿童年。尤其注重分析不同阶层儿童对儿童节和儿童年的参与度，分析当时的儿童自身留下的文章中对于儿童节和儿童年的记载、观点等史料，透过儿童的眼光——而非成人的——进而走进儿童的内心观察城市，归纳儿童对于城市和国家的期望，儿童为实现个人梦想，为获取生存空间、提升生活质量而进行的努力，为城市未来的发展集聚资源和沉淀力量。

第六章"追梦而去：1927—1937年上海儿童的群体生活与人格养成"。选取童子军和孩子剧团进行研究，分析童子军和孩子剧团的组织管理。强调无论童子军积极参与淞沪会战，还是孩子剧团足迹遍布全国宣传抗日，上海儿童投入全民族抗战洪流中，他们将小我融入大我，把个体的生存和生活、个人的理想和追求、自我价值的实现融汇于民族解放、国家独立这一伟大目标中。通过阐述儿童生活技能的积累、社会角色的塑造、行为规范的约束和价值观念的养成来总结儿童现代人格的造就，分析儿童成长成才对社会变迁和城市发展的推动。

研究中力求真实再现传统和现代在儿童日常生活中的含量，笔者注意到"传统和现代并不是一对截然分离的二项变量，而是由两个极点构成的连续体。因此严格地说，传统和现代化都是相对的，没有截然分离的界标，也不像革命那样有一个明确的转折点。在从传统到现代化的过程中，社会犹如一个游标，愈来愈远离传统的极点而愈来愈趋近现代的极点"①。

---

① 王笛：《跨出封闭的世界——长江中下游区域社会研究1644—1911》，中华书局2001年版，导言第8页。

(二) 上海儿童留下的痕迹：研究资料的选择

历史上儿童自身留下的资料并不多见，前文已述及，史料的缺乏与零散是导致儿童史鲜有问津的重要原因；即便有一些零星的史料，也多是成人对儿童的记录，从这一角度来分析，成人对儿童的设想和定位往往决定儿童成长发展的方向。20世纪20—30年代上海儿童的研究资料也是不系统的，也大多是成人留下的反映成人思想的材料，最鲜明的特点是处于社会转型期的上海社会和成人对儿童未来的规划发生了超越传统的改变，把儿童看作未来城市建设接班人，在对繁多的各类民国时期上海资料进行梳理之后，笔者将上海儿童日常生活的资料整理归纳为如下三种：

1. 核心史料

核心史料是说明论点最直接、明了、可信的资料，这类资料又多属于"实证性"或"技术性"史料，如法律、档案、政府公报、各种统计数据，等等。上海市档案馆馆藏档案中，关于上海儿童的档案散见于各类卷宗之中，如儿童防疫、儿童教育、儿童娱乐、儿童节等，这些素材是上海社会对于如何教养儿童的主张，是权威、可信、翔实的，集中体现了社会转型时期人们对造就未来城市主人公的热切希望。一方面，在社会转型期颁布一系列有益于儿童身心成长的法令条文，这是社会进步的象征，也说明了现代化背景之下，上海市政府积极调整旧有的法律，设立新政策，使之适应上海城市建设；另一方面，南京国民政府和上海特别市政府在构建了新型统计体制，展开大量的调查统计活动，使得这一时期关于上海居民生活的统计资料为数不菲。南京国民政府汇编的《全国统计总报告》《中华民国统计提要》《中华民国统计简编》《中华民国统计年鉴》中有关于上海市的各类统计，既涉及具体的儿童生活的细微之处，又可反映上海儿童生活的基础背景，且南京国民政府的统计资料内还有其他城市的统计资料，研究者还可参考南京、北平等城市的统计数据进行比较研究；上海市政府方面也有各种统计，如上海特别市政府编印的《上海市政统计》《上海市年鉴》，上海市社会局编印的《上海工人生活程度》《上海市教育统计》；也有一些团体或个人的统计资料，如杨西孟的《上海工人生活程度的一个研究》，许世瑾的《上海市学龄儿童身长体重的初步研究》等，这些资料中都有各种直接或间接地反映上海儿童日常生活的统计数据。

统计制度、统计机构甚至统计人员是整个国家政府体制的一部分，受政府宏观调度的指引和牵制,1927—1937年间是国民政府统计体制逐渐纳入轨道的时期,国内政局相对稳定,上海特别市政府对上海的管理也卓有成效,上海在社会转型之时受现代文明程度影响较深,各类组织运转的法理性强,因而这些统计资料还是较为可信的,但依然需要研究者对其加以分析,去粗取精、去伪存真,"研究者只有(只要)在微观层面上恰当评估和利用一个个具体的统计数据,才(就)有可能有效发挥相关调查统计资料的作用。过于草率地利用统计数据或拒绝统计数据都不是科学的态度"①。"即使比较可信的资料,也可能会有不足或遗漏,需通过恰当的分析,才能得出可靠的研究结论"②。

档案、政府公报或统计资料的职能部门是在政府监督下运转的,它们代表上海官方语言,体现上海特别市政府对儿童的设想和规划,而儿童又是城市未来的接班人、建设者,因此更进一步说,核心资料也蕴含上海政府对于上海未来发展方向的构思与安排。

2. 辅助史料

这类史料多为描述性、记录性的资料,如当时的报纸、杂志、时人著述以及各种回忆录等,其所传达的主要内容同样是在现代化建设时期,上海人对儿童有怎样的期许和定位,怎样以现代的标准要求儿童,给儿童提供了怎样的现代物质和精神生活环境;还有儿童的日记或随笔,代表了儿童眼中的上海城市和日常生活;也有儿童成人之后对童年的追忆,从中更可发现儿童对于成人期望的反响和回应。

20世纪20—30年代的上海,基于未来上海城市建设的需要,成人关心与爱护儿童,并出现一系列关于保护和教养儿童的书籍,如姚昶绪的《育儿法》(商务印书馆1930年版)、林仲达的《儿童保护事业与法律》(新中国书局1932年版)、王云五的《妇女儿童保护问题》(商务印书馆1933年版)、吴继泽的《儿童事业概论》(商务印书馆1938年版),等等,这类书籍大量地出现,说明书籍本身有良好的销路,人们对儿童事业的关心可见一斑。对研究者来说,可以从中发现当时人们养育儿童的方法和心得,并以此发现现代化进程中儿童的教养和传统社会中的不同之处,进而考证

---

① 马敏、陆汉文:《民国时期政府统计工作与统计资料述论》,载《华中师范大学学报》(人文社会科学版)2005年第6期。

② 曹幸穗:《民国时期农业调查资料的评价和利用》,载《中华民国时期的经济统计:评价和估计》(国际研讨会论文集),日本一桥大学经济研究所2000年,第255页。

上海城市化发展的深层动因。当时的上海也是全国文化中心,各类儿童杂志层出不穷,如《慈幼月刊》《儿童年鉴》《儿童手册》《小孩画报》,等等,里面既有成人对儿童的期望和养育之道,也有儿童自己的作品,都是上海儿童日常生活的表现。各种儿童出版物的质量虽说良莠不齐,但都能说明在社会转型的大时代之下,人们是如何定位儿童,儿童又是作何反应的,这也给研究者提供了珍贵的研究资料。此外,《申报》《良友》《妇女杂志》《东方杂志》等报刊中的儿童资料也是上海城市化建设时期关于儿童及童年映像的宝贵记录,这些资料也都是研究和重建民国时期上海儿童日常生活世界的起点。既可印证档案资料中的官方语言是否贴近真实的大众生活,又可用鲜活生动的儿童语录来弥补统计数据的生硬干枯。

3. 其他史料

这类素材是民间对儿童看法的升华和凝练,如涉及儿童之童谣、图片、漫画、文学资料等。严格说来,这类资料不是纯粹的历史资料,和文学、美学、艺术等有一定的交叉性,但确实又能够说明一定的历史问题,尤其是社会生活史的研究,从中揭开历史的奥秘。19 世纪的美国画家乔治·加勒布·宾厄姆(Gergoe Caleb Bingham)因擅长绘画日常生活的场景,而被称作他那个时代的"社会史学家"①。在儿童史的研究中,对图片、漫画等图像的应用已经有所尝试,图像能够反映人们对童年的看法和界定。彼得·伯克认为:"历史学家在使用儿童图像作为证据时主要是为了用这种档案来研究童年史(history of childhood),换句话说,就是成年以后对童年的看法所发生的变化。"②漫画也是日常生活的体现与写真。漫画家在日常生活见闻中,选取富有意义的现象,把它如实描写,使看者能在小中见大,个中见全③。著名漫画家丰子恺自己谈道:"我的画与我的生活相关联,要谈画必须谈生活,谈生活就是谈画。"④民国时期他和子女曾在上海居住,这期间他创作了诸多儿童文艺作品,文章如《华瞻的日记》《儿女》《从孩子得到的启示》《给我的孩子们》《作父亲》《送阿宝出黄金时代》《标题音乐》等;漫画有《软软新娘子,瞻瞻新官人,宝姊姊做媒人》

---

① [英]彼得·伯克:《图像证史》,杨豫译,北京大学出版社 2008 年版,第 139 页。
② [英]彼得·伯克:《图像证史》,杨豫译,北京大学出版社 2008 年版,第 141 页。
③ 《漫画的描法》,载《丰子恺文集》(第 4 卷),浙江文艺出版社、浙江教育出版社 1990 年版,第 292 页。
④ 《漫画的描法》,载《丰子恺文集》(第 4 卷),浙江文艺出版社、浙江教育出版社 1990 年版,第 309 页。

《瞻瞻底车》《花生米不满足》《阿宝两只脚、凳子四只脚》《爸爸不在的时候》《穿了爸爸的衣服》《阿宝赤膊》《星期日是母亲的烦恼日》《拉黄包车》《三臂独脚之姿》等。除了丰子恺笔下的儿童之外，还有"许多街头的卖报者都是穷苦的儿童，他们是民歌和漫画里常见的题材。同样，歌曲和漫画中的卖报者也总是城市里的流浪儿"①。在这些短小的篇幅和简洁的画面上，活泼可爱的都是童趣盎然的真实生命，以及那扑面而来的鲜活饱满的生命气息，建立了儿童世界和成人社会的参照体系，理所当然地是上海儿童生活的真实写照。

作为往昔生活的保存方式，漫画展现了一个时代日常角色在社群网络中的互动和流动场景，是为"符号——行为事实"；作为艺术话语，漫画以独特的方式揭示了蕴含于底层日常生活中的种种社会史意义；作为社群认识的基本理念，漫画以"主位"的态度理解社群，留下了历史角色的声音，又从客位的视角去看待社群，留下了作者自己的观念。这些"声音和观念"构成了重要的社会史素材。②

各种丰富的信息为研究1927—1937年间的上海儿童日常生活提供了依据，这些资料都对儿童的生活和特征作了细致反映，为了解民国时期上海儿童的日常生活打开了一扇扇宽阔的窗口，其间的风景由笔者细细体味与感悟。

（三）与儿童的交流与对话：研究方法的运用

儿童史的研究与家庭史、人口史、社会史、医疗史、教育史、文化史等密切攸关，触类旁通，综合运用多学科知识是认识和挖掘儿童史的基本法则。本书从1927—1937年间上海的现代化建设出发，以社会转型为基础背景，牵引出上海对未来现代化人才的培养这一主要线索，在儿童的日常生活中发现上海现代化的历史，又在上海现代化的背景之下发现儿童日常生活的现代转型，因而本书必然以社会史的实证研究为基础，综合运用历史学、城市社会学、儿童心理学、生理学、统计学、教育学等多学科理论和方法，并以现代化理论尤其是人的现代化理论来疏通全文，旨在说明在社会转型时期，社会的现代化和人的现代化之互动关系，上海将儿童定位为城市建设事业接班人，政府、社会和家庭以现代方式教养儿童，使儿童的日常生活颇具现代性，将儿童培养为现代人，这又必将为推动上海现代化转型奠定人力资源的

---

① ［美］卢汉超：《霓虹灯外——20世纪初日常生活中的上海》，段炼等译，上海古籍出版社2004年版，第190页。

② 小田：《江南场景：社会史的跨学科对话》，上海人民出版社2007年版，第132页。

基础。

　　逝者如斯,不舍昼夜,历史早已湮没了彼时上海的传统与现代,往昔儿童的欢歌和笑语亦已远去,然而,"每一首童谣稚语,每一个深埋尘土之下的玩具游戏,都是一颗可端出另一个世界的沙粒,可以透视宇宙一刹的永恒露滴"①。让笔者内心惶惶不安的是,叙述的琐屑细小是否肢解了真实的历史面貌? 抑或是处心积虑"营造"的儿童日常生活与历史的真实是否存在较大的偏差? 或者因为笔者先入为主的"现代化"概念,而导致错估了当时上海的儿童生活质量? 俗语云,"开弓没有回头箭",笔者唯有不惧浅陋,按照认定的历史事实来书写,坦然地对1927—1937年上海儿童日常生活进行一番全面、系统、深入的研究尝试。

---

① 熊秉真:《童年忆往》,广西师范大学出版社2008年版,封面语。

第一章 寻梦而来：1927—1937年上海儿童的生活环境

自1842年开埠伊始，上海在内外合力的共同作用下开始其早期现代化进程，进行着从传统向现代的更替，造就了上海都市与都市文明，至20世纪20—30年代，经过几代人的不懈努力，上海发展成和纽约、巴黎、伦敦齐名的世界级大都市，被称作"东方巴黎"。上海城市借助西方现代文明的形式外在化，日渐溢出传统的内核，塑造了深受都市文明影响，甚或已经具备都市人格的新一代上海人。黄浦后浪推前浪，这是新陈代谢自然规律的印证，浮世新人换旧人，城市的发展变化也改变和重建了上海人的生产方式和生活方式。

1927—1937年是上海从传统向现代迈进的典型阶段，城市化建设初具规模，形成了西方工业文明结合中国特殊国情且带有浓郁上海特色的变异文化，不过借助殖民外力植入上海的西方文明在成长过程中，又始终存在着先天不足、后天失调的弱点，上海人的日常生活在诸如衣食住行、生产消费、教育娱乐乃至人格养成等各方面吐故纳新、多元共生，同时又存在着巨大差异，甚至出现社会边缘化和病态现象等一些转型社会的负面效应，所有这一切，共同构成一幅现代上海都市的世俗生活画卷，丰富多彩，生动活泼。

在这幅画卷中，尚未成年的上海儿童引人注目，他们是上海城市化运动成果的享用者，见证机器大生产的运转、新式教育娱乐的出现、传统价值观念的放弃、新的生活方式的确立等。社会转型的加速也导致上海对现代人才需求的紧迫性，儿童是上海城市未来的建设者，在上海城市化进程中得到了人们的发现和重视，儿童被上海城市塑造，又在重塑着上海城市。胡适曾援引一位友人之说："你要看一个国家的文明，只消考察三件事：一、看他们怎么对待小孩子？二、看他们怎样对待女人？三、看他们怎样利用闲暇的时间。"[①]上海社会对儿童展示的租房而居、乘车而

---

① 胡适：《慈幼的问题》，载《胡适文存》，远东图书公司1968年版，第739页。

行、看书读报、按时上下班等传达的是一种新式生活方式,这是一种得到市民普遍认同也乐意享受的生活方式。"童年的情形,便是将来的命运"①。在上海由传统到现代社会转型的氛围之下,儿童的日常生活场景发生显著变化,城市发展为儿童成长提供物质和精神基础,儿童发展又可推进城市的持续繁荣。

第一节 社会转型期的上海儿童

一、上海的儿童人口

人口是现代上海文明的载体与动力②。人是生产力中最活跃、最积极的因素,城市本身是由于商品经济发展,形成集市贸易,集聚人群之后而形成的,城市的建设是由人来进行的,城市中各类活动也依靠人来完成,人口的数量和质量,也是城市综合实力的重要反映。城市的形成与发展又促进人们生活质量的提高,以及人们自身的发展,两者之间是互为条件,互为基础。儿童人口是总人口中重要又特殊的组成部分,未来劳动力人口,能够代表某一地区的未来。要研究在城市化背景下生活生长的上海儿童,需要弄清上海人口的特点及其与儿童的关系。

(一)上海儿童人口在总人口的比重

上海是典型的移民城市。以1927—1937年为例,这期间上海人口从264.1万人增至385.1万人,而同时期上海租界和华界的人口平均自然增长率为4.7‰,上海人口的年均净迁入率达31.2‰③。除去人口的自然增长,其中更多的是人口迁移造成的人口机械增长,远远高出人口的自然增长率,由此可看出移民大量迁入是上海人口增长的主要原因。从19世纪末到20世纪20年代,上海人中有85%是非本地人④,

---

① 鲁迅:《上海的儿童》,载《鲁迅全集》(第四卷),人民文学出版社1981年版,第566页。
② 忻平:《从上海发现历史——现代化进程中的上海人及其社会生活1927—1937(修订版)》,上海大学出版社2009年版,第25页。
③ 忻平:《从上海发现历史——现代化进程中的上海人及其社会生活1927—1937(修订版)》,上海大学出版社2009年版,第31页。
④ [美]卢汉超:《霓虹灯外——20世纪初日常生活中的上海》,段炼等译,上海古籍出版社2004年版,第34页。

形成其鲜明的"客籍多于土著"的城市特色。上海城市现代化的过程,也是无数本土儿童和外来移民儿童以及移民后代在日常生活中接受现代城市耳濡目染,不断成长、扩充、参与到上海人队伍中,并经由社会化而成为上海城市建设者的过程,从这个意义上讲,儿童首先被上海城市塑造,成人后又继续塑造上海城市。

1. 上海的儿童人口在总人口中所占比例小于成年人,上海呈年轻型稳定型人口类型

清同治九年公共租界成人(15岁及以上,下同)和儿童少年(0—14岁,下同)分别占公共租界总人口的83.2%和16.8%;清光绪二年分别为83.9%和16.1%,光绪十六年分别为76.3%和23.7%,光绪二十六年分别为75.7%和24.3%;清宣统二年分别为73.2%和26.8%;1920年分别为74.1%和25.9%;1930年分别为73.9%和26.1%;1935年分别为76.9%和23.1%。法租界,清宣统二年成人和儿童少年分别占法租界总人口的73.2%和26.8%;1920年为74.1%和25.9%;1930年为68.3%和31.7%;1936年分别为76.3%和23.7%。1930—1936年,上海华界12岁以下的儿童少年人口所占比重均为25%以下(见表1-1)。

表1-1 1930—1936年上海华界人口年龄构成情况表

年龄组(岁)	项目	1930年	1931年	1932年	1933年	1934年	1935年	1936年
0	人数(人)	19 073	29 104	28 950	36 336	40 893	48 163	49 784
	比重(%)	1.13	1.60	1.84	1.98	2.14	2.37	2.33
1—5	人数(人)	174 880	186 547	154 763	178 079	202 380	197 120	204 040
	比重(%)	10.33	10.23	9.85	9.70	10.57	9.70	9.56
6—12	人数(人)	202 817	221 357	189 009	214 819	217 542	230 028	247 768
	比重(%)	11.99	12.14	12.03	11.70	11.36	11.32	11.61
13—20	人数(人)	249 289	268 892	243 177	291 303	306 763	332 066	361 016
	比重(%)	14.73	14.74	15.48	15.86	16.02	16.34	16.92

续 表

年龄组(岁)	项目	1930年	1931年	1932年	1933年	1934年	1935年	1936年
21—40	人数(人)	652 448	701 899	589 741	691 609	724 486	768 503	790 112
	比重(%)	38.55	38.48	37.53	37.66	37.84	37.81	37.00
41—60	人数(人)	337 812	359 245	315 934	364 840	382 209	396 330	412 203
	比重(%)	19.96	19.60	19.86	19.86	19.96	19.50	19.32
61—80	人数(人)	52 475	54 306	47 217	57 050	37 870	57 698	64 742
	比重(%)	3.10	2.98	3.01	3.10	1.98	2.84	3.12
81岁及以上	人数(人)	2 602	2 635	2 324	2 624	2 550	2 490	3 177
	比重(%)	0.15	0.14	0.15	0.14	0.13	0.12	0.14
年龄不详	人数(人)	939	4	1	1	1	1	1
	比重(%)	0.06	—	—	—	—	—	—
总计	人数(人)	1 692 335	1 823 989	1 571 089	1 836 661	1 914 694	2 032 399	2 132 843
	比重(%)	100.00	100.00	100.00	100.00	100.00	100.00	100.00

注：1936年系8月人数，其余年份都是9月人数。
资料来源：上海通志网站。

表1-2　1910—1935年上海公共租界成人和儿童少年统计表

年 份	成 人		儿 童 少 年		总计人数(人)
	人数(人)	比重(%)	人数(人)	比重(%)	
1910	357 009	73	130 906	27	488 005
1915	449 820	73	170 581	27	620 401
1920	541 736	71	218 103	29	759 839
1925	585 268	72	225 011	28	810 279

续表

年份	成人		儿童少年		总计人数(人)
	人数(人)	比重(%)	人数(人)	比重(%)	
1930	718 009	74	253 388	26	971 397
1935	862 163	77	258 697	23	1 120 860

资料来源:邹依仁:《旧上海人口变迁的研究》,上海人民出版社1980年版,第127页。

表1-3 1930—1936年上海法租界成人和儿童少年统计表

年份	成人		儿童少年	
	人数(人)	比重(%)	人数(人)	比重(%)
1930	255 078	68	118 196	32
1931	280 370	72	110 407	28
1932	284 392	69	126 172	31
1933	294 563	69	132 102	31
1934	293 421	65	156 124	35
1936	346 623	76	107 608	24

资料来源:邹依仁:《旧上海人口变迁的研究》,上海人民出版社1980年版,第127页。

从表1-1、表1-2、表1-3中可以发现租界儿童比例略高于华界儿童比例,这主要是由于租界人口统计以0—14岁为儿童,而华界以1—5岁为幼童,6—12岁为学童,若将13—14岁儿童数量考虑其中,则租界和华界儿童所占比例基本持平。将以上表格中成人和儿童比例平均计算,可大致统计出20世纪30年代上海成人和儿童所占比例,即在上海总人口中成人约占74.2%,儿童约占25.8%。还可以发现,上海人口以青壮年为主,年龄结构中成人比例明显大于儿童,这是众多成年移民迁徙至上海的结果。大批青壮年劳动力的涌入降低了在沪儿童与老年人的比例,人口年龄构成的形成、变化与上海城市现代化的进程相符合,以劳动型年龄人口为主体,儿童人口和老年人口比重少、系数低,这就降低了人口抚养指数,属于一种低负担的人口结构,能够带来巨大的经济潜力,对社会经济的发展极为有利。青壮年人口往往能够创造出远大于其自身消费量的社会财富,客观上减少了上海城市化进程中本应承担的代价与负担,加快了城市发展的脚步。

2. 儿童人口为城市发展注入活力

瑞典著名人口学家桑德巴氏根据各年龄段人口所占比重把人的年龄构成划分为年轻型、成年型、年老型三个类型,如表1-4所示。

表1-4 桑德巴氏年龄构成类型表 单位:%

	0—14岁	15—49岁	50岁以上
年轻型(增加型)	40	50	10
成年型(稳定型)	26.5	50.5	23
年老型(减少型)	20	50	30

资料来源:刘铮:《人口统计学》,中国人民大学出版社1981年版,第32页。

上海人口总体来说是属于稳定型,这适宜于社会转型期初级阶段的城市化建设,也利于成人对儿童的保护和教养,对该时期上海现代化发展的影响是积极的,而稳定并趋于增加的0—14岁人口又为城市化建设提供了源源不断的后续人力资源。忻平教授认为:"上海人口以移民为主,故其未来的成年人主要依靠外地人来为其供养储备,所以,上海的儿童少年比例虽低,却有着难以估量其数的外地储库与后备军,如果考虑到这一因素,那么儿童少年的比例无疑已超过了40%。"[①]从城市发展的长远角度考虑,成年型人口结构存在一定的风险性。如果失去了大量涌入的壮年移民,社会就会随之面临一系列的人口问题,如成年劳动力缺乏、社会财政负担严重、人口新陈代谢速度缓慢,等等。因此,教养儿童,为日后城市建设提供后备力量,为社会生产力继续发展提供可能,使之顺利成为上海城市建设者的任务就显得尤为迫切。

1930年,南京0—12岁人口为234 870人,而上海仅华界0—12岁人口就达到396 770人;1932年,威海卫、青岛、南京、北平的学龄儿童数分别为19 998、45 772、

---

① 忻平:《从上海发现历史——现代化进程中的上海人及其社会生活1927—1937(修订版)》,上海大学出版社2009年版,第53—54页。

67 778、148 700 人,共计 282 248 人,而同期上海的学龄儿童数达到 320 927 人①,1935 年时人推测全市的儿童总数,大概不下 80 万人,其数量超过国内任何一个都市②。再加上源源不断的儿童移民,庞大的儿童人口基数为上海持续发展提供充足的人力资源,相对较多的青壮年人口也为正在成长中的儿童创造了相对充裕的生活资料,营造城市氛围来为上海儿童的日常生活更好的服务,在现实生活中培养儿童的现代特征,传授现代社会科学文化知识、在语言和行为等方面身体力行示范现代社会中的生产生活技能、社交沟通技能等。

通常来看,儿童人口属于被抚养群体,一般情况下不参与主要社会劳动,本身较少进行生产创造,属于消费型人口,能够拉动消费增长,形成一定规模的"儿童经济",即以 0—14 岁儿童人口为消费主体,在衣食住行、儿童教育、儿童娱乐等领域产生儿童产品和服务,进而刺激经济发展并给予一定的人口提供就业机会。

从"冲击—反应"模式来看,由于西方文明的强势植入,儿童日常生活所需物质和精神资料被改变,西方生活方式渐渐渗入到上海华人阶层中,而这种方式被定位在较高的消费层次和高雅的生活乐趣层面上,得到上海人的追捧,西方家庭教养儿童的方式也为上海家庭效法,他们把子女送入西式学堂,华人子弟也学会了穿西式服装、吃西餐、弹钢琴、踢足球等,即使是在上海最下层民众家庭中,儿童也用"洋火"生火做饭,用"洋胰子"洗手。但传统的影响依然存在,形色各异的儿童消费产品,既有现代的,又有传统的,既有摩登的,又有古老的。四面八方涌入的儿童移民增添了传统的韧性,海纳百川、包容异己成为上海城市的特征,不同类型的儿童产品被众多的儿童人口所吸纳。从其内部结构来看,上海能够成为远东第一大都市,也源自上海儿童人口自身的发展动力,这是推动城市发展的内生性力量。

(二) 上海儿童人口的自然构成

结合表 1-5、表 1-6 可以发现,儿童人口的性别构成中,男童人数多于女童。据当代人口统计学的调查,世界各国人类出生的婴儿性别比例一般处于 105 或 106 这个生物学意义上的稳定值③,也就是出生 100 名女婴时,男婴出生 105 或 106 名。上海儿童的性别比例偏离这一稳定值,1930—1935 年上海法租界儿童的性别比例

---

① 国民政府教育部编:《全国初等教育统计》,1932 年版,表格第 7 页。
② 《告全市儿童书》,载《申报》1935 年 8 月 1 日。
③ 刘铮等编:《人口统计学》,中国人民大学出版社 1981 年版,第 28 页。

高达117%、140%、108%、128%、118%,这也直接决定了成人的性别比例偏高,此外受重男轻女、溺婴等传统社会陋俗的影响,女婴存活概率小于男婴,再加上移民中男性多于女性,这都造成上海总人口性别比例的偏高,1930年上海总人口性别比例高达146%,1935年为144%[①]。

表1-5 1910—1936年上海法租界儿童少年性别分类统计表

年份	儿童少年		
	男(人)	女(人)	男对女比例(%)
1910	15 758	10 929	144
1915	18 468	13 573	136
1920	22 539	15 723	143
1925	53 122	41 903	127
1930	63 661	54 535	117
1931	64 411	45 996	140
1932	65 472	60 700	108
1933	74 171	57 931	128
1934	84 535	71 589	118
1936	55 250	52 358	106

资料来源:邹依仁:《旧上海人口变迁的研究》,上海人民出版社1980年版,第103页。

表1-6 1935年上海公共租界人口年龄构成统计表　　单位:人

区域	5岁以下		5—15岁		15—20岁		20岁以上		合计
	男	女	男	女	男	女	男	女	
中区	2 464	1 950	5 230	3 746	15 511	4 173	79 373	18 978	131 439
北区	10 658	9 459	15 828	13 145	16 787	7 738	74 911	46 573	195 094

① 据邹依仁:《旧上海人口变迁的研究》,上海人民出版社1980年版,第122—123页表格计算得出。

续 表

区域	5岁以下		5—15岁		15—20岁		20岁以上		合 计
	男	女	男	女	男	女	男	女	
东区	26 874	23 634	33 543	18 458	24 614	15 947	165 414	126 366	444 850
西区	17 980	16 141	26 651	22 851	21 615	13 286	127 373	99 890	345 787
总计	57 976	51 179	81 252	68 200	78 527	41 158	447 071	291 807	1 117 170

注：外国人除外。

资料来源：邹依仁：《旧上海人口变迁的研究》，上海人民出版社1980年版，第126页。

儿童人口年龄构成中，6—14岁儿童居多，超过0—5岁儿童数量。相较于0—5岁儿童，6—14岁儿童具备一定的社会知识、生活经验、认知能力和价值观念，并且属于学龄期儿童，对生活的认知和理解更为深刻，在接收现代科技知识、价值规范等方面具有一定优越性。从儿童自身心理发育特征来看，7—9岁时表现对自己国家和民族成员的系统性偏爱；10—14岁时开始能够理解地区、国家之间的从属关系，能够认识到自身国家群体成员的身份；14岁以后国家认同感的心理成分开始出现较大的个别差异①，这一时期也是儿童国家、民族认同意识逐渐形成的过程，当时的上海是半殖民地城市，尤其是随着1927—1937年间民族危机的日益加深，儿童的民族解放、民族抗争意识也在这一时期得到强化。

二、上海儿童人口的来源

上海儿童人口主要来自两个方面：一是人口的自然增长，二是人口的机械增长即儿童移民的到来。

（一）上海人口的再生产

人口再生产关注人口是怎样通过时代更替使人口数量和质量得以再生产，使人类得以延续的②。现代人口再生产类型以低出生率、低死亡率和低自然增长率为

---

① 佐斌：《论儿童国家认同感的形成》，载《教育研究与实验》2000年第2期。
② 佟新：《人口社会学》（第三版），北京大学出版社2006年版，第120页。

特征,现代人口是上海现代化的动力,上海的儿童决定未来上海的发展状况,人口的再生产即人力资源的再生产关乎于上海现代化建设的顺利与否。

1. 社会转型期的上海保持了相对较低的出生率和死亡率

与以现代科学技术为基础的工业化生产经济相适应,表现为低出生率、低死亡率和低人口自然增长率的人口再生产类型,称为现代人口再生产类型。现代型的人口自然增长率较低,总的生育率处于更替水平,人口规模基本不变①。民国时期中国城市人口的出生率和死亡率均远远低于农村人口的出生率和死亡率。据金陵大学农学院农业经济系的实地调查,1931年全国乡村人口出生率平均每年为38.9‰,而同期城市人口的出生率却相对很低:北平23.9‰,上海16.2‰,南京18.1‰,广州、汉口和杭州均为15‰②。上海人口死亡率低于同期其他城市,1931年,南京人口普通死亡率为17.87‰,上海为11.57‰,北平为17.12‰,汉口为16.81‰;1934年,南京人口死亡率为17.14‰,上海为10.32‰,北平为11.91‰,汉口为10.75‰③。从全国范围看上海保持了较低的出生率和死亡率。

开埠以来,社会经济的发展、医疗水平的提高、文化教育事业的进步、西方新式思想的传播,众多有利的因素共同作用使得上海的人口再生产在横向比较方面优越于其他城市,这反映出该时期上海的人口再生产模式正在向现代方向发展,但这并不能说明当时上海的人口再生产模式已经完成了从传统模式到现代模式的转变,只能说相对于中国其他城市,上海人口的出生率和死亡率较低,现代模式特征较为明显。

表1-7　1929—1936年上海华界人口出生数和死亡数统计表

项目\年份	1929	1930	1931	1932	1934	1935	1936
人口数(人)	1 620 187	1 702 130	1 836 189	1 580 436	1 925 778	2 044 024	2 155 717
人口出生数(人)	16 703	18 903	28 789	15 397	28 249	31 725	24 552

① 李嘉岩:《21世纪人口再生产类型的现代化》,载《中国行政管理》2000年第1期,第23—24页。
② 国民政府主计处统计局编:《中国人口问题之统计分析》,正中书局1944年版,第62—65页。
③ 国民政府主计处统计局编:《中华民国统计提要》(民国二十九年辑),1940年版,第29页。

续 表

年份 项目	1929	1930	1931	1932	1934	1935	1936
人口死亡数(人)	19 902	21 421	22 873	12 859	19 590	17 249	21 299
年出生率(‰)	10.3	11.1	16.0	10.0	14.7	15.6	11.4
年死亡率(‰)	12.3	12.6	12.5	8.1	10.2	8.4	10.0

注：外国人除外。
资料来源：邹依仁：《旧上海人口变迁的研究》，上海人民出版社1980年版，第136—138页。

表1-8　1935—1936年上海公共租界人口出生数统计表

	1935年出生数(人)	年出生率(‰)	1936年出生数(人)	年出生率(‰)
外国人	20 567	—	21 346	—
本国人	891	—	884	—
合计	21 458	18.5	22 230	18.9

资料来源：邹依仁：《旧上海人口变迁的研究》，上海人民出版社1980年版，第138页。

表1-9　1929年1月—1930年1月上海市出生数和死亡数统计表

时间(年.月)	全市人口数(人)	出生数(人)	死亡数(人)	每千人中每月出生率(‰)	每千人中每月死亡率(‰)
1929.1	1 491 170	198	496	0.13	0.33
1929.2	1 490 139	332	625	0.22	0.42
1929.3	1 494 571	1 027	1 145	0.69	0.77
1929.4	1 500 500	711	1 209	0.47	0.81
1929.5	1 504 416	527	1 099	0.35	0.73
1929.6	1 516 092	1 310	1 282	0.86	0.85
1929.7	1 537 914	3 014	3 127	1.95	2.01

续 表

时间(年.月)	全市人口数(人)	出生数(人)	死亡数(人)	每千人中每月出生率(‰)	每千人中每月死亡率(‰)
1929.8	1 550 220	2 228	3 648	1.43	2.35
1929.9	1 564 382	1 925	2 433	1.23	1.56
1929.10	1 582 066	1 846	1 742	1.16	1.10
1929.11	1 600 212	1 891	1 480	1.18	0.92
1929.12	1 610 736	1 694	1 613	1.05	1.00
1930.1	1 616 723	1 524	1 609	0.94	1.00

资料来源：立法院统计处刊行：《统计月报》(第2卷)1930年第3期。

综上三个表格所述，1929—1936年上海华界人口出生率经历了一个"低(1929—1930年)—高(1931年)—低(1932年)—高且平稳(1934—1935年)"的趋势，其中1932年的低出生率和一·二八事变有直接关系，再来看一下同期上海人口的死亡率，经历了高(1929—1931年)—低(1932年)—相对平稳(1934—1936年)的趋势。1929年1月—1930年1月上海市人口总数是稳步增长的，但在这13个月份中，只有1929年6月、10月、11月、12月的人口出生率大于死亡率，其余均是死亡率大于出生率，而全市人口数目是持续增长的，这也侧面印证了上海市的人口增长主要依靠移民迁徙的机械增长。1929年和1930年出生率低于死亡率，其余年份出生率都高于死亡率，30年代华界的出生率高于死亡率，公共租界的出生率更高于华界，儿童的总数量势必增长，为上海城市化建设提供契机和挑战，一方面可以保障现代社会所需的后续劳动力，另一方面怎样依据现代社会的要求来教养儿童又成为上海社会不容回避的问题。

2. 严酷的生存环境中生育观念的变化

大量移民的涌入一方面给上海城市建设提供富余劳动力，另一方面也导致求职艰难，生活困顿，造成大量无业杂业人员涌现，"上海居，大不易"，上海生存的高成本使一些人将儿童寄养在乡下以减轻经济负担，同时，在生存竞争激烈的上海城市，生育观念发生改变，"多子多福"的传统观念悄然走远，人们更注重从自身经济实力出发来决定是否生养孩子。"20世纪者，生计竞争之时期也，中国者，生计竞争之地点也,而其竞争之潮流则首被乎上海"①。许多家庭意识到"与其多生而不能养,不能教,不如生得少,养得好"②。30年代由于经济危机的侵扰,上海物价激增,在许多家庭中,养活现有人口都是个大难题,因而更惧怕生养孩子,"人口数目未改已现生活的恐慌,那么人口若要增加,不是更形不堪了吗?这是目今一般家长所以视增加人丁若洪水猛兽的原动力"③。这种思想在社会下层家庭中表现得尤为突出,也是上海生育率低于其他城市的重要原因。

表1-10中,上海工人家庭中妇女的平均生育量是最低的,平均生育数为2.68人,低于五个城市总的平均生育数2.8人,工人家庭中妇女生育1个孩子的最多,有349人,占被调查人数的31.38%,其次为生育2个孩子的,有286人,占25.72%,再次为生育3个孩子的,有193人,占17.36%,生育4个孩子的有117人,占10.52%,生育5个孩子的最少,有90人,占8.09%。可见在生计压力之下,工人家庭妇女选择生育一个或两个孩子的明显多于生育四个或五个孩子的;而上海的未生育妇女的比例在已婚妇女中所占比例也相当高,"未曾生育之妇女,北平有196人,上海有245人,广州有182人,武汉有159人。占当地已嫁妇女之百分数如下:北平15%,上海18%,广州19%,武汉14%。总和已嫁妇女之未曾生育者,占全体已嫁妇女中16.44%"④,这表明上海妇女推迟了生育时间,不愿和不能生育孩子的妇女比例高于五个城市中的平均率16.44%。有的女工因为怕耽误工作而拒绝结婚和生育孩子,杨树浦附近农家中"两个青年女工说她们不希望结婚,因为她们做处女时,在家内是很自由的。她们又反对生子女,已经有了孩子的女工极容易忽视家中的事务,她们常把小孩托干妈抚养,以便每日到厂工作"⑤。而怀孕女工在孕期依然要在恶劣的工作环境下做工,"怀胎的女工,常在分娩的前两三天还做工;并且在婴孩产下以后,不久又去上工。虽然有些妇人应用村中的产婆,但多半则生产时候,并不要人帮助,不待他人进房,就很快的洗浴并包好了婴儿"⑥。对许多工人家

---

① 《申报》1909年5月27日。
② 清扬:《我主张限制生育的一个理由》,载《妇女日报》1924年1月22日。
③ 少微:《现在生育节制原因的分析》,载《女子月刊》(第3卷)1935年第11期。
④ 李文海主编:《民国时期社会调查丛编·人口卷》,福建教育出版社2004年版,第412页。
⑤ 《工业化对于农村生活之影响——上海杨树浦附近四村五十农家调查》,载上海市社会局编印:《社会半月刊》1934年第5期,第67页。
⑥ 《工业化对于农村生活之影响——上海杨树浦附近四村五十农家调查》,载上海市社会局编印:《社会半月刊》1934年第5期,第64页。

庭来说,生而不养的现象也十分严重,"生了孩子,顶多两个星期,母亲就非去做工不可。母亲做工去了,小孩就送到乡下去,请别人替她料理,一个月出二三块钱,什么事都不管了"①。橡胶工厂大中华厂女工徐爱珍,解放前生了三个孩子,都被溺死了,她说:"看他活着受罪,还是早些死好。"大中华厂中曾经流传的一首《十字歌》中有这样的生活写照:"合家一条破棉被,小囡绑在床横头。"②要在上海存活,就需要工作来获得工资,换取基本生活资料,因此女工宁愿不生孩子、不养孩子也要工作,可见繁忙的工作和高压的生活使得上海女工惧怕因生育孩子而占用时间,致使无法工作,这是女工生育率低的主要原因。

表1-10 1928年北平、上海、广州、武汉、南京工人家庭妇女生育数及百分比分布表

地 点		北平	上海	广州	武汉	南京	合计
平均生育数(人)		2.77	2.68	2.82	3.27	2.77	2.8
妇女生育数(人)	1孩	273	349	222	254	411	1 509
	2孩	310	286	227	194	360	1 377
	3孩	211	193	130	176	259	969
	4孩	150	117	90	104	189	650
	5孩	82	90	47	75	123	417
百分比(%)	1孩	24.93	31.38	28.07	26.29	28.42	27.85
	2孩	28.31	25.72	28.70	20.08	24.90	25.41
	3孩	19.27	17.36	16.43	18.22	17.91	17.88
	4孩	13.70	10.52	11.38	10.77	13.07	11.99
	5孩	7.49	8.09	5.94	7.76	8.51	7.70

注:平均生育数指已有生育的妇女所生子女的平均数,不计未生育妇女。
资料来源:陈华寅:《劳工家庭人口动静态之分析》,载李文海主编:《民国时期社会调查丛编·人口卷》,福建教育出版社2004年版,第412页。

---

① 孙铭勋:《劳工幼儿团》,儿童书局1935年版,第116页。
② 中国社会科学院经济研究所主编:《上海民族橡胶工业》,中华书局1979年版,第165页。

既然生而不能养或不敢生孩子,那么自觉地限制生育就显得尤为迫不及待了,"每见许多中国的儿童,因为他们的父母窘于生活,不能好好地养他们,教他们,所以他们不是悲惨而死,就是成为未受教育的低能儿。成人之后,既无知识,复无职业,其影响于社会秩序和繁盛,殊非浅显,所以我们为防止社会的恶化和人种的堕落起见,对于产儿,实有限制的必要"①。为此在上海成立了上海节育研究社,该社于1936年与中华医学会合作,与中华医学会合办的节育诊所位于池浜路29号,免费指导节育方法;制造廉价之节育用品,以供平民使用②。生育观念的变化和节育机构的出现使得一些初级的节育知识在平民中开始推广普及,对于社会来说,生育观念的变化说明随着上海城市现代化的进行,居民的生育观念发生了改变,"多子多福"的观点是建立在农业社会需要多数男劳动力来确保生产力发展这个条件之上的,而在上海这个现代化城市中,机器生产为女工留有一席之地,激烈的竞争和生活的重压使得她们选择少生孩子,这是社会转型所带来的生育观念的变化;对于儿童来说,父母有更充足的精力和时间照看他们,社会资源平均分配到儿童身上会多一些。要想维系上海的现代化建设,除了外来移民补充劳动力之外,更重要的是提高人口质量,以现代方式努力教养儿童为城市建设接班人。

(二) 儿童移民来沪

1. 上海城市的吸引力

城市是一种生存载体,也是人类历史的记忆,还是文明与文化程度的象征,移民出入活跃是城市充满活力的标志之一。上海就是这样一个地地道道的"移民都市",现代化赋予其无穷的吸引力。人口流动打破了乡土社会的闭塞、宁静和静滞,引发了资金、信息和文化的流动。

首先,上海城市像磁铁一般吸引着外来人口。国内民众向上海移民的动机与目的不一,乐正认为有主动移民和被动移民两种类型,但最终都可归结为为了更美好的现实生活需要而移民。上海意味着不同于乡村的生活,对乡村有着永远的魅力与诱惑。为了生活,人们从乡村来到城市,为了更好的生活,人们驻足于上海,流连忘返。"上海是希望之邦,选择上海就是选择新的人生之路,就是选择美好的未来。人们对美好事物本能的欲望追求,造成一股巨大推动力,把一批又一批的外地

---

① 《北京产儿限制研究会宣言书》,载《时事新报·现代妇女》(第7期),1922年11月6日。
② 《上海市法租界公董局卫生处关于上海节育研究社专刊》,上海市档案馆,U38-5-237。

人推出家园,推向上海"①。

上海移民的来源遍布全国各地,以江苏、浙江居多。朱陈村是江苏省的一个古老村庄,唐代诗人白居易曾赋诗《朱陈村》:"徐洲古丰县,有村曰朱陈。……有财不行商,有丁不入军,家家守村业,头白不出门。生为陈村民,死为陈村尘。田中老与幼,相见何欣欣。一村为两姓,世世为婚姻。亲疏居有族,少长游有群。生者不远别,嫁娶先近邻。死者不远葬,坟墓多绕村。"这是一幅极其恬静、和谐而又封闭、静止的生活图景,堪称农业社会中的理想境界——世外桃源,在这样的环境中人口的流动性是微乎其微的,人们恪守"父母在,不远行"的教条,祖祖辈辈在土地上刨得衣食住行来生存;不过,依然是江苏省,在上海开埠后,假地利之便,其成为上海移民的最主要输入地,"移民数多寡与路途远近成正比"②,20 世纪 30 年代早期,江苏移民就占据了整个上海移民的 53%。在 1936 年,在上海华界总人口中,江苏省籍贯占到了 40.5%,位列第一,浙江省籍贯占 19.2%,位列第二。

随着中国经济逐步被纳入世界资本主义市场,西方列强在中国大肆掠夺工业原料,向中国倾销农副产品和工业品,农村经济凋敝,农民还要忍受苛捐杂税的盘剥,还有猝不及防的天灾和战乱,生活苦不堪言,被迫流离失所,踏上背井离乡的迁徙之途。"农民流向城市,最根本的动机是求得物质生活的满足"③。对于这些人来说,"上海遍地都散落着金子的,许多人认为。于是许多人都跑到上海来,男的,女的,老的,少的,有的卖了田,卖了牛,有的甚至卖了儿女"④。获得较高的收入以谋取更好的生活是农民移民到上海的最终目的。

非常明显,表 1-11 中显示的城市工资明显高于农村工资,其中尤其以上海的工资为最高,是附近其他城市的 2 倍甚至 3 倍多,这也是农民乐意到上海的主要原因。农民迁入上海之后,生活于上海的城市氛围中,接受城市的改造。上海现代化的生产方式打破了他们原来"日出而作,日落而息"的农业社会生活规律,以一种新的模式切入其日常生活,城市进行着产业的结构调整,社会经济从以农业经济为主体转向以工业和服务业为主体,以农村人口为主体的传统社会正转向以城市人口

---

① 乐正:《近代上海人社会心态》,上海人民出版社 1991 年版,第 173 页。
② 忻平:《从上海发现历史——现代化进程中的上海人及其社会生活 1927—1937(修订版)》,上海大学出版社 2009 年版,第 41 页。
③ 池子华:《中国近代流民》,浙江人民出版社 1996 年版,第 94 页。
④ 马国亮:《如此上海》,载马逢洋编:《上海:记忆与想象》,文汇出版社 1996 年版,第 68 页。

为主体的现代社会。

表1-11 20世纪30年代上海与江苏部分城乡的部分行业月工资比较表

单位：元

城乡别	上海	武进	无锡	无锡	吴江	南通	当地农村平均	
行业别	制革	棉织	棉织	榨油	丝绸	榨油	碾米	雇农
供食工资	30	14	18	8.4	9	9	6	6.8
不供食工资	60	18	27	23	12	19.8	12	10.1

资料来源：《中山文化教育馆季刊》1934年创刊号，转引自池子华：《中国近代流民》，浙江教育出版社1996年版，第94页。

其次，移民层次丰富，来沪后从事多元职业。"城市需要廉价劳动力用于开动纺纱机或拣选烟叶，或用于制造火柴、面粉、罐头食品、水泥和其他批量生产商品的工厂之中。这些通过新建的铁路和汽船而能够得到的就业机会为那种封闭的农民生活提供了另外的选择"①。上海能够容纳如此众多的移民，除了农民对城市的向往之外，最主要的原因是城市自身发展的需要，伴随城市的发展和功能的扩大，第二、三产业所需人才日渐增多，移民为上海的崛起提供充足劳动力，注入生生不息的活力，随着上海工业的日渐兴盛，上海"成为一个大的制造业中心"②，20世纪初的上海"对劳动力的需求是没有止境的"③。

从《1934—1936年上海市公安局户政股档案》统计资料中可以看到，所列之"农、工、商、党、政、军、交通、新闻记者、工程师、律师、会计师、医师、士兵、警察、劳工、家庭服务、学徒、佣工、杂工、无业"等职别行业中，都有大量的移民④。大批各阶

---

① [美]费正清、赖肖尔：《中国：传统与变革》，陈仲丹等译，江苏人民出版社1992年版，第449页。
② 徐雪筠等编译：《上海近代社会经济发展概况(1882—1931)——海关十年报告》，上海社会科学院出版社1985年版，第158页。
③ 徐雪筠等编译：《上海近代社会经济发展概况(1882—1931)——海关十年报告》，上海社会科学院出版社1985年版，第228页。
④ 上海市档案馆：上海市公安局档案，档号：Q176-1-142，"上海市民职业比较图"(民国二十三年份)；Q176-1-143，"上海市公安局辖境市民职业统计表"(民国二十五年份)，转引自：忻平：《从上海发现历史——现代化进程中的上海人及其社会生活1927—1937(修订版)》，上海大学出版社2009年版，第42页。

层的上层人士与精英分子也移居沪上,这一时期活跃于上海的著名学者、教授、新闻记者、电影明星、画家、舞蹈家、音乐家、作家以及工商巨贾等无不以外地移民为主。20年代末对曹家渡230户工人家庭的调查也表明,这些在工厂中做工的工人绝大多数为江、浙、皖、赣、湘、鄂、鲁、直、滇等省的移民。30年代之上海"士之子恒为士、农之子恒为农、商之子恒为商"的局面已经极其罕见,成人的职业虽然无法决定其子女的职业,但社会中的职业类别具有很大的传承性,这决定了儿童成人后所从事的职业也将是五花八门且大多数是非农职业。

2. 儿童移民在上海

具体的儿童移民数难以考量,但可以约莫推测出概数。以华界为例,据邹依仁对华界人口的统计,在其基础上做出推算,可得出30年代移民到华界的儿童大致数量,以邹依仁统计的1930—1936年华界儿童人口数,以及这期间的人口出生率为基数,运用数学运算,如:以1931年儿童数目减去1930年儿童总数,再减去人口的自然增长数目即1930年上海人口出生数之后,就是1930—1931年间儿童的机械增长数目,即移民至华界儿童的大约数量,其中由于一·二八事变,1932年华界人口数明显少于1931年和1934年,故未能计算1931—1932年和1932—1933年的儿童移民数。据推算,可得出1930—1931年,1933—1934年,1934—1935年,1935—1936年的华界儿童移民大致数量分别为36 370、23 214、9 778、21 528人①。这一数据还不包括外地移民到上海后所生的儿童数。

首先,上海提供给儿童更多的生存机会。上海作为工商业大都市崛起后,首当其冲受其影响的是附近的农村,农民的破产、商品经济的发展、密集的战争和频繁的灾患将农民从土地上剥离出来,走进城市谋生,都市也许无法给予他们土地,但随着城市化程度的加深,给他们提供了较多的工商业或服务业岗位。在上海城市现代化转型过程中的移民浪潮中,也有为数众多的儿童来沪谋取生存,他们有的随父母举家搬迁,一道而来,有的则是独自流浪至上海。"有一家向来居住崇明,遇到荒年,失去四个孩子,于是马上带着余下一个孩子来上海,找较好的环境"②。因为

---

① 此数据依据邹依仁:《旧上海人口变迁的研究》,上海人民出版社1980年版,第126页、136—138页的表格推算。

② 《工业化对于农村生活之影响——上海杨树浦附近四村五十农家调查》,上海市社会局编印:《社会半月刊》1934年第5期,第59页。

"工厂对于少年人,尤其是对于女子,给予种种赚钱机会,为返回农村中所不能得到的。所以各家都被引到城里来。在城市里,他们的孩子或可变为经济财"①。1929年世界经济危机爆发后,帝国主义国家加紧掠夺中国农村市场,以致"中国今日农村经济实以陷入破产的状态"②,更多的灾民和灾童涌向城市来谋生存。据不完全统计,从1929年10月31日至11月27日不到一个月的时间内,仅上海一地就接收陕西、河南、甘肃等地灾民(大部分为灾童)千余人。其中"陕西灾童一百二十三名……灾童自十岁至十五岁者,达十分之九"③。20世纪20—30年代的大上海成为机会和梦想的同义词,既是冒险家的乐园,又是寻梦者的天堂,儿童移民涌入上海寻梦,或为生存,或为发展,他们进入了城市,感受着城市,也在努力适应城市。

农村移民来到上海后,成为都市的一部分,但上海是一个复合类型的城市,对人对事对物都有着正反两个极端的方向,套用狄更斯《双城记》中的描述,此时的上海"这是最好的时候,这是最坏的时候。这是智慧的年代,这是愚蠢的年代。这是信仰的时期,这是怀疑的时期。这是光明的季节,这是黑暗的季节。这是希望之春,这是失望之冬。人们面前应有尽有,人们前面一无所有。人们飞入天堂,人们直落地狱。"众多农村移民在上海并没有挖掘到属于他们的金子,反而流落街头或

图 1-1 初到上海的妇女肩挑孩子

图片来源:哲夫:《旧上海明信片》,学林出版社1999年版,第149页。

---

① 《工业化对于农村生活之影响——上海杨树浦附近四村五十农家调查》,上海市社会局编印:《社会半月刊》1934年第5期,第59页。

② 林仲达:《国难声中之儿童教养问题》,载《东方杂志》第29卷第7号,1932年12月1日,第2页。

③ 《红会头批灾童乘新铭轮抵沪》,载《申报》1929年10月31日。

者蜗居棚户区,相对好一点的,从事苦力、小贩等职业。"小贩的妻子和孩子也许帮佣,也许拾荒,做着在其他社会阶层看来多么低下的活计,但都市的胸怀确实提供了这样的生存机会"①。一旦进入了代表现代都市生活的上海,便不愿再离开,"尽管千千万万的'上海梦'的追随者在粗陋的草棚里感到了梦的幻灭,但城市的诱惑力是永远不会因此而消退的。大多数棚户居民尽管贫困,但至少还在城市里生存着。由于灾荒和战乱,若留在农村里,他们的命运可能会更糟"②。更有数目不菲聚集于斯的孩子,在本该享受童年生活的阳光时,或进厂做童工,承受与其身心不相称的体力劳动,"或形单影只,或成群结队,同时迫不得已也兼一点拾荒,打工(如在桥头推车),小买卖(如将香烟屁股里的烟丝卷成新烟)或充当'扒手'之类,旧上海这些小乞丐实在太多了,以至于还产生了一个专门的地方名词——'小瘪三'"③。

1934年中华慈幼协会派员调查上海乞儿100人,制成统计:① 人数,男96人,女4人;② 年龄,平均13.28岁;③ 籍贯,计江苏61人,湖北11人,安徽9人,上海4人,河南4人,浙江3人,四川2人,江西2人,河北1人,山东1人,北平1人,福建1人。流浪原因:① 特殊遭遇(如水、火、兵、匪、灾及父母犯罪等)而流浪者23人;② 不学习劳苦被父兄责打潜逃者11人;③ 学业不成被师责打潜逃者8人;④ 被人诱逃者13人;⑤ 赌输逃出者2人;⑥ 家贫无衣食而乞食者40人;⑦ 当兵被裁者3人。在这些乞儿中,自愿在会教养者69人,甘愿流浪者31人。④ 由此可看出儿童在上海流浪并沦为乞丐的主要原因是生计所迫,因灾害等特殊原因和家贫而流浪的乞儿占到了73%,在上海他们也许没有栖身之所,食不果腹,衣不蔽体,但无论如何,他们实实在在地生存着,只要活着,就有希望,就有机会改变。毫无疑问,随着上海资本积累的急剧提升,导致周边农村自然经济加速解体,上述统计材料的乞儿中,来自江苏的高达61人。现代化运动把诸多孩童从农村中剥离出来,成为他们流浪的重要原因之一,当他们被迫走入上海都市之后,都市也的确为之提供了广阔的生存空间。

---

① [美] 卢汉超:《霓虹灯外——20世纪初日常生活中的上海》,段炼等译,上海古籍出版社2004年版,第109页。
② [美] 卢汉超:《霓虹灯外——20世纪初日常生活中的上海》,段炼等译,上海古籍出版社2004年版,第109页。
③ 郑祖安:《老上海十字街头》,上海文艺出版社2004年版,第128页。
④ 李文海主编:《民国时期社会调查丛编·人口卷》,福建教育出版社2004年版,第310页。

其次,上海提供给儿童更广阔的发展空间。上海具备个人发展所需的物质精神条件,丰富的社会资源塑造着社会转型期的新型上海人。与那些来上海逃难以求得生存的儿童不同,许多儿童来上海的目的是在父母家人的安排之下,更好地发展自我以便将来有更好的生活。20世纪20—30年代,大上海的繁华早已声名鹊起、誉满中外,好动的年轻人往往"对其本乡土的索然枯燥、缺乏机会的现状最为敏感",急于到极富诱惑力与刺激性的城市中寻找释放能量与发挥才干的平台,社会转型时期的上海是当时中国最富有活力的城市,它能给儿童提供广阔的发展空间。

在丰子恺于1925年创作的漫画《到上海去的》(图1-2)中,大人和孩子对上海的向往不言而喻,上海代表的是迥异于乡村的美好都市生活,袅袅冒烟的火车象征着工业文明呼啸而过,冲击着大人和孩子脚下的青翠农场,人们再也无法安逸于循规蹈矩的农耕生活,对火车的目的地——上海充满了幻想与期待。火车承载着梦想,是一种人们对都市现代生活呼之欲出的集体梦想。都市工业文明的魅力在于它可使人们获得自由自在的发展,实现人的自我价值和社会价值。有人在评价这幅漫画时认为"这是一种让人心跳的诱惑:去远方……多年以后,当那位看火车的少年终于来到了上海,他一定会回想起多年以前他的父亲带他去看火车的遥远的下午"①。无独有偶,湖南的左义华童年时和家人从浏阳赴汉口,又从汉口辗转至上海,他回忆了初到上海的情景:"父亲、伯父、我和弟弟,一共四个人,在船上住了三天,经过了九江、安庆、芜湖、南京、镇江五个大地方,才到上海。轮船到上海靠了岸,我父亲和伯父把行李搬着,我和弟弟跟了上岸。我看见许多的

图1-2 到上海去的

图片来源:丰子恺绘,聂作平、陈晓尧编文:《子恺漫画》,四川少儿出版社2003年版,第18页。

---

① 丰子恺绘,聂作平、陈晓尧编:《子恺漫画》,四川少儿出版社2003年版,第19页。

车子跑来跑去,非常好玩。"①可见,上海给童年时代的他留下最深刻的印象是轮船和汽车,到上海去这件事情给在当时还是孩童的左义华留下深刻记忆。

"我们觉得都市的儿童,因为教育机会的容易取得和物质文明的濡染,环境感化力量的伟大,其内在蕴伏的智识,往往优于内地一般的乡村儿童。上海市为吾国文化荟萃之区,系全世界六大商埠之一"②。儿童在到达上海之后,可以参与到上海的教育体系之中,受到上海的现代教育,增长现代知识和全方位挖掘个人潜力,在市立小学学生籍贯统计中,可以发现众多的儿童移民或移民后代。

从表1-12中可以看出,1929年上海市立小学学生籍贯为外地的数量占比达到43.7%,接近总人数的一半,儿童移民的数量之多在市立小学学生人数中得到印证,同时也说明儿童在进入上海之后,会依照在上海受教育的内容和程度实现自身发展,而从总体看,当时的上海教育领先于其他地方,毫无疑问移民儿童可在上海获得更好的发展机遇。儿童随家人移民上海的目的也许并不仅仅是为了求学,但他们进入上海城市之后,的确享用到了都市的教育资源,接受了现代教育,为他们适应上海和日后改造上海奠定基础。

表1-12 1929年上海市立小学学生籍贯统计表

籍　　贯	人数(人)	百分比(%)
上海	17 184	56.3
江苏	6 962	22.8
浙江	4 777	15.6
安徽	403	1.3
南京	212	0.7
广东	307	1.0
湖北	133	0.4

---

① 戴自俺、孙铭勋:《儿童节教学做》,儿童书局1934年版,第202页。
② 《告全市儿童书》,《申报》1935年8月1日。

续　表

籍　贯	人数(人)	百分比(%)
湖南	54	0.2
山东	173	0.4
福建	114	0.4
江西	53	0.2
河南	28	0.1
河北	71	0.1
天津	28	0.1
北平	19	0.1
四川	27	0.1
其他	28	0.1

资料来源：上海市政府：《上海市行政统计概要》(中华民国十八年)，第162页。

社会发展的方向规定人的发展方向，社会的发展水平总是制约着人的发展水平，人的发展水平也总是要以一定的社会发展水平为基础。上海这一工商发达、文化繁荣、生活便利的现代化中心城市对于各色人等都具有强大的吸引力：对于富商巨贾来说，"投资、利润"是动力；对于达官贵人而言，追求享受是目的；对于青年学子来说，获取新知识，求得新生活是理想的目标；而文化人看中的是，这里有比他处更大的发展机会与天地；艺人着眼点则在于，"五方杂处"意味着知音更多，更能促进艺术流派的形成与发展；在贫困的下层青年心目中，上海是个能够摆脱其先赋出身的阴影而通过其自致的努力争得前程的地方……①对于下层民众而言，进厂为工是他们的梦想，在刘鸿生企业下属的章华毛绒纺织厂里，生产工有两种：一种是长工，发有红色工折；另一种是临时工，发的是蓝色工折。从临时工转为长工需要经

---

① 忻平：《从上海发现历史——现代化进程中的上海人及其社会生活1927—1937(修订版)》，上海大学出版社2009年版，第37页。

过技术资格考试,一旦成功便是一重大提升。① 但城市不仅仅是让人感到没有文化的苦痛,也提供了学习的机会,激发了农村移民接受教育的渴望②。在社会现代化转型的大背景下,要在上海谋得生存,获得发展,就必须适应城市日常生活,这也是儿童必须要面对的。

三、上海儿童人口的社会分层

城市化使人们的社会分层和社会作用也有变化,以往乡村社会主要以社会身份、与官府关系、家族势力等为社会分层准则,在这里则主要以商业实力和经济实力为社会分层准则。在商业化市场经济条件下,财力意味着赚钱的能力,因而社会关系由以往传统的身份主义转向近代的能力主义,这是近代社会平等观念的基础③。城市中社会阶层的划分主要是依据占有社会资源和财富的多寡,忻平教授将20世纪20—30年代上海社会结构分成社会上、中、下三个层次,其中社会上层主要由官僚、绅士、资产阶级构成,中层主要由职员、专业人员、知识分子及自由职业者等构成,社会下层主要由工人阶级和苦力等构成。依据儿童所处的家庭层次,将儿童分为上、中、下三个社会阶层,其中,生活在官僚、绅士、资产阶级等家庭中的儿童为社会上层儿童,生活在职员等家庭中的儿童为社会中层儿童,生活在工人阶级和苦力等家庭中的儿童以及诸多无家可归的儿童为社会下层儿童。

(一) 社会上层、中层儿童

社会上层、中层儿童所处的家庭相对富足。上层家庭凭借权势和社会地位,占有与其家庭人口极不相称的社会资源,过着锦衣玉食甚至豪华奢侈的生活。如,花旗银行买办吴培初在20世纪30年代仅一笔地产生意即赚了60万两④。英美烟草公司买办郑伯昭年收入高达50万元,抗战前其地产投机也达到3 000万元⑤。中层

---

① 上海社会科学院经济研究所:《荣家企业史料》(第2册),上海人民出版社1980年版,第125页。
② [美]卢汉超:《霓虹灯外——20世纪初日常生活中的上海》,段炼等译,上海古籍出版社2004年版,第79页。
③ 李长莉:《上海社会生活史的典型意义》,载《史林》2002年第4期,第5页。
④ 中国人民政治协商会议上海市委员会文史资料工作委员会编:《旧上海的外商与买办》,上海人民出版社1987年版,第95页。
⑤ 中国人民政治协商会议上海市委员会文史资料工作委员会编:《旧上海的外商与买办》,上海人民出版社1987年版,第117页。

家庭则主要依靠工资或报酬,过着殷实舒适的生活。表1-13、表1-14为20世纪30年代上海知识分子阶层、邮政系统职工月收入表。

表1-13 20世纪30年代上海知识分子阶层月收入抽样调查表　　单位:元

大学教授	副教授	讲师	助教	中学教师	小学教师	报社主笔	报社编辑	英电公司职员
400—600	260—400	160—260	100—160	50—140	30—90	200—400	40—100	50—300

资料来源:《大学教师薪俸表》,载《第二次中国教育年鉴》乙编,开明书局1934年版,第64页;张仲礼:《近代上海城市研究》,上海人民出版社1990年版,第724页。

表1-14 20世纪30年代上海邮政系统职工月收入表　　单位:元

邮务员		邮务佐		邮差		听差		杂役
甲等	乙等	本地	外地	本地	外地	本地	外地	—
100—500	40—270	30—138	21—127	23—85	18—80	23—41	17—39	19—43

资料来源:朱邦兴等:《上海产业与上海职工》,上海人民出版社1984年版,第445—450页。

1930年工商部对全国9省29个城市的男女工人和童工工资进行调查统计,涉及纺织业、化学业、机械业、公用业、杂品业等行业,上海工人各业平均工资水平中:男工最高为50元,最低为8元,平均为15.28元;女工最高为24元,最低为7元,平均为12.5元;童工最高21元,最低5元,平均为8.7元。①

社会上层富裕家庭在上海社会中所占比例较少,据张仲礼推算,解放前上海的资本家大约有5万人;中层家庭为数不少,据统计在20世纪30年代,上海大约有25—30万人从事职员工作,算上他们的家属,不低于150万人,占到当时上海总人口数的40%。②大部分职员供职于洋行、民族资本经济组织和旧式商店中。其中旧式店员人数最多,约十三四万人,外商企业(包括外商的进出口洋行、工厂、交通事业、银行保险公司,等等)的职员有10万人之多,民族资本组织(包括工厂、商店、银

---

① 邢必信等编:《第二次中国劳动年鉴》上册第1编,社会调查所1932年版,第29—32页。
② 范伯群:《从"亭子间作家"与"封建小市民"的关系谈起》,载《江苏大学学报》(社会科学版)2009年第1期,第51页。

行在内)的职员则约四五万人,行政机构的公务员受雇于华界的上海市政府、公共租界的工部局等机构,其人数有一两万人①;知识分子群体亦可归入社会中层,20—30年代上海的知识分子人数相当可观,单大中小学教员和从事新闻职业者即有3万人②。

将职员工资和工人工资进行对比,可发现工人较高工资约等于职员中下等工资,工人阶层中的较高收入家庭也可划归入中层家庭中。据此推断上海社会中上层家庭约占40%—45%,社会中上层儿童所占比例大约为50%,这也可以在儿童入学率中得到印证,1932年上海适龄儿童入学率为42.93%③,1936年儿童入学率为59%,中上层儿童和一小部分社会下层儿童有受教育的机会。

据《中国劳动问题》的资料所示,20世纪20年代上海一个典型的市民五口之家以每月日常开销需200元为中上等,66元为中等,30元为中等以下档次的标准④。显然上海社会上层和中层家庭的收入满足中上等和中等的生活标准,上海社会上层、中层家庭中的儿童能够在家庭庇佑下,安心享受现代社会带给他们生活上的便利,他们大都能接受教育,接受现代知识体系的熏陶,为他们成人后建设现代上海奠定良好的基础。张爱玲出生在上海公共租界西区的麦根路313号的一幢建于清末的仿西式豪宅中。张爱玲的家世显赫,祖父张佩纶是清末名臣,祖母李菊藕是清朝重臣李鸿章的长女,张爱玲家庭条件优越,小时候"在家里过活的时候,衣食无忧,学费、医药费、娱乐费,全用不着操心"⑤。

社会中上层儿童生活富足,能够接受良好的教育,大多有着明确的理想和目标。1935年夏季的一个傍晚,某私家花园内几位儿童正在举行庆祝儿童年开幕的同乐会,他们谈论起自己的理想:

> 一位姓丁的小朋友说:"我的父亲是在洋行中做买办的,每月有几千块钱的收入,天天穿的是西装,吃的是大菜,住的是洋房,坐的是汽车,看他多么的

---

① 朱邦兴、胡林阁、徐声:《上海产业与上海职工》,上海人民出版社1984年版,第702页;忻平:《从上海发现历史——现代化进程中的上海人及其社会生活(1927—1937)》,上海人民出版社1996年版,第127页。
② 张仲礼:《近代上海城市研究》,上海人民出版社1990年版,第724页。
③ 国民政府教育部编:《全国初等教育统计(中华民国二十一年度)》,第7页。
④ 参见唐海:《中国劳动问题》,光华书局1927年版,第183—184页。
⑤ 张爱玲:《童言无忌》,载余之编:《旧上海风情录》(上),文汇出版社1998年版,第205页。

舒服,所以我长大起来,也要像我父亲一样,做一个洋行买办。"

姓王的小朋友接着说:"我的伯伯是一个大律师,他的名气很大,收入很多……一样的住洋房坐汽车,所以我将来也要做个大律师。"

姓包的小朋友说:"我的叔叔是一个县长,身份高,收入也多……所以我将来也要做官。"

姓任的小朋友说:"当文官哪有当武官好,我的舅父在军队中做师长,手下有兵士好几万,无论是营长、团长、旅长都要听他一个人指挥是多么威风!所以我的志向,将来也要做师长去。"

李姓小朋友则说:"我在学校中最喜欢的是国语和图画,每学期的成绩总在九十分以上……将来做一个文学家和美术家,只要本领好,也一样可以挣大洋钱的,并且名气也大,身份也高。"

还有一位胡姓小朋友的志向很"高",他说:"我的志向是再高没有了,和你们完全不同,你道是什么?原来我是想做一个飞行家的。将来我可以开着一架飞机,在天空中高高的飞,飞,飞着,任我自由自在的往来,这是多么的有趣!万一和别国开起战来,我还可以替国家出力哩。"

最后的陈姓小朋友说:"我从上学期起听了几位教师的演讲,就志在科学……我打算在科学上做一番事业,先要发明几件有益于大众的新物品,一面开矿以取原料,开厂以便制造,这志向虽大,但我定须努力做去,愿诸位也一样的努力,立志做一个科学家。"①

短文中这几位儿童有着明确的理想,目标远大,他们想要成为的律师、洋行买办、文学家、飞行家、科学家等均为第三产业即公共服务业的职业类型,之所以有这样的理想,是为了获得"洋房""汽车""威风""名气"等舒适的生活和社会地位,也有的是为国家为大众服务。童言无忌,童真有趣,儿童的社会意识是对其所处环境和社会存在的反映,上海社会经济发展和工商业的兴起导致农业活动的比重逐渐下降、非农业活动的比重逐步上升,城市职业构成的显著变化,从事农业人口减少,工业、商业、服务业和文化教育等领域所需人才日渐增多。

---

① 心青:《儿童年言志》,载《申报》1935年8月4日。

著名教育家陈鹤琴认为环境对儿童成长影响深远:"要选择良好的环境,使儿童所见所闻都是好的事物,所模仿的也都是好的动作,无形之中就可以使他们养成良好的习惯和良好的品性……"①社会中上层儿童群体在享受新式物质产品时,也感触到先进工业文明的重要意义,在他们的祖辈视为"奇技淫巧"的东西,在儿童的日常生活中被普遍接受,一些儿童对西方现代农业、机器大生产等产生浓厚兴趣:"外国有许多地方,早已用机器耕田,浇水,收割,不费多大力气,一个人就可以种许多顷田地,收许多石粮食,真是进步极了!我们也要想法子采用,就可以大量增加生产。"②良好的生活环境和充裕的物质资源使得这一部分儿童意识到城市进步带来的切身利益,希望国家富强起来:"有很多的汽车厂和水电厂……有大规模的纺织厂,造纸厂和印刷厂……还有很大的兵工厂,造船厂和飞机制造厂,出品特别精良,陆海空军的装备齐全,威力宏大,谁要碰我们的一草一木,马上叫他吃个眼前亏!"③这种对未来社会的向往中含有诸多理想主义元素,不过这一时期上海新型的城市管理制度、新式市政设施、各种文化教育机构、大众传媒等大幅度提高了上海城市生活的质量,改变了居民的日常生活面貌,社会中上层儿童群体有幸沐浴在现代社会所带来的各种便利之中,在耳濡目染中学会现代城市生活之技能,并有着对未来的设想与规划。

社会中上层儿童群体对中国社会遭受侵略,中国人民遭遇苦难有着清醒的认识,有着深厚的家国情怀,还能感念个人前途与国家命运的同频共振,"我们都是国家的主人翁,将来国家的整个命运,都系在我们手中,我们的责任多么繁重"④。国家复兴、民族复兴不再仅仅是成人加诸儿童身上的责任,也是上海新生代的梦想,并愿意为梦想而努力奋斗,小学五年级学生王天福说:"我们现在所处的,是一个山河破碎,各项事业都没有十分发达的国家,挽救和振兴的责任,就现在说,是在成年人的身上,再过几年,便要轮到我们的身上了……我们要努力锻炼自己,使自己成为国家一个有益的份子,我们要有健康的体格,良好的品性,生活的技能,科学的头脑,互助团结的精神,爱国爱群的观念,做一个现代的好国民。"⑤这是儿童作为生命

---

① 陈鹤琴:《在儿童节告全国人民》,载《申报》1932年4月4日。
② 王金镐:《机器迷》,载叶圣陶主编:《新少年》,开明书店1936年版,第81—82页。
③ 王金镐:《机器迷》,载叶圣陶主编:《新少年》,开明书店1936年版,第82—83页。
④ 申报儿童专刊社:《儿童之友》(第一集),申报馆1935年版,第262页。
⑤ 王天福:《如何纪念儿童节》,载董坚志编:《初级模范作文》,春明书店1941年版,第101页。

个体对国家这一共同体的认同,源自朴素的爱国主义情怀,对儿童来说,可能仅仅是一种纯粹的感情,一份美好的愿望,是历经民族苦难之后的一种寄托,是把个人价值融入国家和民族的一种希冀,当儿童为之努力奋斗时,也是上海城市发展进步的一种内生动力。

(二) 社会下层儿童面面观

社会转型期的上海贫富悬殊,两极分化严重,"在这都会的一角,也还有穷得买不起衣穿的流浪儿,他们只能向富家子讨取一两个铜元,或是在桥上替人拉车,得到极低微的赏赐,或是拾着一个蒲团,在太阳地奔跑,气喘吁吁地喊'卖冰哦',不过他们都'名不见报章',所以住在高楼大厦里的人是不会知道的,即使在路上遇见,也要隔上一道'林肯'或者'斯蒂倍克'的玻璃,也就无关痛痒了"①。社会下层儿童食不果腹,衣不蔽体,生存艰难,生活困苦。按照20世纪20年代上海一个典型的市民五口之家以每月需200元为中上等之分界线,以月需66元为中等,30元为中等以下档次的生活标准②,月收入30元以下家庭中的儿童属于社会下层儿童。

从人口的社会属性来看,社会中上层儿童属于纯粹的消费人口,而社会下层儿童属于生产人口,除了极少部分能够接受少量教育外,大多在童稚时期就不得不奔波于生计,与传统社会不同的是,"昼出耕田夜绩麻,村庄儿女各当家。童孙未解供耕织,也傍桑阴学种瓜"的农业文明下儿童劳动场景只能成为遥远的回忆。社会下层儿童或入厂为童工,或徘徊在街头巷尾卖报,或在大街小巷捡拾垃圾,更有甚者,流浪于市井的儿童无所依靠,沿街乞讨或走上犯罪的道路,迫于生计的女童沦为雏妓,等等。

使用童工在上海的工厂中是一个普遍存在的现象,上海工业发达,又多属于劳动密集型产业,对技术的要求不高,儿童经过简单培训就可使用机器,据英国领事商务报告记载,1882—1883年间上海的英美三缫丝厂雇佣的中国工人中已使用童工③。1899年,"上海租界内外缫丝厂、织布局、扎油厂、自来火公司,共有四十三家。所用工人共约三万四千五百名,内计男工约七千五百人,女工约二万人,小孩约七千人,

---

① 无次:《儿童年闭幕》,载《申报》1937年7月31日增刊。
② 唐海:《中国劳动问题》,光华书局1927年版,第183—184页。
③ 刘明逵编:《中国近代工人阶级和工人运动》(第1册),中共中央党校出版社2002年版,第208页。

浦东各局尚未在内"①。也就是在上海这43家企业中,平均每5个工人就有1个是童工。进入20世纪后,童工的数量日益增多,上海虹口、小沙渡、浦东、杨树浦、闸北等地,无论华厂、外厂的丝织、棉纺等行业中都普遍使用童工②。

表1-15　20世纪20年代上海各中外工厂中童工数量表　　单位:人

产　　业	12岁以下男童工	12岁以下女童工
39家中国丝厂	105	3 461
6家意大利丝厂	440	2 620
5家法国丝厂	372	2 227
9家英国丝厂	552	2 469
7家美国丝厂	—	1 250
18家中国棉纺厂	1 005	2 610
24家日本、英国棉纺厂	1 615	2 690
其他9厂	56	84

资料来源:刘明逵编:《中国近代工人阶级和工人运动》(第1册),中共中央党校出版社2002年版,第215页。

上海童工具有数量多、年龄小的特点。据泛太平洋劳动大会的统计,1927年上海工人总数为1 253 000人,其中童工94 000人,占7%③;1934年上海产业工人中,男工占42.8%,女工占51.0%,童工占6.2%④。"所谓世界规定的童工年龄是在12岁至16岁之间,16岁至18岁为少年工。但是事实上,本市一般所谓16岁至18岁的少年工人,多半已被列入成年工人的队伍,在做着毫无限制的过度劳动生活了。本市童工年龄12至14岁的,自属最多数。但是国际间早已被视为绝对禁止的12

---

① 汪敬虞:《中国近代工业史资料(1895—1914)》(第2辑下册),中华书局1962年版,第1181页。
② 李大钊:《上海的童工问题》,载《李大钊全集》(第4卷),河北教育出版社1999年版,第581—583页。
③ 王清彬:《第一次中国劳动年鉴》,北平社会调查部1928年版,第563页。
④ 国民政府主计处统计局编:《中华民国统计提要》(民国二十九年辑),1940年,第70页。

岁以下的幼年童工,在本市各工厂间,仍是普遍广泛地存在着。最年少的,甚至只还是六七岁的幼孩"①。

童工在恶劣的环境下工作,时常受到工头或领班等的欺凌。1925年上海日商内外棉纱厂发现一名童工尸首,是被纱厂日籍管理员用铁棍殴打死亡,胸部受重伤十余处,工人们目睹惨状,全体罢工,引发著名的五卅运动。童工日常生活受到非人的待遇,上海某袜厂一名12岁的女童工在夜晚做工时体力不支发困,被管工的人发现,当即"把手里的剪子一挥,戳着那女童的面上,鲜血淋漓"②。童工一日三餐得不到保障,女工花辰未成年就从乡下来上海做工,第一次到热水缸里去淘早饭,发现那水龌龊极了,而且发出触鼻欲呕的臭气,这大概是因为淘的人太多了,"一口也吃不下,她们却像没有嗅觉似的狼吞虎咽,一转瞬间,把一盏尘埃满封的冷饭像狂风扫残雪似的一卷而完"③童工尤其是女童工的社会地位低下,"每逢提着饭具上工或放工的时候,总觉面红耳赤,像火烧一般,说不出一种难受的况味,因为在家时常听见邻人说'女工是一种微贱的职业',所以我总是低着头一阵乱跑,到家以后就像囚犯受着大赦一样的快慰"④! 花辰后来得到哥哥的资助,通过自身努力考取了一所女校,从此便逃出了暗无天日的工厂。但像她一样侥幸的女孩在当时并不多。

1935年夏衍深入杨树浦日本纱厂采访调查,创作出著名的报告文学《包身工》,包身工是由"包老板"、厂家、工头(拿莫温)买来的,大多来自上海附近的农村或灾区,一般为十二三岁到十五六岁的女童,工资比一般工人低40%,大多集中在纺织厂工作,到1937年,包身工占到上海纱厂女工的三分之一左右。她们没有人身自由,每天工作十几个小时,包身契上写明三年期,能够做满的大概不到三分之二,大多数"被榨完残留在皮骨里的最后的一滴血汗"倒在暗无天日的工厂中。

20世纪20—30年代的上海报业繁荣,报纸是民众获取外界信息最重要、最便捷的渠道。报童身处社会底层,每日为了生计奔波,上海发达的报刊业和新闻业为

---

① 冯若谷:《上海童工女工之生活状况》,载《劳工》第5卷第11、12期合刊,劳工月刊社1936年12月1日,第2页。
② 钟韶琴:《我所看见的女工生活》,载《女青年月刊》第12卷第5期,第46页,中华基督教女青年会全国协会编辑部1933年5月,上海市档案馆,U121-0-55-5。
③ 花辰:《一个女工的自述》,载《妇女杂志》第17卷第6号(1931年6月),第81—83页。
④ 花辰:《一个女工的自述》,载《妇女杂志》第17卷第6号(1931年6月),第81—83页。

他们提供了生存的机会。卖报儿童工作辛苦,著名的《卖报歌》是 1933 年聂耳在霞飞路偶遇一位卖报的小姑娘,深感其生活艰辛而创作的:"啦啦啦,啦啦啦,我是卖报的小行家,不等天明去派报……大风大雨里满街跑,走不好滑一跤,满身的泥水惹人笑,饥饿寒冷只有我知道……耐饥耐寒地满街跑,吃不饱睡不好痛苦的生活向谁告……"形象描述了报童的辛酸生活。茅盾也曾在圣诞节晚上目睹报童的无助与无奈:"街头鞭炮声尚在辟辟拍拍,一个卖报的孩子缩头扛肩站在冷风里,喊着号外!号外!"①

报童大都是聪明伶俐的孩子,由于上海报刊种类繁多,对报童的要求也较高,比如拥有一定的识字量甚至会几句英文,力争使报童卖出更多报纸,增强报纸影响力和竞争力。"上海卖报儿童为数不少,平时分散各处且生活艰苦,失去受教育机会,上海国民教育实验区有鉴于此,曾于上年十二月间派员分赴全市各处访问,据初步调查,分布全市报童为数约近一千五百人"②。报童多为衣食无着落的流浪儿童,为市民提供新鲜的资讯,在服务民众之时,报童的工作岗位使其自身获得生活来源,也在第一时间内接触到新闻资讯。

下层女童的境遇更差,受社会重男轻女思想的影响,"卖女、卖妻、溺女、虐媳,各种惨痛现象到处皆是"③,1924 年 7 月,上海工部局指定的童工调查会从"摆在面前的证据"中发现,"本地的妓院里雇佣了许多受役使的儿童,她们接受训练从事淫业。买卖女童虽然无疑是违反了中国的法律,但看来并没有受到来自行使司法之责的部门任何形式的干预。但是,在

图 1-3 上海的报童

图片来源:胡根喜:《老上海:不仅仅是风花雪月的故事》,四川人民出版社 1998 年版,第 172 页。

① 茅盾:《鞭炮声中》,载《茅盾散文速写集》(上册),人民文学出版社 1980 年版,第 243 页。
② 《上海报童福音》,载上海儿童福利促进会:《儿童与社会》1948 年第 1 期,第 9 页。
③ 圣悦:《现代妇女与现代家庭制度》,载《妇女杂志》第 11 卷第 12 期(1925 年 12 月),第 1823 页。

查实有据的虐待案例中,上海的会审公廨确实会下令让儿童脱离涉案人员的监护"①。1936年,据上海市公安局的调查,"全市于三四月中,共有登记之婢女七十二人,其中已成年者二十七人,未成年者四十五人"②,可见婢女中成年人人数较少,占调查所得总人数的37.5%;未成年的少女却为数众多,高达62.5%。

除此以外,下层儿童中还有乞丐、拾荒者,拾煤日约得三角左右,拾垃圾约月五六元,1936年上海有两万拾荒的人,其中5 000多人是7—14岁的儿童,每天能挣得100—500文不等③。雏妓、歌妓,其他如学徒、侍应生、僮仆等"其收入人均可相当维持个人生活"④。20—30年代上海市区普通家庭儿子一般十三四岁当学徒⑤,他们生存环境艰苦,"食则残羹不饱;夏则无衣,冬则败絮!腊月主人食糕,学徒操持臼杵!夏日主人剖瓜盛凉,学徒灶烧煮!学徒虽无过,'塌头'下如雨!……"⑥

还有一些男孩子在较高档的饭店从事服务工作。在国际饭店的"侍应生"之前,"仆欧"(Boy)一直在上海滩十里洋场流行,行业覆盖面很广,从大饭店的门童到西餐厅、咖啡室、高级会所的服务生,包括外国人家里的小杂役和外国公司的小听差,等等。Boy是大都会上海一行全新的来自西方概念的服务文化,Boy的问世,大大冲击了中国传统的市井油滑不讲究仪表的"店小二"或"茶房"的形象⑦。Boy大多会讲几句英文,都需穿制服,注重个人仪态卫生。做Boy的多为上海本地穷人家的孩子。

值得一提的是,上层、中层儿童也注意到下层儿童的苦难并表示出同情,12岁男生毕鹤龄在文章《一个卖报童子》中记录了报童在寒冷冬日卖报的事情:

> 一个冬天的早晨,北风飕飕的刮着,大雪纷纷的下着;这时天气异常寒冷,忽然一阵卖报的喊声,刺入耳内。我冒着雪跑了出去,只见一个七八岁的幼童,上身披着一个麻袋,下身却只穿着一条单裤,冷风吹的他不住地发抖,两只小手冻得又红又肿;身上背着一个布袋,里面盛着各种的报。他见我出来,便

---

① 《中华医学杂志》1924年第38卷第11期,第975页。
② 《市公安局办理婢女登记统计》,载《申报》1936年6月19日。
③ 《社会日报》1936年8月18日。
④ 《上海儿童界职业现状》,载《国际劳工通讯》1935年第3期,第96页。
⑤ 上海通志编纂委员会:《上海通志》(第9册),上海人民出版社2005年版,第6359页。
⑥ 《新青年》第4卷第4号,上海群益书社1918年版,第313—314页。
⑦ 程乃珊:《上海先生》,文汇出版社2008年版,第258页。

带着请求的口吻说:"少爷,你买报吗?"①

13岁男生陈尚绸在文章《儿童节的早上》中讲述了儿童学徒工被工头驱逐鞭打的故事②;12岁女生李淑琴《一个穷苦的小朋友》诉说贫穷邻家女童失学的故事③……并呼吁"不要忘掉了那些困苦艰难中的小朋友啊!"儿童们在描述贫苦儿童时抱有极大的同情心,震惊于他们艰难的生活,同时也从贫苦儿童身上学习到坚强、自立、乐观等优良品质。

下层儿童为了生存而从事着与他们年龄身体不相称的体力劳动,他们的劳动也是上海城市建设的一部分,他们为上海的繁荣贡献了自己的童年。下层儿童借以存活的种种营生是因为现代化运动导致的农业萎缩和第二、三产业兴起。从这个层面上讲,现代化运动正在改造着下层儿童,使之融入工商服务业之中。他们的谋生手段在一定程度上与机器生产相联系,以工资或零售收入为生活来源,这种职业生活也在影响着他们的家庭和社会地位。下层儿童的种种境遇都是在上海社会转型时期,由于社会体制的不健全和分配制度的不公平造成社会贫富差距的扩大,形成"落后与先进共生,进步与失范并存"的现象,这也是上海城市社会转型时期的无奈!

第二节 上海城市发展为儿童成长提供契机

长久以来,中国传统社会"家国同构"的宗法关系强化着家长对儿童的绝对领导,导致了儿童在血缘、经济、人身等方面对家长的依附,忽略儿童的自身特点,儿童被视为成人的附属品,"小一号的成人",其目的在于制造合乎封建伦常的"顺民",无法正确看待儿童与国家和社会的关系。近代中国民族危机日深,在谋求救国救民和走向现代化的道路中,"救救孩子"、塑造"新民"的呼声得到响应,上海城市对儿童的培养目标和培育方式也在发生着变化,以期未来社会建设者在知识、技

---

① 《儿童节纪念册》,儿童书局1932年版,第47—48页。
② 《儿童节纪念册》,儿童书局1932年版,第40—42页。
③ 《儿童节纪念册》,儿童书局1932年版,第43—44页。

能、观念上紧跟社会发展步伐,适应时代需求。上海毫不吝惜对未来城市接班人的教养,政府、社会和家庭在方方面面注意儿童利益的维护和儿童"小主人"地位的体现。

一、现代儿童观念启蒙下儿童地位的提升

1898年,赫胥黎的《天演论》经严复翻译出版,在知识界广泛流传并引起轰动。"物竞天择,适者生存"的理论对当时正处在民族危急时刻的中国产生的影响巨大,进化论的观点给苦苦寻求民族出路的知识分子以新的精神寄托和理论支持,坚信将来的社会一定优于现在的社会,而其中的关键是让青年担负起改造中国的历史重任。1900年,梁启超的《少年中国说》全面论述了"少年强则国强,少年弱则国弱"的观点,他还强烈呼吁"欲维新吾国,当先维新吾民""新民为当日中国第一急务"①。在进化论思想影响下,人们将目光投向儿童,儿童的概念被重新解读,赋予更深层次的含义和使命,今天的儿童是未来的国民,城市、社会、国家和民族的兴衰依赖于儿童的成长发展。

(一)五四运动中"儿童的发现"

1. 作为个体被发现

鲁迅在"五四"时期所写的《灯下漫笔》里曾经十分沉痛地指出,在中国封建等级制度中被压在最下层的是妇女和儿童。李大钊在1919年2月1日的《新潮》第二卷第二号,《联治主义与世界》一文中积极提倡"女子对于男子要求解放,子弟对于亲长要求解放"。他们的解放正是打破夫权、父权专制的最重要手段。在批判传统的基础上,周作人提出"祖先为子孙而生存"的观点,并呼吁应"废去祖先崇拜,改为自己崇拜——子孙崇拜"②。近代儿童心理学、儿童教育学等学科的发展为人们认识儿童特性提供了基础。人们意识到作为生物个体,儿童有其自身生理、心理成长发展的规律,不是成人的附属物,儿童生存发展需要适合其自身发展的物质精神要素。"儿童在生理心理上,虽然和大人有点不同,但他仍是完全的个人,有他自己的内外两面的生活。儿童期的十几年的生活,一面固然是成人生活的准备,但一面也

---

① 梁启超:《新民说》,载《梁启超文选》(注释本),百花文艺出版社2006年版,第44—48页。
② 周作人:《祖先崇拜》,载《周作人精选集》,北京燕山出版社2006年版,第82页。

自有独立的意义和价值……"①"从前不承认儿童生活是独立的,而以为他只是成人的预备。现在知道儿童的生活也是独立的了。本来在一个人的生活里,我们实在不应当指定哪一段是哪一段的附庸。我们所要求的是:全段的生活都是丰富满足的,不感缺陷的。因此,儿童还他一个儿童,壮年还他一个壮年,老年还他一个老年,这才是正当的办法"②。

在突出强调以个体为本位的"五四"文化氛围中,儿童作为生命主体的地位被发现。尊重儿童独特的心灵世界和精神需求成为先驱者们的一致呼声。20世纪30年代著名儿童教育家陈鹤琴说:"先要明了儿童的生理和心理,晓得儿童身体方面的性质和心理方面发展的程序,才可以晓得怎样去教他们,怎样去育他们。"③不能将成人的价值观念、行为方式和文化知识强加于儿童身上,需要有符合儿童年龄特征的物质和精神产品来满足儿童身心发育需求,但儿童也并非永远无知和幼稚,儿童成长的过程也是其社会化的过程,其中精神食粮和物质需求是同等重要的,五四时期兴起的儿童文学、儿童期刊、儿童图书、儿童电影等为儿童自身心理上的成长与发展作出了贡献,为儿童接受现代思想、现代观念发挥了启蒙作用。

2. 作为未来国民被发现

儿童是家庭社会的希望,是人类物种繁衍生息的基础。人类文明的延续在很大程度上依靠培养儿童的素质,一个民族国家的昌盛有赖于儿童素质指数的提升。可惜在长久的封建社会中,儿童却一直被看作家庭或家族的私有物品,认识不到儿童与国家和社会的关系,"彼以儿童属于家族,而不知外之有社会,以儿童属于祖先而不知上之有民族,以是之民为国后盾,虽闭关之世犹或不可,况在今乎"④? 民国时期,儿童是未来国民的思想已被先进知识分子所熟知,1923年商务印书馆出版爱伦凯著、沈泽民翻译的《儿童的教育》,里面提到:

> 我们要晓得,人类种族的新运命是藏在小孩里面,我们必须小心处理小孩

---

① 周作人:《儿童的文学》,载张明高、范桥编:《周作人散文》(第二集),中国广播电视出版社1992年版,第157页。
② 严既澄:《儿童文学在儿童教育上之价值》,载蒋风主编:《中国儿童文学大系·理论卷》,希望出版社1988年版,第32页。
③ 陈鹤琴:《在儿童节告全国人民》,载《申报》1932年4月4日。
④ 周作人:《儿童问题之初解》,载《绍兴县教育月刊》1914年3月,第6号。

中的那些细线,因为这些细线将来有一天是要成为世界大事底经纬的,我们必须知道我们向那小孩子底玻璃般的灵魂深处掷进去的每一块石卵是将永永留着影响而且日益扩大的。我们的祖先,不使我们自主,不使我们选择,将一个运命加在我们背上,这运命使我们成为怎样的人,世界成为怎样的世界。在我们子孙身上,我们也有一部分的力量,站在自由人的地位,去定人类种族底将来的运命。①

儿童是社会的存在,是社会延续发展的载体和未来,也是城市现代化实施的主体和希望。"五四"时期儿童的发现,立足点之一仍是儿童对于国家、民族的特殊意义,儿童问题从一开始就与民族命运联系在一起,"看十来岁的孩子,便可以逆料二十年后中国的情形"②。周作人也认为:"盖儿童者,未来之国民,是所以承继先业,即所以开发新化,如其善遂斯旧邦可新,绝国可续。不然虽当盛时而赫文明难为之继。"③旧有的从属于封建家族的儿童观,由此被新型的国家民族的儿童观所替代。

五四时期的儿童解放思想在上海广为传播,并得到认可,在上海由传统走向现代的社会转型期,这些思想为上海社会注入了活力,指明了儿童教养的方向。1928年4月,中华慈幼协会在上海成立,蒋介石为名誉会长,他公开发表讲话谈道:"要知一国国力之强弱,莫不基于儿童教养之良否。世界文明各国,莫不特加重视。良以今日之儿童,即将来之国民,国本所在,关系极大……亟思完成革命,先行设法拯救,俾儿童各得其所,以期培养国家根本之元气,振兴民族独立之精神。"④儿童自身也意识到自己肩负的历史使命,立志建设城市,复兴祖国,"成人对于我们越爱护,就是对于我们期望越殷切,也就是说我们将来的使命越重大"⑤,1936年上海和安小学蒋实礼同学在儿童节庆典的答词中说"先要明白自己的责任,研究智识,修养德性,锻炼体格成为健全的公民,才不负人们的期望"⑥。

---

① 爱伦凯:《儿童的教育》,沈泽民译,商务印书馆1923年版,第84页。
② 鲁迅:《随感录二十五》,载《鲁迅文集》(第九卷),吉林文史出版社、吉林音像出版社2006年版,第125页。
③ 周作人:《儿童问题之初解》,载《绍兴县教育月刊》1914年3月,第6号。
④ 《国民政府蒋主席训词》,载《慈幼月刊》,上海市档案馆,U133-0-136。
⑤ 白继兰:《纪念儿童节要明了我们儿童的责任》,载《儿童节纪念册》,儿童书局1932年版,第34—35页。
⑥ 《申报》1936年4月5日。

(二)"儿童中心论"在上海

19世纪末至20世纪初,美国的工业化和城市化引起了经济结构和阶级关系的巨大变化。然而,从英国和欧洲承袭过来的旧教育仍在美国教育领域占统治地位。学校培养出来的人不能适应社会和经济发展的需要。美国实用主义哲学家和教育家杜威尖锐地批判传统教育,指出学校重心不在儿童而在教师,在教科书以及在其他地方,没有充分考虑儿童的兴趣和能力。他倡导教育改革:"我们教育中将引起的改变是重心的转移,这是一种变革,这是一种革命,这是和哥白尼把天文学的中心从地球转到太阳一样的那种革命。这里,儿童变成了太阳,而教育的一切措施则围绕着他们转动;儿童是中心,教育措施便围绕着他们而组织起来。"①"儿童中心论"又称"儿童本位主义",这一思想的及时到来,使知识分子对儿童问题的思索在"进化论"的基础上有了新的跨越,儿童培养和社会需求挂钩。

杜威认为"儿童的世界是一个具有他们个人兴趣的人的世界,而不是一个事实和规律的世界。儿童世界的主要特征,不是什么与外部事物相符合这个意义上的真理,而是情感和同情。儿童的生活是一个整体、一个总体。……凡是在他的心目中最突出的东西就暂时对他构成整个宇宙。那个宇宙是变化的和流动的,它的内容是以惊人的速度在消失和重新组合。但是,归根结底,它是儿童自己的世界,它具有儿童自己的生活的统一性与完整性"。杜威认为,"最好使学校成为儿童真正生活的地方","使每个学校都成为一种雏形的社会生活",儿童在这里主要是"通过做事来学习"。杜威提出的教育即生活,学校即社会,以儿童为中心,从做中学等教育观点,使教育与现代社会,与生活实用紧密结合在一起,反映了资本主义经济发展对教育改革的要求,是适应社会向现代化转型的新型教育思想。

1919年4月30日至5月9日,杜威访沪,5月3日、4日下午,杜威在江苏省教育会连续发表两场演说,宣传其实用主义教育思想,引起积极的社会效应,上海在很长一段时间内谈及教育"言必称杜威",《申报》连续两天刊载演讲全文。杜威提出发展"平民教育"和积极推动"义务教育",他还提到了"素质教育"和"学能致用"的理念,他认为,"教育之新精神第一要件当注重个性主义养成,儿童有自动之能力,独立之思想,自己判断不使随波逐流。""学生习科学当用以解决社会问题,不

---

① [美]杜威:《学校与社会》,赵祥麟、王承旭编译,华东师范大学出版社1981年版。

宜为抽象的教授,致学生所受之教育与社会无关系"。

1925年7月14日,美国女教育家、道尔顿教学法创造者柏克赫思特访沪,就教育问题与陶行知等文化界人士进行探讨,提倡注重动手能力、技能训练教学体制。1931年2月13日,美国儿童教育专家华虚朋夫妇抵沪访问,上海市教育局、中华儿童教育社等22个单位、团体联合接待,14日在复旦大学作《家庭儿童训练问题》《儿童心理卫生问题》演讲,孔祥熙、蔡元培等出席。

上海民族资本主义的发展,使民族资产阶级认识到人才的匮乏对发展实业的阻滞,社会转型迫切需要技术人员、管理人员、有一定文化水平的工人、职员等现代人才的智力支持。国外学术界先进思想的传入为迷茫中的上海指明培养儿童的方向,"任何一种外来文化思潮或学术理论传入并发生影响,无疑反映了一个时代特定的精神状态和理论要求,同时也标志着这一外来思潮和学说的输入者自身对这一时代需求的承认"①。

(三) 政府对儿童权利的确认

英国历史学家休·坎宁安认为,"儿童被看作是一个国家拥有的最珍贵的财富,这种财富如果没有被悉心保护,它将导致国家的衰退并将在与他国的竞争中失去权力和地位。因此国家不可避免地在儿童问题上涉足越来越深"②。在第二次工业革命推动下,世界资本主义强国在20世纪初相继步入垄断资本主义时代,科学技术在物质生产中的广泛应用大幅度提高了生产力,也使西方各国迫切需要现代技术人才和具有现代知识的熟练工人,对儿童的培养和教育意识增强。1912年,美国联邦政府设立了联邦儿童局;1918年,英国颁布《母亲和儿童福利法》;1921年,美国联邦儿童局制定了《母子法》;1922年,德国各州根据儿童保护法设立儿童局;1930年,美国颁布《儿童宪章》;1948年,英国制定《儿童法》及《保育学校及儿童保育者章程》。③ 这些法案和机构都注重保护儿童权利,给儿童提供力所能及的现代生存生活环境,这一系列举措反映了科技革命推动下各种政府对未来国民的关注,对儿童的重视和保护,其根本目的,都在于将儿童培育为具有现代素养,能肩负未来城市

---

① 方卫平:《中国儿童文学理论批评史》,江苏少儿出版社1993年版,第17页。
② Hugh Cunningham, *Children and Childhood in Western Society since 1500*, p. 172, Longman, 1995.
③ 杨汉麟、周采:《外国幼儿教育史》,广西教育出版社1998年版,第603—606页。

第一章 寻梦而来：1927—1937年上海儿童的生活环境

现代化建设重任的接班人。

"一九二五年八月，国际儿童幸福促进会举行第一届国际儿童幸福会议于瑞士日内瓦，出席五十四国代表七十余人，通过了保护儿童的五个原则，分请各国政府一体遵行"，这便是历史上非常有名的"日内瓦保障儿童宣言"，原文如下：

（一）儿童应该享受物质上、精神上的一切权利，充分达到其健全的发展。
（二）对于儿童的生活，要饥者给以食，病者为其医，低能儿辅导之，顽劣儿教化之，遗弃儿救济之。
（三）在危难时，儿童要最先受到保护。
（四）应使儿童获得谋生的机会和能力，保护其解除一切虐待。
（五）培养儿童尽心为人类服务的才能和决心。[1]

1925年的国际儿童幸福会议，中国也曾派代表参加，"带来了大会通过的保障儿童的五个原则，引起了国人对于儿童保护运动的认识，但因为政治的未入正轨，社会的紊乱没落，并没有发生多大的影响"[2]。但给国人以儿童养护的启蒙。在国外儿童保护的呼声和影响之下，南京国民政府颁布了关于儿童的法令，主要涉及儿童权益保护、儿童医疗保健、儿童教育、儿童福利等方面。

儿童生存的权利："民法第二章，人，第一节，自然人，第六条：人之权利能力，始于出生，终于死亡。""胎儿以将来非死产者为限，关于其个人利益及保护，视为既已出生。""第十三条：未满七岁之未成年人，无行为能力；满七岁以上之未成年人，有限制行为能力。""限制行为能力人为意思表示及受意思表示，应得法定代理人之允许；但纯获法律上利益，或依其年龄或身份，日常生活所必须者，不在此限。"刑法"第二八七条：母于生产时，或甫生产后，杀其私生子者，处六月以上，五年以下有期徒刑。"[3]《申报》曾多次报道女性因堕胎而被起诉的事件，如"妇人处境可悯，虑失业而堕胎"报道有女性"以萝葡乾（萝卜干）一条自塞下体，胎虽震动仍由医院取下，判

---

[1] 钱弗公：《儿童保护》，商务印书馆1937年版，第4页。
[2] 钱弗公：《儿童保护》，商务印书馆1937年版，第5页。
[3] 姚绍宣：《我国现行各法关于儿童条文一览》，载《现代父母》1935年第3卷第10期，中华慈幼协会1935年发行，第5—6页。

刑二年,准予缓刑"①。"安徽妇人王刘氏在沪帮佣,怀胎已有三个月,因日间工作操劳,致碍及胎儿,但未落下,致身体疲乏无力,遂请人开打胎药方,服后病势变重,神志昏迷,由其雇主报告捕房,捕房把她送到广慈医院,医生将腹中的死胎儿起出,王刘氏始得脱险转危为安,之后捕房把她解送法院,依刑法288条堕胎罪起诉"②。

儿童有受保护的权利:民法"第一○八四条:父母对于未成年之子女,有保护及教养之权利义务。第一○八五条:父母得于必要范围内,惩戒其子女。第一○九○条:父母滥用其对于子女之权利时,其最近尊亲或亲属会议,得纠正之。纠正无效,得请求法院,宣告停止其权利之全部或一部"③。南京政府上台伊始制定的《工厂法草案》规定:"未及14岁之男女,厂方不得雇用之,已及14岁未满16岁之男女,为幼年工,幼年工只准从事轻便工作。"④刑法"第十三条:未满十三岁人之行为不罚,但因其情节,得施以感化教育,或另其监护人保佐人缴纳相当之保证金,于一年以上,三年以下之期间内,监督其品行。第三一三条:使人为奴隶者,处一年以上,七年以下有期徒刑"⑤。

儿童有发展和接受教育的权利:1936年公布的《中华民国宪法草案》(即《五五宪草》)规定:中华民国人民受教育之机会,一律平等,全国公私立之教育机关,一律受国家之监督,并负推行国家所定教育政策之义务,6—12岁学龄儿童,一律受基本教育,免纳学费。⑥"约法第五章,国民教育第五十条:已达学龄之儿童,应一律受义务教育"⑦。

在上海,由于社会生产力的突飞猛进,丰富的物质生产催生下人们的法制文明意识日强,相对于国内其他城市,上海对儿童的关注领先一步,对儿童权益的保护较为完备,这都源自上海对新式人才的迫切需求。1931年中华慈幼协会就呈请

---

① 《妇人处境可悯,虑失业而堕胎》,载《申报》1935年4月4日。
② 《妇人堕胎被控》,载《申报》1935年7月26日。
③ 姚绍宣:《我国现行各法关于儿童条文一览》,载《现代父母》第3卷第10期,中华慈幼协会1935年发行,第6页。
④ 陆士桢、魏兆鹏、胡伟:《中国儿童政策概论》,社会科学文献出版社2005年版,第103页。
⑤ 姚绍宣:《我国现行各法关于儿童条文一览》,载《现代父母》第3卷第10期,中华慈幼协会1935年发行,第7页。
⑥ 国民政府教育部编:《第二次中国教育年鉴》,商务印书馆1948年版,第22页。
⑦ 姚绍宣:《我国现行各法关于儿童条文一览》,载《现代父母》第3卷第10期,中华慈幼协会1935年发行,第5页。

市政府举办儿童节,上海市政府转呈国民政府批准,并率先在全国掀起为儿童谋求幸福事业的高潮,到 1932 年中国有了第一个全国意义上的儿童节;1934 年上海市政府又策划儿童年,成为儿童保护、儿童教育等方面的先驱,也是其社会转型期对现代人才呼唤的时代最强音。此外上海市政府还制定了关于儿童卫生的种种政策,保护儿童权益,儿童法律法规设定之目的,在于为儿童发展提供法制保障。

(四) 家庭中儿童地位的提升

古代家庭把子女视为自己的隶属品,突出家长的专制权威性,而现代家庭却逐渐表现出平等、民主的亲子关系,也可以说,家庭中儿童的地位由封建时代的从属地位转变为现代的中心地位。

"父为子纲"是传统社会中父母与子女关系的基本准则,儿童并非独立的人,只是父母的附属品,"中国娶妻早是福气,儿子多也是福气。所有小孩,只是他父母福气的材料,并非将来的'人'萌芽,所以随便辗转,没人管他,因为无论如何,数目和材料的资格,总还存在。即使偶尔送进学校,然而社会和家庭的习惯,尊长和伴侣的脾气,却多与教育反背,仍然使他与新时代不合。大了以后,幸而生存,也不过'仍旧贯如之何',照例是制造孩子的家伙,不是'人'的父亲,他生了孩子,便仍然不是'人'的萌芽"[1]。"父亲具有绝对权力,若是老子说话,当然无所不可,儿子有话,却在未说之前早已错了"[2]。针对这种状况,1919 年 11 月《新青年》第 6 卷第 6 号上,鲁迅发表《我们现在怎样做父亲》,正式提出了"幼者本位"的口号,"一切设施,都应该以孩子为本位"[3]。这也是《狂人日记》中"救救孩子"的理论深化与逻辑延展。胡适则对自己的儿子说:"我要你做一个堂堂正正的人,不单要你做我的孝顺儿子。"[4]他还问道:"假如我染着花柳病,生下儿子又聋又瞎,终身残废,他应该爱敬我吗?又假如我把儿子应得的遗产都拿去赌输了,使他衣食不能完全,教育不能得着,他应该爱敬我吗?又假如我卖国卖主义,做了一国一世的大罪人,他应该爱敬我吗?"[5]

---

[1] 鲁迅:《随感录二十五》,载《鲁迅全集》(第 1 卷),人民文学出版社 1981 年版,第 296 页。
[2] 鲁迅:《我们现在怎样做父亲》,载《鲁迅全集》(第 1 卷),人民文学出版社 1981 年版,第 135 页。
[3] 鲁迅:《我们现在怎样做父亲》,载《鲁迅全集》(第 1 卷),人民文学出版社 1981 年版,第 132 页。
[4] 胡适:《"我的儿子"》,载《胡适作品精选》,长江文艺出版社 2005 年版,第 215 页。
[5] 胡适:《"我的儿子"》,载《胡适作品精选》,长江文艺出版社 2005 年版,第 218 页。

与古代家庭突出家长的专制权威性特征相比，尊重儿童的独立性、自主性、建立一种民主、平等的亲子关系成为五四时期子女观、儿童观的基本价值取向。此后儿童的地位就是在这种观念指导下得到不断提升和发展的。20世纪30年代上海曾有人提出：怎样做才不至于委屈了我们的孩子呢？得出四点对父母的要求：① 充分懂得儿童的心理；② 不要无理地拘束儿童的一切活动；③ 不要迁怒于儿童；④ 不要只教儿童做好事，而自己却是乱欲胡为。① 这四点原则都是以家庭中父子平等和爱的本位为出发点的。

二、社会转型期上海城市对新式人才的渴求

近代工商业的繁荣是上海城市化的基本动力，随着近代工业生产、交通运输业、商业和贸易等在上海的兴盛，突破传统社会"以农为本"的格局，上海的生产生活方式发生显著变化。社会转型期的上海城市对新式人才有着大量的需求，生产力的发展促使上海社会吸收接纳更多的掌握现代生产知识的人才，上海不仅迎接来自五湖四海的移民，也积极培养儿童，为城市发展储备人力资源。

（一）已有职业体系为儿童发展提供依据

城市的界定标准通常为：① 居民中以从事非农产业的居民为主；② 聚居的人口要达到一定的规模。城市的产业结构是经济结构的重要组成部分，它是一个历史范畴，是伴随着生产力和社会分工的深化而产生和不断分化扩展的，产业结构的调整必然导致就业结构的变动。随着上海经济的发展，第一产业农业的就业人口比重不断下降，第二产业工业的就业人口趋于平和，稳中有升，第三产业的就业人口比重呈现不断上升的趋势。第一产业就业人员的大量减少表明随着工业化和城市化的推进，大量剩余劳动力转移到第二、三产业就业。

从表1-16、表1-17中可以看出：首先，上海职业类别已初步形成都市职业格局的雏形。农业不断萎缩，从业人口日趋减少，华界从事农业的人口约占10%，公共租界仅占0.1%；由于20世纪30年代世界经济大萧条的影响，1932年、1933年第一产业就业人数有所回升，但之后一直下跌，1936年第一产业就业人数比1935年

---

① 《怎样对待我们的孩子才不至委屈了他们》，载《家庭星期》第2卷第8期，上海家庭服务社1937年版，第114页。

下降1.52%,农业仍有迁出劳动力的趋势和可能;其次,上海是历史同期全国的工商业中心、文化中心与服务中心,第二、三产业成为职业构成中的主流,华界从事工业的人口超过20%,公共租界超过18%,华界从事商业的人口约为10%,公共租界超过16%。另外,儿童多从事工业、商业、家务、杂业等技术含量低,就业吸纳力强的职业,律师、医师等专业技术人员要求从业人员具备专业技能知识,儿童必须经过专业学习,方有可能在成年后成为某种专业技术人员。

表1-16　1930—1936年上海华界人口职业比例构成表　　单位:%

职别	1930年	1931年	1932年	1933年	1934年	1935年	1936年
农	9.72	9.28	10.71	10.16	9.83	9.61	8.09
工	19.10	19.57	20.74	21.60	21.79	22.08	21.49
商	10.33	10.11	9.50	9.53	9.15	9.15	8.86
学	4.34	4.50	3.46	3.86	3.94	4.25	3.72
党	0.11	0.01	0.02	0.02	0.01	0.01	0.02
政	0.28	0.26	0.28	0.28	0.31	0.31	0.29
军	0.04	0.03	0.02	0.02	0.02	0.02	0.03
交通	1.27	1.30	1.20	1.17	1.12	1.16	1.43
新闻记者	0.00	0.01	0.00	0.00	0.00	0.00	0.00
工程师	0.01	0.01	0.01	0.01	0.01	0.01	0.01
律师	0.01	0.01	0.01	0.01	0.01	0.01	0.01
会计师	0.00	0.00	0.00	0.00	0.00	0.00	0.00
医士	0.09	0.09	0.09	0.09	0.08	0.08	0.09
士兵	0.09	0.15	0.09	0.08	0.11	0.10	0.13
警察	0.27	0.27	0.43	0.38	0.34	0.29	0.29
劳工	5.54	5.94	7.03	7.56	7.73	7.37	7.35

续 表

职 别	1930年	1931年	1932年	1933年	1934年	1935年	1936年
家庭服务	20.08	20.69	20.25	19.90	20.36	20.36	22.39
学徒	4.01	3.85	2.69	2.50	2.55	2.45	2.55
佣工	3.01	3.15	3.20	3.30	3.47	3.44	3.57
杂业	3.49	3.85	3.95	3.93	3.70	3.54	3.49
无业	18.21	16.92	16.34	15.62	15.42	15.76	16.19

注：外国人除外。农业：农、林、牧花果、渔业等；劳工：人力车夫、肩夫工人等；杂业：理发、镶牙、扦脚、擦背等；无业：废疾、囚犯及无正当职业等。

资料来源：邹依仁：《旧上海人口变迁的研究》，上海人民出版社1980年版，第106页。

表1-17 1935年上海公共租界人口职业构成表

职 别	男(人)	女(人)	儿童(人)	合计(人)	百分比(%)
农业及园艺	942	208	—	1 150	0.10
工业	165 035	38 134	1 680	—	18.28
商业	177 499	4 150	1 679	183 328	16.36
银行金融及保险业	10 502	102	—	10 604	0.95
运输及交通事业	13 466	55	—	13 523	1.21
专门事业(医师、律师、会计师、新闻界等)	13 167	1 467	—	14 634	1.31
政府及市政机关	7 908	81	—	1 989	0.72
陆海军界(在职的不在内)	409	1	—	410	0.00
写字间、办事员、速记员等	3 569	58	—	3 627	0.38
家务等	42 489	14 465	296	570 250	5.11

续　表

职　别	男(人)	女(人)	儿童(人)	合计(人)	百分比(%)
艺术界、技艺界、运动员	2 818	863	25	3 706	0.38
杂类	87 792	276 981	255 017	619 790	55.30

资料来源：邹依仁：《旧上海人口变迁的研究》，上海人民出版社1980年版，第107页。

上海是全国工商业中心，1928年上海有纺织工业工厂420家，化学工业工厂212家，食品工业工厂202家，印刷业工厂212家，机器业工厂234家，器具业工厂89家，日用品工业工厂41家，其他工业工厂90家，资本额总计293 602 491元①。据中国经济统计研究所调查，1933年9月上海工厂大小共有四千余家，其中合于工厂法的标准者，有一千一百余家，当时全国合于工厂法之工厂约计两千余家②。据上海市社会局统计，1935年上海机器制造业及金属品制造厂720家，纺织厂690家，化学工厂105家，木材制造厂215家，冶镀业工厂169家，家具厂46家，交通用具制造厂416家，服饰品制造厂344家，橡皮工厂78家，饮食品制造厂84家，仪器饰物制造厂71家，建筑工程及材料厂31家，其他制造工厂600余家③。繁荣的工商业造就种类齐全的职业体系，上海儿童可以在日常生活中直接或间接接触到参与现代劳动所需的技能与知识，为其以后直接参加城市建设打好基础，社会底层儿童由于各种主动或被动的原因在其童稚时期就加入劳工行列中，直接进行了劳动实践。

任何社会活动都将通过人的劳动来实现，现代人才的培养是上海社会转型的重要内容，儿童的自然生理属性导致其发展的不确定性，也为其发展提供了无限的可能空间。1928年中华慈幼协会在上海成立孔祥熙发表讲话中提出"儿为民本，本强民兴"，要强国先要强民，要强民先要慈幼，五十年后的国家只要看现在的儿童就知道了，所以他尤其提倡"儿童邦国"④。儿童成长是一个具有开放性的吸纳和超越

---

① 刘大钧：《上海工业化研究》，商务印书馆1940年版，第254—256页。
② 刘大均：《研究我国工业化的原因与经过》，载《中山文化教育馆季刊》1934年第1卷第1期，第314页。
③ 《上海市工厂统计》，载《国际劳工通讯》(第15号)，国际劳工局中国分局1935年12月，第47页。
④ 《慈幼运动大会宣言》，载《慈幼月刊》，上海市档案馆，U133-0-136。

性的发展过程,"儿童是一个未知的人,儿童是一种可能的存在"①。某一区域一定时期内的职业类别具有较强的延续性和传承性,从职业结构和需求数量来看,上海对人力资源的需求主要是第二、三产业,对工业、商业、服务业、专门技术人员等的需求量大,儿童的教养应符合城市的这一实际需要。

上海大资本家刘鸿生的儿子中,四个留美,四个留英,两个留日,三个女儿分别留学美、英、日。刘家的男孩子学的是"经济、法律、银行、工程、会计"等专业,女孩子学的是"家政、营养"等专业,按照刘鸿生的愿望,儿子们"回国以后,都安排到刘氏企业工作"②,他梦想资本主义万世长存,他的事业可以世代传承。上海机械行业中的技术工人由1920年的2871人增至1931年的9754人③,印证这一时期对技术工人的需求量不断扩大。传统手工业正在被新式机器大工业所取代,家庭手工业中出现机器生产等新的元素,1928年著名的三友实业社用于提供给个体家庭,以发料加工进行生产的织布机就有400—500台之多④,而家庭手工业的参与者主要是妇女儿童。随着工商业的兴盛,许多家庭从生计方面考虑,希望孩子们从小就接受商业熏陶,"洋商来华者自幼读书而各项商务皆有专门之书可读,华商自幼略识之无即出学徒,徒恃耳食,难有心得"⑤,由于华商多出自学徒,没有专门的商业知识,上海的儿童转而向洋商学习商业知识,"华人之欲学西学大半为谋食计,为身家计耳"⑥。可以想见,由此培养出来的儿童成人后将从事商业活动;而诸多无法接受教育的下层儿童成人后只能从事技术含量较低的工人、杂役等职业。

机器生产提高了生产效率,使旧的生产方式逐渐分化瓦解,改变了生产者的劳动方式和生活方式。在这一过程中,"生产者也改变着,炼出新的品质,通过生产而发展和改造着自身,造成新的力量和新的观念,造成新的交往方式,新的需要和新的语言"⑦。为实现有效的城市管理和稳定的经济发展,需要培养儿童的新技能、新观念、新知识等,儿童为了胜任工、商、交通、记者、职员等职业,需要学习生产技能、

---

① 陈世联等:《文化与儿童社会化》,中国社会科学出版社2008年版,第4页。
② 刘念智:《实业家刘鸿生传略——回忆我的父亲》,文史资料出版社1982年版,第69—70页。
③ 上海社会科学院经济研究室:《上海民族机械工业》(上),中华书局1966年版,第304、307页。
④ 何一民:《近代中国城市发展与社会变迁》,科学出版社2004年版,第538页。
⑤ 《申报》1896年12月29日。
⑥ 《申报》1896年12月29日。
⑦ 中共中央马克思恩格斯列宁斯大林著作编译局:《马克思恩格斯全集》(第46卷),人民出版社1979年版,第494页。

专门知识、生存能力和竞争意识等提升现代素养,成长为有文化、懂技术、善经营、会管理的新型市民,为新型劳动者阶层的扩大和城市现代化的转型奠定基础。

(二)学校、工厂等科层制机构为儿童成长成才提供路径

"由于社会的飞速发展及现代科层组织不断发展壮大,20世纪20—30年代的上海社会并未提供所需的大量现代人才的历史土壤与社会积累,因此,许多未经过或未完成第二次社会化——现代化熏陶的人(主要是移民)大批进入现代科层组织内,这种社会发展超前与人才提供滞后的矛盾就彰显的格外突出"①。

现代教育是系统培养现代新人的途径,学校对儿童的成长成才发挥了无可替代的作用。20—30年代上海尤其重视初等教育,中小学校在整个教育系统中所占份额最重,1935年,上海全市初等学校1 033个,占87%,中等学校149个,占12.3%,高等学校32个,占12.6%②,初等学校在校生18.57万人,中等学校在校生3.7万人,高等学校在校生1.32万人。但由于儿童基数大,初等教育依然无法保障全部适龄学童入学,1932年儿童入学率为42.93%③。

儿童参与到各种职业教育之中。1918年,黄炎培和穆藕初、陈嘉庚、张謇等48位教育界、实业界、政界人士在陆家浜附近创办中华职业学校,主要为工商业界培养中级技术和管理人才,先后开设了铁工、木工、搪瓷、纽扣、留学勤工俭学、商业、机械、石油机械等科,提出"劳工神圣""双手万能""手脑并用"等口号。20—30年代学生数目增多,学生年龄主要集中在12—23岁之间,据1932年统计,学生中儿童约占45%。到1932年,共毕业学生1 222人,其中从事工业的314人,占总数的25.7%,从事商业的330人,占总数的27%;从事教育业的145人,占总数的11.9%;在政府机关的63人,占5.2%;交通机关的63人,占5.2%;升学的220人,占18%;还有86人不详,占7%④。

工厂中,童工首先可以接触到基础的生产知识和生产技能,另外,资本家认识到由于工人素质不高而难以提高劳动生产率,积极致力于提高工人文化素质和生产技术。工厂往往开设补习班,华商电气公司成立扫盲速成班,规定文盲工人两个

---

① 忻平:《从上海发现历史——现代化进程中的上海人及其社会生活1927—1937(修订版)》,上海大学出版社2009年版,第181—182页。
② 上海市社会局编:《1934—1935年上海市教育统计》,第17页。
③ 国民政府教育部编:《全国初等教育统计(中华民国二十一年度)》,第7页。
④ 《历届毕业生出路统计表》,载《中华职业学校十五周年纪念刊》,第39页。

月要识字600个,不及格者留级并扣发工资奖金①。纺织工厂是童工密集的地方,申新各厂、新裕纱厂及沪东、沪西各厂都办有职业学校和夜校②。1929年市立职工补习学校中,也有100余名儿童参加③。

(三) 城市对儿童的具体要求

城市的发展和儿童的发展是相辅相成、相伴而生的,"上海人的现代化是与上海社会现代化进程同步发展的,这是一种互为因果的互动关系:半殖民地化既压抑了上海人,荷载其上的现代化也造就了一代不断趋向现代化的上海人"④。从器物现代化到技能现代化,经济现代化到政治、文化和社会生活诸领域的全盘现代化,"再到人的现代化",是人们对现代化的内涵和认识过程的进步和深化,上海对儿童即未来的城市建设者提出期望。

1. 强身健体,复兴民族

儿童是民族的希望与未来,民族解放斗争的胜利是和儿童素质息息相关的,"儿童是国家未来的主人翁,健全的国家,建筑健全的人民,要使未来的国民品质优良,该在成人以前的儿童时代予以培养训练"⑤。孔祥熙十分看重儿童的健康问题,他曾谈道:"健康是造就儿童的资本,有健康的身体,才有灵敏的脑筋,若是身体羸弱,虽有超群出众的智慧,也无从发展使用的。"⑥身体的强健是国家富强、民族兴盛的基础,为引起家庭对儿童健康的重视,上海城市举办各种儿童健康比赛,加强儿童卫生的宣传。1928—1937年上海组织十六届卫生运动,其中第八、十、十一届因故未能举办,总共举办了十三次卫生运动,旨在进行卫生宣传、倡导人们养成卫生习惯、以期提高上海市民身体素质。这表明上海增强民众体质的决心,同时也为儿童的身体发育提出要求,卫生运动中还有专门的儿童健康比赛和儿童卫生运动。在这种社会氛围之下,健康成长成为上海儿童的首要任务,1930—1931年,许世谨、吴利国还专门对上海市20所学校的800名4—15岁学童进行身高体重的测量,加

---

① 朱邦兴等:《上海产业与上海职工》,上海人民出版社1984年版,第108—109页。
② 朱邦兴等:《上海产业与上海职工》,上海人民出版社1984年版,第381页。
③ 上海市政府秘书处:《上海市行政统计概要·中华民国十八年度》,编者1930年印行,第172页。
④ 忻平:《从上海发现历史——现代化进程中的上海人及其社会生活1927—1937(修订版)》,上海大学出版社2009年版,第158页。
⑤ 钱弗公:《儿童保护》,商务印书馆1937年版,第3页。
⑥ 《慈幼运动大会宣言》,载《慈幼月刊》,上海市档案馆,U133-0-136。

以研究,发表于《中华医学杂志》①。城市中各种儿童健康比赛、儿童卫生宣传、儿童保健品广告等层出不穷。

由于当时严峻的民族矛盾,积贫积弱的社会现实,上海社会也希望儿童能够抛却"东亚病夫"的称号,锻炼身体,保卫现代化建设成果和实现中国独立发展。身体的强健是国家富强、民族兴盛的基础,《良友画报》举办儿童健康比赛时认为:"'强国必先强民',这可算是句根本话了;但是根本话中,还有根本,究竟要怎么样,民才可强呢?八十岁的老翁,鹤发驼背,是不会再强了;就是一班中少年纪的人,若是幼时身体保养得不好,也是难得强健的。所以要得强民,惟有强儿入手了。"②"根据'竞争即进步'的原理。为着要使婴儿强健,已达到强国强民的大目的起见,特地很高兴的花费很多钱,举行这个婴儿的竞赛会"③。上海的儿童也意识到强身与强国之间的关系:"欲谋国家健康,须努力与人民康健。"④提出不仅要做好个人卫生,还要做好公共卫生,"为公众就是为自己"⑤,"清洁的小朋友万岁"⑥。在上海社会转型和民族危机日深的情况下,政府、社会、家庭和儿童自身都注意到健康的身体是儿童成长成才的基础,儿童健康和现代化与国家独立相连,得到前所未有的重视。

2. 具备现代知识

对于儿童来讲,掌握现代知识,具备现代生产生活技能是在上海生存生活的重要任务,这也是他们在上海生存发展的基础。"如果一个国家的人民缺乏一种能赋予这些制度以真实生命力的广泛的现代心理基础,如果执行和运用着这些现代制度的人,自身还没有从心理、思想、态度和行为方式上都经历一个向现代化的转变,失败和畸形发展的悲剧结局是不可避免的。再完美的现代制度和管理方式,再先进的技术工艺,也会在一群传统人们的手中变成废纸一堆"⑦。要想实现社会的现代化,人的现代化是不可回避的,社会由传统到现代的转型需要与之相适应的现代新人,经济发展、文化进步等都需要专门的科学技术人员。

---

① 《卫生统计》,内政部1938年9月编印,第108—109页。
② 《良友婴儿竞赛会》,载《良友画报》1926年第8期。
③ 《良友婴儿竞赛会》,载《良友画报》1926年第8期。
④ 《第三届儿童纪念节昨在蓬莱剧院开幕,千余儿童热烈参加担负将来重大责任》,载《申报》1933年4月5日。
⑤ 《为公众就是为自己》,载徐学文编:《儿童卫生故事》,儿童书局1933年版,第74页。
⑥ 《清洁的小朋友万岁》,载徐学文编:《儿童卫生故事》,儿童书局1933年版,第87页。
⑦ [美]阿历克斯·英格尔斯:《人的现代化》,殷陆君等译,四川人民出版社1980年版,第4页。

现代产业中高素质的劳动力可以节约劳动成本,创造更多价值,但早期上海的工人主要来自城市下层或贫苦的农村移民,教育文化素质极低,这也制约了城市化的进程。当时有人观察到,中国劳动力价格是比利时劳动力价格的五分之一,但中国工人生产的产品的造价比直接从比利时进口同样产品的费用还要高,这就意味着比利时一个工人的价值相当于数个中国劳工的价值①。随着机器大工业的发展,以现代科学技术为基础的工业化生产经济逐步代替手工劳动为基础的农业生产经济。由于科学技术在生产中的运用,发展生产力要求依靠科技来提高劳动者的生产效率。反映在儿童教养方面,集中体现在各类教育机构所设置的课程中。20世纪20—30年代上海重视应用型知识的传播,这也在儿童教育中得到体现。

　　1912年,中华民国临时政府公布《小学校令》《中学校令》,废除读经讲经科目,增加手工、乐科等实用科目,初等小学课程有修身、国文、算术、手工、图画、唱歌、体操;高等小学加设本国历史、地理、理科,女生增设缝纫课,高小男生增设农业(商业)课,并视各地情况加设外语课。1932年,上海市教育局颁布《幼稚园儿童生活历》,根据一年季节气候和风俗变化,设计幼儿并保育内容和方法,各幼稚园按儿童生活历编制本园生活历,指导幼儿在活动中边做、边学,将音乐、游戏、故事、童歌、社会与自然等结合起来。

　　1933年,适逢世界经济大萧条时期,"引起失业问题和经济问题之严重,使社会感觉到生产之重要"②,因此要加大职业教育培养现代人才的力度。一年中新成立的职业学校有"大公,民华,晨光,新寰,中华女子,国祥女子,大任女子,道一,江西高级等校,或为工科或为商科或设缝纫科或有家事科,大多以单科为主。投考之学生,较往年为发达"③。在中国无线电传习所的所设课程中,有无线电发报机、无线电机制造设计、无线电测量、无线电真空管、无线设计、遥控机关、交流电、直流电、电话学、电报学、内燃机、汽动机、无线电收发技术等,并设有实验室让学生实地实习和自行制造组装机件④。由于社会需求的增加,20年代,应用型课程在中小学内超出教育部教学大纲标准,上海中等学校的理化教学超过部颁标准43.75%,数学

---

　　① [美] E. A. 罗斯:《变化中的中国人》,公茂虹、张自译,时事出版社1997年版,第121页。
　　② 《一九三三年之上海教育》,上海新闻社1934年版,D13页。
　　③ 《一九三三年之上海教育》,上海新闻社1934年版,D14—15页。
　　④ 何世鼎:《中国近代社会教育与民族工业企业科技进步》,载《漳州师范学院学报》(哲学社会科学版)2007年第1期。

要超过部颁标准56.25%,外语教学要超过部颁标准100%以上①。

3. 养成现代人格

"城市环境的最终产物,表现为它培养成的各种新型人格"②,上海儿童身处其间,被上海城市化进程创造着其新式人格,这种人格也构成上海社会前进和发展之原动力。人的现代化是一种心理态度、价值观和思想的改变过程。具有现代人格的人才称得上现代人。转型期的上海城市要求儿童遵循上海社会规范,养成现代价值观念,形成现代人格。"作为未来的现代人,他们已经开始准备并乐于接受他们未经历过的新的生活经验、新的思想观念和新的行为方式,对于社会的变革,他们不会觉得不理解和难以接受,他们的世界观、人生观、是非观、价值观等思想体系正处于形成过程中。随着年龄的增长,他们将向各个群体转变,成为推动社会现代化进程的力量"③。

在中小学校中,儿童现代人格的培养主要依靠德育教育。早在1918年,按照江苏教育厅训令,上海提出"以养成健全人格、发展共和精神"为教育宗旨。1927年,国民政府教育行政委员会颁布《小学规程》和《中学规程》,规定中小学开设三民主义党义课。1932年,国民政府提出中小学训育要增加培养学生"勇敢奋发之精神;自立负责之能力;审慎周密之思考;刻苦勤奋之习惯;精诚团结之意志;爱国爱群之观念"等要求。1936年,教育部公布修订课程标准,将"新生活运动"纳入公民训练法。上海各校结合教育公民训练项目,自订本校德育目标及训育标准,如钱业中学、和安小学等制订快乐的小朋友、好少年、好市民等德育训练项目。

"儿童是新时代之创造者!儿童不是旧时代之继承者!""取消工厂里的童工!儿童是民国的小主人!""我们希望,新中国的建设,一步一步的快快完成!"④这些都反映了人们对儿童的期望,儿童具备无限的潜能,"儿童有敏慧之天资,纯洁之天良,活泼之天性,其智、其德、其体,均在成人之上。诚能教之养之,各得其方,自易

---

① 施扣柱:《20世纪教育盛况》,转引自熊月之:《上海通史·民国文化》,上海人民出版社1999年版,第136页。
② R.E.帕克:《城市社会学》,宋俊岭等译,华夏出版社1987年版,第273页。
③ 李萍、钟明华等:《人的现代化——开放地区人的现代化系列研究报告》,人民出版社2007年版,第310页。
④ 《儿童节标语一束》,载戴自俺、孙铭勋编:《儿童节教学做》,儿童书局1934年版,第255—256页。

蔚为社会之长才,改进民族之质素"①。社会转型的上海使这种潜能外在化为现代化的动力,在其日常生活中向儿童灌输现代社会发展必备的个人素养,即符合时代发展趋势,又可实现儿童自身的个人价值和社会价值。国家长远的发展、社会未来的进步,都取决于当下儿童素质的铸造,儿童在接受现代化教育之后终将为上海城市建设贡献力量。

---

① 吴铁城:《儿童运动与民族前途》,载《申报》1935年4月4日。

第二章 回归现实:1927—1937年上海儿童物质生活的建构

1927—1937年间,上海市民的物质生活体现了从传统物质生活到现代物质生活的转型和过渡。就20世纪20—30年代上海儿童的物质生活而言,多数儿童还不具备自己谋取物质生活的手段和技能,需要在成人和社会的帮助下享有物质生活,而处在现代化转型期的上海社会给儿童提供了具有现代特征和基本符合现代标准的物质生活,处于上海社会上、中、下阶层中的儿童在不同的生活环境中体验到落差较大的物质生活,无论是上层儿童的锦衣玉食,还是中层儿童的殷实成长,甚或下层儿童的流离失所,都具有一定程度的现代特征,成为儿童在现代社会成长的前提和获取现代生活技能的物质基础。本章通过描述儿童衣食住行的生活片段、儿童医疗保健的推广以及儿童消费的场景来再现和量化1927—1937年上海儿童的物质生活,努力说明在社会转型背景下,现代物质环境对儿童的形塑,以及由此直接导致的儿童身体素质的提升,以此反映现代化运动中上海社会对未来城市建设接班人的首要设想是摆脱"东方病夫"的称号,转变为身强体健的国民和城市建设者。

第一节 儿童的衣食住行:从传统走向现代

"人们为了能够创造自己的历史,必须能够生活,而人们为了生活,首先需要衣、食、住、行以及其他东西"[①]。衣食住行是人的基本生存需要,对于儿童来说更具有促进成长的意义,"衣食住行是物质生活的主要内容,同时也是民族文化的物质

[①] 中共中央马克思恩格斯列宁斯大林著作编译局:《马克思恩格斯全集》(第1卷),人民出版社1972年版,第32页。

外化。因此不同时期的饮食、服饰、居住、交通、建筑、器用等,不但反映了当时物质生活的状况,在精神生活中也占有十分重要的地位"①。在农业社会中衣食住行具有较强的稳定性,鲜有变化,并能够反映社会地位的高低,具有较强的社会上下等级尊卑色彩。

开埠后的上海,地处中西文化碰撞的最前沿,日受欧风美雨的沐浴,"上海者,外人首先来华之根据地,亦西方文化输入之导火线也"②,通过租界展示、外侨示范、留学生带入、大众传播等途径,西方社会的西服、西餐、楼房、电车等诸如此类的先进物质文明渐趋走进上海人的日常生活,传统生活中融入了形色各异的现代元素。相比精神文明,西方现代化物质文明的渗透力更加迅速,"在商业上输出西方的一种新技术,这是世界上最容易的事。但是让一个西方的诗人和圣人在一个非西方的灵魂里也像在自己灵魂里那样燃起同样的精神上的火焰,却不知要困难多少倍"③。20世纪20—30年代的上海已成为"摩登"的代名词,其社会生活各方面踏上转型的轨道。随着西方儿童保护和教养观念在沪的流行传播,上海社会愈加重视适合儿童自身特点的物质生活,这也是上海培养未来现代化接班人的举措之一。当整个城市具备了现代化儿童物质生活观念时,现代儿童便自觉不自觉地养成于日常生活中,身临其境的上海儿童,日益浸淫于西方器物及生活方式的熏陶之下,现代生活观念亦随之萌生,并将最终在现代生活观念指引下继续创造更加美好的城市生活。

一、儿童衣食住行与现代物质文明

(一) 儿童衣食住行的多元化

衣的方面,服饰单一、式样简单曾是中国传统服饰的特点。外国人眼中"全中国三亿人都穿着蓝布衣衫,男的、女的、小孩都一样。这些衣衫都是宽大的没有样式的。全国衣衫样式和尺码还不到五种"④,彼时中国儿童的衣食住行要么和成人

---

① 雒有仓:《关于中国社会生活史的体系问题》,载《淮北煤炭师范学院学报》(哲学社会科学版) 2003年第3期。
② 姚公鹤:《上海闲话》,上海古籍出版社1989年版,第103页。
③ 汤因比:《历史研究》(节录本),曹未风译,上海人民出版社1997年版,第50页。
④ 彭泽益:《中国近代手工业史资料》(第1卷),生活·读书·新知三联书店1957年版,第59页。

一样,要么是"小一号的成人用具",他们不知有西餐,更无论"洋房""电车"。相对于传统社会儿童服饰色彩单调划一,式样乏善可陈的特点来说,谈及 20 世纪 20—30 年代上海儿童的衣食住行,首当其冲的特征是多元化。

就儿童衣服而言,突破了衣服蔽体保暖的功效,摆脱传统观念对服饰的礼法和等级要求,接受新的美学观念,灵活多样,亦中亦西。首先,从制衣原料来看,洋布需求量增大,到 1884 年,上海 62 家洋布店中,专营洋布原件批发业务的大户,可以查知的有恒兴、大丰、增泰、恒丰瑞、时合、大春、屏记等字号,此外还有八家兼营零售和零匹批发业务的布店①。其次,童装式样琳琅满目,上海儿童的衣服主要包括三种类型,即中式、西式和中西合璧式。女童有各式各样的旗袍,也有连衣裙,长筒袜,皮鞋,也有女童穿中式上衣配西式裙子;男童则西式套装,西短裤露膝,长筒袜,皮鞋;女学生的衣着则有其特定的款式:"春天,青布旗袍,平底皮鞋;夏天,白布衫,黑短裙、白皮鞋或白色球鞋;秋天,灰布旗袍或灰布衫、黑短裙;冬天,藏青色或黑色旗袍,呢大衣或绒线衫、绒棉靴。"②随着永安、先施等百货公司在上海的相继成立,各式各样的儿童服饰舶来品大量进入上海。上海儿童衣着的多样性可从中国国货公司陈列的儿童衣装中略见一斑:中山装、学生装、世界装、毛织、棉织的成套服装,以及汗衫、围涎、尿布……③

食的方面,亦是中西结合。中餐有其自身的强大吸引力,有人认为"近代以来中国文化制度受到西方冲击,几至完全崩溃。只有中国饮食尚在世界上有其文化代表地位,世界文化大国,尚难有所超越"④。在北京,20 世纪 20 年代初期《晨报》进行的一次民意测验显示:在被试者中,回答爱吃中餐的人有 1 906 人,占总人数的 77%;回答爱吃西餐或兼食中西餐的加起来才有 570 人,只占总人数的 23%。⑤ 同北京相比,上海对西餐较为热情,20 世纪 30 年代,上海西餐业步入全盛时期,在福州路、汉口路、西藏路、延安路一带有西餐馆近 30 家,被誉为"四马路大菜",抗日战争全面爆发前,全市西餐馆、咖啡馆 200 多户。上海人"食非大菜不快",甚至"吃食

---

① 徐鼎新、钱小明:《上海总商会史(1902—1929)》,上海社会科学院出版社 1991 年版,第 6 页。
② 吴健熙、田一平编:《上海生活 1937—1941》,上海社会科学院出版社 2006 年版,第 219 页。
③ 柯定盦:《中国国货公司举办的儿童游乐市一瞥》(下),载《申报》1933 年 4 月 13 日。
④ 王尔敏:《明清时代庶民文化生活》,岳麓书社 2002 年版,第 37 页。
⑤ 《晨报》副刊,1912 年 8 月 9 日;转引自龚书铎、朱汉国主编:《中国社会通史》(民国卷),山西教育出版社 1996 年版,第 343 页。

水果,也要吃外国货";除交际应酬外,上层家庭也多带儿童到西餐馆品尝西餐,学习礼仪。在家庭的一日三餐中,尽管传统食品如米面鱼虾等依然是上海人的主要饮食,但在延续传统餐饮的同时,一些西方饮食品种如西红柿、土豆、生菜、洋葱等从国外引进;西方一些调味品如味精、咖喱、番茄酱等也被接纳;西菜的烹调技术也传入上海,甚至西方的烹饪工具如煤气灶等也出现在上海家庭之中,在1934年的煤气用户中,家庭用户的烹饪、取暖、热水供应达72.6%[1],占到绝对多数份额;各类儿童辅食如西式蛋糕、饼干、糖果等更是广泛受到儿童欢迎,上海中上层家庭中的儿童可以喝到牛奶,吃到西餐。

住的方面,上海中上层家庭中,花园洋房和石库门以及新式里弄相映成趣,而社会下层的众多儿童居住在棚户区甚至无安身之处。

行的方面,机械化的新式交通工具,如公共电车等发展迅速。1914年,上海无轨电车通车,李味青在《上海六十年见闻竹枝词》中写道:"地敷轨道康庄路,杆线架悬引电流。人坐车中称稳变,儿童指点路行舟。"有从外地初到上海的儿童记载了初见电车时的情景:

> 在半路看见电车,那时我不知道是电车,我说:"这样大的是什么东西,怎么会自己走路?"我父亲说:"这是电车,用电力走的。"我又不知道电是什么东西。[2]

由于上海道路建设良好,人员流动量大,电车等公共交通发达,新式交通工具使人们切身感触到出行的便捷与舒适,又因其票价低廉受到市民广泛欢迎。社会中下层儿童也可在电车中体会人类进入电气时代带来的出行变迁,有幸生长在上层家庭中的孩子们,出入有私人汽车接送。半机械化的人力车、自行车在上海也比较普遍,据统计19世纪末上海已有几百辆自行车[3];1884年公共租界有人力车2 000辆,1909年达到8 400辆,成为上海最主要的大众化交通工具[4]。

---

[1] 上海市公用事业管理局编:《上海公用事业》(1840—1986),上海人民出版社1991年版,第46页。
[2] 戴自俺、孙铭勋:《儿童节教学做》,儿童书局1934年版,第202页。
[3] 李长莉:《中国人的生活方式:从传统到现代》,四川人民出版社2008年版,第184页。
[4] 上海公用事业局编:《上海公用事业(1840—1986)》,上海人民出版社1991年版,第250页。

儿童衣食住行呈亦中亦西、新旧兼容的多元化特征，这与上海移民众多、思想活跃以及兼容并蓄的海派文化密切相连；同时，不同阶层儿童的衣食住行或新鲜摩登，或经济实用，既有传统的，又有西式的。儿童本身具有很大的可塑性，20世纪20—30年代上海多元的衣食住行又潜移默化地引导他们在心理上接受新事物、新观念。

（二）儿童衣食住行的市场化

传统社会中儿童的衣食住行大多来自家庭手工业产品，多数家庭仍旧凭借自给自足的家庭劳动来安排儿童的饮食起居等，如食物大多自行加工制作，衣袜鞋帽多自行缝制，房屋为自家建造，出门要自行备车，等等。由于工业制造的发展，城市中儿童衣食住行与机器工业相联系，进行批量化生产，与商业市场相联系，产生供需关系，儿童衣食住行孕育了商机，市场化程度明显提高。

上海被誉为"童装世界"，式样新颖，物美价廉。上海开埠后随着外侨渐多，早期童装由西服店应外侨的需要，按照国外童装的式样来料加工，以呢绒为主要面料。随着国人童装迅速发展，面料以棉布为主，由百货店附带经营。缝纫业同业公会按经营方式和经营品种设立了11个组，其中有"童装组"，幼儿使用的围涎则被划分到"围涎枕套组"；1932年同孚路上的协兴时装店，设计出一种攀线童装，深受消费者欢迎，之后成为上海第一家专业经营童装的商店。恒义升号也有专门的妇女儿童用品商店[1]。时人观察到："海上儿童衣着，现亦风气坏变，倾向欧化。中上家庭子女、学龄学生，十九穿着童装，材料布质，材质新颖，小儿女穿着，活泼泼地，倍显精神！百货公司、红帮裁缝铺，有现成童装发售，每套一元起，三四元止，衣裤俱全，足当'价廉物美'，式样远较从前'小老头子'（袍褂长衫）、'小妇人'（短袄旗袍）旧式衣服省料、省费而好看咧！何怪上海数年之间形成'童装世界'了！"[2]

市场中关于儿童衣食住行的商品遵循价值规律，参与市场竞争。资本主义市场是竞争激烈的市场，在竞争中落后的技术必遭淘汰，先进的工艺得以存续，继之又会被更先进的技术取代，周而复始，才使得人们的生活不断进步。上海开埠后即

---

[1] 上海百货公司编：《上海近代百货商业史》，上海社会科学院出版社1988年版，第54页。
[2] 原载《上海生活》1939年第4期，转引自吴健熙、田一平编：《上海生活1937—1941》，上海社会科学院出版社2006年版，第11—12页。

融入资本主义市场中,很多落后的传统设施很快被资本主义先进工艺取代,"有轮船而沙船淘汰,有洋布而土布淘汰,有洋针而本针淘汰,有皮鞋、线袜而钉鞋、布袜淘汰,有火柴而火石淘汰,有纸烟、雪茄而水烟、旱烟淘汰"①。洋布洋装通过市场销售,在城市或者城镇生活,脱离传统男耕女织、自给自足小农生活的市民通过从事第二、三产业获取货币工资,通过市场购买衣食住行等生活资料。在布匹市场中,洋布洋装比土布售价低廉,质地柔软光滑,颜色鲜艳,品种多样,更受到城市居民的青睐。

"先施、永安、新新、大新四大百货公司内各式童装童帽、儿童辅食等是销售的主要门类之一"②,它们之间也存在激烈的竞争,主要手段是大减价、大赠送、商品折让等。四大百货公司在沪经营多年,有良好的信誉,更易得到上海中上层家庭的眷顾,而四大公司中又以永安实力最强。"丝绒做的'秀兰邓波儿'洋囡囡,在1931年时卖五十二元一只,永安与先施都进了五六十只,永安很快卖完了,先施却只卖出去一二只,结果还是永安陆续向它拆来卖完的。因为上层社会的很多人只相信永安公司"③。

每到节庆日,商家也普遍采取打折或降价的策略。1933年中国内衣公司于儿童节之际在《申报》刊登广告,大搞优惠活动:儿童工程装,每套两元;儿童海军装、凉快装、翻领装、游玩装、活泼装、入学装、快乐装、女孩美丽装、伶俐装、风凉装、运动装、自由装,每套一元二角至三元;儿童雨衣,每套六元。④ 1934年,中国内衣公司更是打出了"每套自八角至两元"的广告,"照上年约减七折"⑤! 当时永安公司女装部销售的女童冬季羊毛外套,每件4元2角半,小童拉毛套衫裤,每件5元9角半。中国内衣公司的童装价格远远低于永安百货公司,在价格上占了先机,符合广大中下层家庭的经济状况,使广大普通家庭更乐意购买。1935年,三友实业社在儿童节前夕和儿童年期间分别打出"庆祝儿童节,举行儿童用品大减价七天"⑥和"举

---

① 胡祥翰、李维清、曹晟:《上海小志·上海乡土志·夷患备尝记》,吴健熙、施扣柱标点,上海古籍出版社1989年版,第44页。
② 上海百货公司编:《上海近代百货商业史》,上海社会科学院出版社1988年版,第53页。
③ 上海社会科学院经济研究所:《上海永安公司的产生、发展和改造》,上海人民出版社1981年版,第41页。
④ 《中国内衣公司广告》,载《申报》1933年4月13日。
⑤ 《申报》1934年4月4日。
⑥ 《申报》1935年4月1日。

凡儿童用品,一律削减货价"①的广告。1936年儿童节当天,"华界各车辆,业由公用局通饬,减价优待儿童,公共汽车一律半价,电车在八分以上半价……"②这些活动一方面固然考虑到对儿童的重视,而增加销量获取利润也是商家永恒的目标。

上海商业竞争激烈,为吸引顾客,各商家绞尽脑汁,为顾客提供方便服务。西餐厅以优雅的饮食环境来博得顾客青睐,室内陈设悉心讲究,"还要准备小孩专用高椅"③以方便儿童就餐。儿童衣食住行市场化程度提高,范围扩大,也成为上海工商业发展的动力之一。

儿童衣食住行形成初步市场,并遵循价值规律,进行市场自发调节。一方面是因为上海正日益转变为现代商业城市,物质生活各领域都成为商品交换的内容;另一方面是由于20世纪20—30年代上海社会成人对儿童的关注,不再把儿童等同为小一号的成人,其衣食住行也不再是缩小了的成人用品,而是上海儿童作为城市主人公所需的现代物质生存生活的基本条件,这是不同于传统社会的现代物质生活。儿童通过衣食住行的变化熟知近代工商业、近代科技知识,接受衣食住行所带来的一系列变化。

此外,激烈的竞争不仅仅反映了转型期上海工商业城市的特性,也为成长中的儿童宣传了各种生存生活技巧,暗示现代化进程带给人的竞争的生存环境。可以说,儿童用品市场在自觉地为未来城市建设接班人缔造富有现代气息的衣食住行和生活方式。

二、儿童衣食住行与现代生活观念

(一)儿童衣食住行是现代城市生活的物化体现

"生活是实实在在的,一饮一食,一衣一帽,莫不有具体生动的样式和内容,所以衣食住行,婚丧嫁娶,休闲娱乐,日用器物,无一不是文化的载体,最具体、生动地表现一个时代的特征和社会风貌"④。衣食住行不仅仅是某一时代人们的物质生

---

① 《申报》1935年8月4日。
② 《申报》1936年4月4日。
③ 李少兵:《衣食住行》,中国文史出版社2005年版,第60页。
④ 薛君度、刘志琴主编:《近代中国社会生活与观念变迁》,中国社会科学出版社2001年版,第4页。

活,也能折射彼时社会的精神世界。20世纪前期,上海居民生活方式的各个层面都存有现代化转型的迹象,这些迹象受城市现代化的牵动,又直接体现着城市现代化的成果和内涵。

生活方式的变革不是一蹴而就的,需要一个漫长的过程。清末西服流传至上海时,儿童们见到穿西服的人会鼓噪,还有仇视的情绪,据汪康年记载:"余尝行过法租界之三茅阁桥,有小儿数人噪走曰:'打假洋人,打假洋人。'盖适洋服者过,小儿辈怪而逐之也。"①即便是成人由于怀有对西方侵略中国的仇视,初次见到奇装异服难以接受,更不用说小孩子了,这也在情理之中。而清末敢于尝试西餐的家庭也比较少,富裕阶层吃西餐也是偶尔为之,儿童吃到西餐的机会也不多。著名小说家包天笑曾回忆小时候初到上海时,本来计划去吃西餐,结果却未能如愿:"因为祖母不许,她知道吃西餐不用筷子,只用刀叉,恐怕小孩子割破了嘴唇,况且祖母和母亲,都是忌吃牛肉的,闻到牛油味儿要起恶。所以这一计划最后落了空。"②

自开埠后,日用洋货渐趋普及沪上,上海对新式衣食住行的看法发生极大改观,祖辈相沿而较少变化的生活观念也受到影响,这种影响表现为两个方面:一是外国现代生活观念和生活方式对上海城市中上层民众的冲击;二是上海中上层民众新式生活方式对下层民众的示范。到20世纪20—30年代,西式服装、西餐等成为西化、文明、进步、新派等正面价值的标志,花园洋房、自行车、汽车等则是现代社会进步的产物,是西方先进物质生活的代名词,并成为衡量人们社会身份和地位的标尺之一。

儿童乐于接受西式生活,敢于尝试新鲜事物,对新鲜的物质设施充满好奇。自行车受到富家子弟、少年学童的喜爱,哪怕是因此摔跤也津津有味,《申报》曾报道:"一少年乘脚踏车从新闸向西正在疾驰,适有货车一辆停于路旁,少年欲从路侧向前,不料偶一不慎,竟至跌入小浜中,浑身泥污,不啻落汤之鸡。"③自行车至今仍然是城乡民众最为普遍的代步工具,在当时的上海,半机械化的自行车带给儿童无穷的乐趣,骑自行车使交通变得快捷方便,也向儿童说明了人借助机械的力量可以达到事半功倍的效果。汽车、电车、火车等交通工具更是具有传统交通工具无法比拟

---

① 汪康年:《汪穰卿笔记》,上海书店出版社1997年版,第84页。
② 包天笑:《钏影楼回忆录》,香港大华出版社1973年版,第31页。
③ 《申报》1898年1月28日。

的优越性,使儿童直观认识到自动化、机械化的力量,为他们接受现代科技进行启蒙,使之认同现代工业制造和现代技术。

20世纪20年代初,上海上层家庭的少年热衷于开汽车兜风,"舟车为交通便利,上海近日以乘汽车为豪。每至礼拜日,必有许多少年男女,同乘一车,疾驰于南京路、静安寺路、福州路"①。茅盾在上海年夜还看到了两名乘坐电车的儿童数着马路上经过的汽车:"一部汽车,两部汽车……电车,三部汽车,四部,五部……我身边的两个孩子,脸贴在车窗玻璃上,这样数着横在前面的马路上经过的车辆。"②当电车内的孩童数着马路上来往的车辆时,他们幼小的心灵也许仅仅是为了打发时光,而现代生活的印记也就此牢牢地刻在了他们的脑海之中,城市居民已经脱离了传统畜力车代步或者出门坐轿的时代,机械化的汽车、电车以及半机械化的人力车、自行车等新式交通工具,为上海城市的工商业活动和租界与华界等的日常跨区域活动,以及相对密集的人员流动提供了可能,也开阔了儿童的眼界。

在西方物质文明影响下,上海儿童物质生活方式的商业化程度大增,更趋于平等化、大众化和世俗化,增添儿童的平等意识,不再以身份的政治等级作为衣食住行划分的条件,而是根据自身的货币支付能力来决定吃穿住行,儿童依据家庭经济状况来体验不同的现代城市物质生活。张爱玲觉得童年时豪华的感觉在于坐汽车:"看了电影出来,像巡捕房招领的孩子一般,立在街沿上,等候家里的汽车夫把我认回去,(我没法子找他,因为老是记不得家里汽车的号码),这是我回忆中唯一的豪华的感觉。"③

西服、西餐、西式洋房、西式交通工具等都是西方先进物质生活的外在表现,这些事物在上海渐成蔚然大观,挑战着传统自然经济条件下的物质生活,悄无声息地向上海儿童传达着现代物质文明的优越性;在上海社会转型期,现代物质生活的丰富性和先进性恰如其分地走入儿童的日常生活之中,在他们稚嫩的头脑中形成映像,印下现代的标签,进一步指示着儿童以后物质生活的方向。

(二) 儿童衣食住行体现现代社会的文明、健康、科学的生活方式

上海儿童衣食住行反映了文明、健康、科学的现代生活方式,这既是时代要求

---

① 胡朴安:《中华全国风俗志》(下编),湖北人民出版社1986年版,第216页。
② 茅盾:《上海大年夜》,载《茅盾散文速写集》(上册),人民文学出版社1980年版,第217页。
③ 张爱玲:《童言无忌》,载余之编:《旧上海风情录》(上),文汇出版社1998年版,第205—206页。

的体现,又是儿童自身发展的需要。在上海城市向现代化转型之际,除旧纳新是人们社会生活的必然选择,封建的、落后的、愚昧的生活方式必遭遗弃,取而代之以文明、健康、科学的现代生活方式。就物质生活而言,现代物质生活方式以满足人的健康生活为尺度,追求文明和科学,反对愚昧和迷信。反映在儿童身上,还要和儿童特殊的生理心理特征相结合,并且服从于儿童成年后的主要社会任务——进行上海现代化建设,这就意味着转型期上海社会将通过现代化物质生活满足儿童身体成长之需要,以便将来儿童能够回报社会和服务社会,缔造符合时代要求的愈加文明、健康和科学的现代物质生活。

1. 儿童衣食住行力求符合儿童自身成长的生理特征

作为正在成长中的人,儿童期是骨骼、大脑等发育的重要时期,衣食住行都关乎儿童发育成长的健康。张竞生质疑旧式儿童衣物使儿童"天然直竖的骨骼已不免逐渐为衣服的格式所改变了",呼吁"参酌采用欧美式"[1],以使儿童身体自由发展。这种舆论在当时的上海被接受,人们主张儿童衣物尤其要利于健康,"成人们的服装,不过只是御寒、遮阳、美观而已,而儿童们除此之外,尚有适合发育、轻便等等。所以儿童的服装,对于他们身体的健康,的确有极大的关系"[2]。

食的方面,有许多专门论述小儿食物的文章,以《乳汁外小儿之食物》为例:

> 小儿未满七八个月以前,除乳汁外,不宜另给他种食物。即满七八个月以后,亦须非常谨慎,初时为每夕减少授乳一次,代以薄粥汤半杯。……初断乳后之食物,只可用牛乳、薄粥、精肉汤、鸡汤、鲜鱼汤,豆腐浆等。每日给食四次,每隔四小时给食一次,即上午八时,正午十二时,下午四时及八时各一次,夜间不必再与食物。至满一年三个月后,稍可给食煮烂之蔬菜,萝卜,鲜鱼及半熟之鸡卵。食物之回数,仍每日四次,每次应给与之食物,大约如下:
>
> 朝时上午八时,薄粥半碗(饭碗),半熟鸡卵一个。
>
> 中食正午十二时,薄粥半碗,稍给鲜鱼或蔬菜。
>
> 第一晚食下午四时,牛乳一杯。
>
> 第二晚食下午八时,薄粥半碗,稍给鲜鱼或蔬菜等。

---

[1] 张竞生:《美的人生观》,北新书局 1925 年版,第 21—23 页。
[2] 云光:《儿童服装论》,载《现代父母》第 3 卷第 10 期,中华慈幼协会 1935 年发行,第 17 页。

> 但食物之量,各儿不能一例,育儿者务必详查小儿之消化状况,临时酌定之。总之饥饿故不可,过饱亦不宜。……
>
> 小儿满二岁之后,渐可食软饭及煮烂之新鲜牛肉、羊肉、鸡肉等,但不可多油,因油质最难消化也。虾蟹、乌贼、贝类等难消化之物,尚须禁止。此后食物之回数,亦可减为每日三次,与成人同,但消化器发生障碍时,仍须酌加食物之回数,每回只给与少数。
>
> 闲食(俗名杂食)小儿之食物,照前数节所记之规则而给与之,已足供其营养,每次食事之中间,不必再给闲食。闲食不但无补与小儿之营养,且有损其消化力……①

如此详细说明小儿食物的文章常见于各类报纸杂志中,这些喂养孩童的建议都是以现代儿童生理学为依据的,并符合上海城市的饮食特征,从中可以发现上海人在养育儿童方面的谨慎态度。

关于儿童的住宿问题,人们注意到儿童休息有其生物钟,有很严密的时间观念,因此重视儿童房间的舒适卫生,以及儿童独自睡眠,养成独立习惯等。

> 儿童的睡眠必须充分,才能保持健康。做父母应该注意的:第一使他养成早睡早起的习惯,到一定的时候必定睡觉。其次儿童睡觉的时间要比成人长,熟睡时,切不可搂动他,寝室要幽静安适,温度要合宜,同时还要注意空气的流通,我国家庭里有一种最不好的习惯,往往因为溺爱儿童,和母或祖母睡在一被窝里,或者同弟兄姊妹一床,这种最不适宜,应当独睡一榻。即使婴儿也应使他独睡,置摇篮于卧床旁,以便照管。②

在日常生活中让儿童养成文明而科学的生活习惯,其目的只有一个:使儿童健康成长、身体强壮,以后保卫祖国和建设祖国。陈鹤琴总结认为要让儿童"发育强健的身体,养成良好的习惯,获得丰富的经验和知识,成为健全的国民,为我们将来

---

① 姚昶绪:《育儿法》,商务印书馆1933年版,第35—38页。
② 《儿童的睡眠》,载联华广告公司出版部:《上海生活》1930年第3卷第11期,第43页。

的国家社会尽力"①。

2. 设置科学的规章制度来保护儿童出行

儿童毕竟是未成年人,是需要成年人精心呵护的群体。行人和车辆是上海交通的主体,对中国人来说,在传统出行习惯中没有交通规则这一名词,在租界和华界推行交通规则是一大难题。儿童是道路上的一大危险因素,他们或不知交通规则,或在马路上随意玩耍,以至于交通肇祸;为此,上海出台了一系列保护儿童的交通管理规则。

《陆上交通管理规则》规定人行道不许随意停歇,不许结队并行,除童车游戏车外脚踏车不许行驶。1936年的《公路安全须知》规定:"妇孺老幼及乡人,最易肇祸,为家长、老师及乡镇长者须随时告以行路常识,切戒勿行于道路中心,勿张惶奔驰行街道中,在城市街道设有人行道者应绝对行于人行道上,未设人行道者应紧靠路之右边(注意车辆靠左人靠右),使能看见对面来之车辆,过街之时应在十字路口经过,应明了红绿灯之作用及警察手势,并注意汽车喇叭之声响及车辆往来之方向,不得争先恐后。"②京沪皖苏浙五省交通互通以后,在上海市提议之下,发动了"五省公路交通安全运动",制定"各省市公路交通安全运动大纲",其中又专门提出"提高民众及学生之交通常识"③;着力在儿童中宣传交通安全法规,印行以行路安全为主题的"小学补充教材","在电影院及茶社放映影片、粘贴各种显明广告及标志、派员赴各地民众教育馆及小学巡回演讲、于通俗报刊特刊专刊刊登、广播无线电演讲、以小学教材请各大书局编入教科书内"④,把交通安全常识图张贴"于小学课堂、自修室、阅报室、会场,作为演讲教材"⑤,在儿童教材中加入交通规则教育以加深学生印象,达到儿童遵守交通法则的目的。交通规则不仅保护儿童安全出行,也在向儿童灌输现代法制意识。

(三) 儿童衣食住行中的现代时尚生活观念

观念是行为变革的先导,要认识近代中国居民生活方式的变化,就需要了解城

---

① 陈鹤琴:《在儿童节告全国成人们》,载《申报》1932年4月4日。
② 上海市政府公用局编:《公路安全须知》,编者1936年印,第24页。
③ 上海市工务局编:《上海市工务局略史及其组织沿革》,载《近代中国史料丛刊》(第75辑),文海出版社1966年版。
④ 上海市档案馆,Q5-2-63。
⑤ 上海市档案馆,Q5-2-1362。

市居民生活观念的变化①。20世纪20—30年代的上海给人的感觉总是时尚和摩登的,上海人"不但对于衣、食、住、行都崇尚欧化,即如起居一切、语言动作,也都仿效西式。如衣非西装不着,食非大菜不快,住非洋房不乐,行非汽车不走,还有屋里的装饰、身上的穿戴,都统统西式是求。叫起人来,满口'密斯忒''密斯';写中国字,必喜横写;吃食水果,也要吃外国货;生病吃药,也要购外国药;连断了气直了脚,也要困一口外国的玻璃棺材,才觉心满意足。在他们心目中,中国的东西样样是不好,中国的习惯又样样是腐败,要做时髦人,非式学不欧化,不能算头等漂亮人物"②。无怪乎上海的工人也以穿着西式服饰为时尚,有竹枝词咏叹道:"西装旧服广搜罗,如帽如衣各式多。工厂匠人争选买,为他装束便摩挈。"③儿童身处其间,也会沾染到摩登的气质,有事皆摩,无物不登,这不仅仅是上海人爱炫耀、好面子的体现,也是人们乐于接受新鲜事物,向往美好生活的表现。

张爱玲小时候家庭条件优越,正是有了一系列的西方物质生活设施和时尚的装饰,在她的记忆中童年是温暖而华丽的,"8岁我要梳爱司头,10岁我要穿高跟鞋,16岁我可以吃粽子汤团,吃一切难以消化的东西。越是性急,越觉得日子太长。童年的一天一天,温暖而迟慢,就像老棉鞋里,粉红绒里子上晒着太阳"④。住在胶州路瑞芝村的一家常熟富商的两个女儿,每每听到邻居的摩托车声音,"总吵着让妈妈领着她们在弄口等骑摩托车的'迈克叔叔'。迈克叔叔就会把她们轮流放在后座,带她们绕着胶州路梵皇渡到静安寺一带兜一圈风。两个女孩尖叫着大笑着十分过瘾"。其中那个大女儿佩蒂,有次甚至十分严肃地说:"迈克叔叔,等我长大了,我就要和你结婚。这样天天可以乘你的摩托车!"⑤随着当时上海社会自行车的普及,儿童也成为自行车的"座上宾","坐在自行车后面的,十有八九是风姿楚楚的年轻女人,再不然就是儿童……"⑥

还有人提倡儿童的时装要合乎时尚:"二十世纪是科学的世纪,亦是进步的世

---

① 何一民编:《近代中国城市发展与社会变迁》,科学出版社2004年版,第468页。
② 郁慕侠:《上海鳞爪》,上海书店出版社1998年版,第57页。
③ 颐安主人:《沪江商业市景词》,载顾炳权编:《上海洋场竹枝词》,上海书店出版社1996年版,第167页。
④ 张爱玲:《童言无忌》,载余之编:《旧上海风情录》(上),文汇出版社1998年版,第207页。
⑤ 程乃珊:《上海先生》,文汇出版社2008年版,第130页。
⑥ 张爱玲:《道路以目》,载余之编:《旧上海风情录》(上),文汇出版社1998年版,第216页。

纪,无论什么事情,都应该加以研究或改革。儿童的服装,亦是这样!我们对于儿童的服装,要用时代的眼光去观察,使儿童的服装,能代表此时代之精神。我们对于往日的儿童的服装,要取其长而舍其短,使儿童的服装,务合乎健康的原则,更合乎时代的所需。"①

在鲁迅家中,他儿子的衣服大多是由鲁迅的夫人许广平缝制的②,图2-1中鲁迅的儿子海婴身着毛线衣,绒线编织也正是20—30年代上海妇女中所盛行的女红之一。许多杂志也刊登小儿绒线衣物各种花色的详细编织方法,"小孩一只帽,须英雄牌细绒一支;小孩一披肩,须英雄牌细绒八支"。"小孩菊花帽……做三十朵菊花,就能连成一顶帽子"。儿童衣物不再是小一号的成人衣物,而是以儿童为中心量身定做的。

图2-1 鲁迅和海婴

图片来源:秦风:《梦回沪江——百年上海330个瞬间》,文汇出版社2005年版,第35页。

儿童生活观念是在上海社会转型的大环境下酝酿而生的,在破坏旧的生活观念和创造新的生存方式的努力下,生活观念由对封建的反叛到确立资产阶级生活观念,并强调新式生活,儿童有对现代城市生活的追求,这是儿童日常生活变迁的核心和时代价值所在。儿童向往和追求西方现代生活方式,并乐意为之奋斗,这也是上海都市社会生活前进的内在动力。

三、衣食住行与多重社会阶层

伴随着整个上海社会的转型,人们在社会中所处的位置也发生了显著的变化,社会分层现象已经成为客观存在的事实,社会等级由传统的身份制演变为以金钱

---

① 云光:《儿童服装论》,载《现代父母》第3卷第10期,中华慈幼协会1935年发行,第18页。
② [美]卢汉超:《霓虹灯外——20世纪初日常生活中的上海》,段炼等译,上海古籍出版社2004年版,第235页。

价值多寡为区分标准的贫富的划分,贫富差距扩大导致两极分化。各阶层间衣食住行差距巨大,不同阶层家庭的物质生活差距悬殊,对子女的自我期待和志向抱负有着不同的影响,生活于各种家庭中的儿童为获取更好的物质生活而不懈奋斗,社会各阶层之间因此产生流动。社会分层结构并不是一种固定的存在,而是变化和流动的,上海社会极大的开放性和较高的城市化水平也有助于各阶层之间形成流动,儿童在社会中的位置并不是固定的,而是处于流动之中,社会的发展变化越快,流动的频率就越快。在这种社会流动中,儿童日常生活中的传统渐行渐远,现代愈来愈近。

(一) 社会中上层家庭中儿童的物质生活

公共资源的配置不公正,导致机会结构不公正,这也是阻碍现代社会阶层结构发育成长的一种制度性缺陷①。资源富有者因易于获得新的社会资源将会更加富裕,而资源贫乏者因难于获得新的社会资源将会更加贫困。虽然对社会下层儿童有失公平,但社会上层儿童却可享有现代社会资源;父母拥有较多的经济资本,意味着他们有较为雄厚的经济支付能力,能够为其子女的衣食住行投入更多的资金,从而能够为其子女提供充足、优质的现代物质生活,其子女在城市生活中体验感触先进设备带来的生活便利,这些儿童的物质生活方式是偏向现代和西化的。

大资本家子弟的物质生活极尽豪华奢侈。甬帮巨商薛润生1927年新购一宅,在新闸白克路35号,乃"巍巍巨厦,一洋式大住宅……宅前有草地一方,满植花草、树木,绿荫缤纷,境至清雅。宅内停有自备汽车三辆";官员家庭中淞沪护军使卢永祥之子的住宅在英租界慕尔鸣路3号,朝南三层巨大洋房,"占地七亩一分,建筑精致,屋内浴室、自来水、火炉、下房、花房、汽车房一应设备齐全。且有庭园花圃、草地、树木、足资娱乐"②;银行家朱博泉一家住在范园17号的三层英式小洋房,"二楼并排朝南两大间,一间连阳台的是主卧室,隔壁一间是全家进餐的吃饭间和起居间,朝北两间是孩子们卧室"③;朱博泉一家"有两辆汽车,一辆是紫红色的宝马,一辆是微型奥斯汀,供接孩子们上下学及太太上街用,此外还有一辆黄包车备用"④。有幸生长在上层家庭中的孩子们,出入有轿车接送,在这样的环境中生活的儿童,即社会顶层家

---

① 陆学艺:《当代中国阶层研究报告》,社会科学文献出版社2002年版,第96页。
② 熊月之:《上海通史·民国社会》,上海人民出版社1999年版,第162页。
③ 程乃珊:《上海先生》,文汇出版社2008年版,第94页。
④ 程乃珊:《上海先生》,文汇出版社2008年版,第94页。

庭中的子弟的物质生活倾向西化,他们食西餐,着西装,住洋房,出入有豪华轿车,现代化的衣食住行紧紧环绕在他们左右。可以想见,这些儿童在身体成长最重要的时期享受锦衣玉食般的物质生活,现代化的物质在其童年期就深植在他们身心内外,看似寻常的衣食住行在不知不觉中铸就他们对一切美好的现代事物的热情。

张爱玲回忆说:"有时候又嫌日子过得太快了,突然长高了一大截了,新做的外国衣服,葱绿织锦的,一次也没有上身,已经不能穿了。以后一想到那件衣服便伤心,认为是终生的遗憾。"①"上海牛奶的售价,在全世界大都市中,要算最贵的了。欧美各国,上至巨富豪贾,下至贩夫走卒,每天早晨起来都能得一杯牛奶喝喝,却是上海便不行了,起码是中产阶级以上的人们,才能享受得到它"②。张爱玲"小时候常梦见吃云片糕,吃着吃着,薄薄的糕变成了纸,除了涩,还感到一种难堪的惆怅。一直喜欢吃牛奶的泡沫,喝牛奶的时候设法先把碗边的小白珠子吞下去"③。其对喝牛奶抱有非常清晰的记忆。

代表中上阶层的职员家庭——中国银行上海分行的员工——生活在设施完备的社区中,他们的子女理所当然享受到社区的各种现代设施与服务,"中行别业是1923年由中国银行上海分行出资,并经中国银行常务董事会讨论决议,建造第一批砖木结构的单开间三层楼的连体石库门房子共七列。每幢安排一户员工家庭,合共五十六户员工家庭迁入新居。外加一座四层高的建筑,有点类似今日的会所性质:下面为大礼堂,作员工家庭婚礼庆典之用;二楼为免费员工子弟小学——'中正小学'……区内设有供销社、图书馆、理发室、联合诊所、老虎灶、大饼油条点心店等生活设施,另有网球场、乒乓室、篮球场等。现在看来,已是一个具有相当规模的小型社区。在八十年之前,上海的住宅设计已有此等前卫的创意,上海人的紧贴时代及与时俱进精神,由此可见一斑"④。这就成为具有社区概念的居住模式。"到1930年,中行别业内已有一百多户住户,一般中低层行员都解决了住房问题"⑤。在这种社区中生活的儿童,其日常生活的衣食住行大都脱离传统的范畴,面向现代社会,这为他们以后接手城市现代化建设奠定了良好的基础。

---

① 张爱玲:《童言无忌》,载余之编:《旧上海风情录》(上),文汇出版社1998年版,第207页。
② 联华广告公司出版部:《上海生活》1930年第3卷第11期,第44页。
③ 张爱玲:《童言无忌》,载余之编:《旧上海风情录》(上),文汇出版社1998年版,第211页。
④ 程乃珊:《上海先生》,文汇出版社2008年版,第10—11页。
⑤ 程乃珊:《上海先生》,文汇出版社2008年版,第12页。

另外,在医师、工程师、律师、会计师等职业者家庭中,儿童的生活也是殷实和西化的,作为新式知识分子,他们的父母受西方影响深刻,饮食起居也异化于传统生活,依靠掌握的现代科技知识从事着现代职业,有体面的社会地位和可观的收入,乐于给孩子们提供力所能及的现代生活设施,使之从小就浸润在现代的物质文明中,1920 年在哈佛大学获得医学博士学位的乐文照归国后定居于上海,有两个儿子和两个女儿,"住在南京西路静安别墅 111 号"①。

生活于社会中上阶层中的上海儿童,集社会和家庭的万千宠爱于一身,在物质上与传统渐行渐远,可以说他们享有的物质生活最具现代性,也将其现代文明的生活条件、生活方式、生活习惯展示在整个上海城市中,起到示范的作用,鼓舞社会下层儿童通过奋斗掌握现代生活技能,改变原本的生活,努力提高自己的物质生活水平。

(二) 弄堂里的笑声

虽然整个城市正在朝向现代方向迈进,但上海的传统社会还远没有消失,传统与现代构成社会生活的多元化,丰富了上海的现代化过程。"传统显然是现代化所要克服的对象,但现代化又无法像抛弃一双破鞋子一样,在短时间内彻底摆脱传统消极影响,而不得不在相当长的时间内,与之共处、相争,逐渐取而代之"②。与社会上层高高在上的姿态相比,更能代表上海普通家庭生活的莫过于弄堂生活了,里弄在上海极具普遍性。"在上海,没有什么能像那些比比皆是的弄堂使人能更了解这个城市人们的日常生活了。这些邻里社区是上海绝大多数市民的居家住所。他们不仅仅住在里弄社区,这儿也是他们工作、娱乐、社交以及日常购物之地。总之,弄堂就是这些居民的城市"③。里弄保留了诸多传统生活习惯,卢汉超认为:"在考察上海人的日常生活时,我们不断地感受到过去和传统的持久性,常常让我们回忆起本土的事物。尽管在城市的每一处确实都能找到西方的影响,但是在一些司空见惯的日常生活方面,西方的影响似乎杳无踪迹。"④的确,生活在里弄中的儿童,也继

---

① 程乃珊:《上海先生》,文汇出版社 2008 年版,第 84 页。
② 冯天瑜等:《文明的可持续发展之道——东方智慧的历史启示》,人民出版社 1999 年版,第 40 页。
③ [美] 卢汉超:《霓虹灯外——20 世纪初日常生活中的上海》,段炼等译,上海古籍出版社 2004 年版,第 174 页。
④ [美] 卢汉超:《霓虹灯外——20 世纪初日常生活中的上海》,段炼等译,上海古籍出版社 2004 年版,第 272 页。

承了许多上海传统的生活方式,代表着这个城市自身特有的无限生机和力量,里弄的生活也孕育着土生土长的现代生活的萌芽,里弄儿童的生活也许没有高楼大厦,没有西餐或西式童装,但他们在里弄中度过的童年同样充满了欢歌笑语,里弄的生活同样为他们成长成才奠定了基础。

小巷里的女孩,露出天真无邪的笑容。尽管一般人家住的地方并不大,但因住宅之间有一定的公共空间,可供儿童玩耍,因此弄堂里的儿童常伴随着嬉闹笑声。弄堂里儿童的衣食住行、嬉笑玩乐也是缤纷多彩的,与同住花园洋房或者出入有车的儿童相比,石库门里儿童们的生活不摩登,不时尚,却更富有传统色彩,而这种传统不是凝结不变的,其中也流淌着社会前进和城市转型的气息。

图2-2 弄堂里的孩子

图片来源:秦风:《梦回沪江——百年上海330个瞬间》,文汇出版社2005年版,第153页。

码头边的贫童,多为船夫的小孩,成天在岸上嬉闹,虽一无所有,表情又像什么都不缺。他们的父母在城市从事杂业或拾荒等收入低微的工作,城市给父辈和孩童提供了生存的机会,尽管生活状态并不优越;这些儿童很大一部分正在或者将来要继续从事他们父辈的工作,为自己的生存,也为这座城市的发展,城市的胸襟给予他们成长的机会和动力,他们的笑容背后蕴含着城市的希望。

传统与现代两种生活方式你中有我,我中有你,总体发展趋势是由旧而新。对20世纪20—30年代的上海而言,传统远没有走出人的日常生活,即便现代生活方式是一种挡不住的诱惑,一旦经历过现代生活,人们很难再回到过去的生活中去[1]。里弄儿童的物质生活有浓郁的传统色彩,穿衣方面,图2-2、图2-3中的

---

[1] [美]卢汉超:《霓虹灯外——20世纪初日常生活中的上海》,段炼等译,上海古籍出版社2004年版,第145页。

第二章　回归现实：1927—1937年上海儿童物质生活的建构

图2-3　码头边的孩子

图片来源：秦风：《梦回沪江——百年上海330个瞬间》，文汇出版社2005年版，第152页。

儿童身着中式衣装；在吃的方面，他们更热心弄堂口小贩叫卖的各式各样食物：

> 三三两两的男子和妇女站在各弄的口头，似乎很正经的样子，不知在谈些什么。几个孩子，穿鞋没拔上跟，他们互相追逐，鞋底擦着水门汀地，作"替替"的音响。
>
> 他开了镬子的盖子，用一爿蚌壳在镬子里拨动，同时不很协调地唱起来了："新鲜热白果，要买就来数。"发音很高，又含有急促的意味。这一唱影响可不小，左弄右弄里的小孩子陆续奔出来了，他们已经神往于镬子里的小颗粒……①

"脆麻花也是儿童喜爱吃的食品。老上海一般小市民家中的孩子，买不起糖果糕点水果给他们吃，卖脆麻花的担子来了，两个铜板买根麻花给孩子吃。因为麻花

---

①　叶圣陶：《卖白果》，载余之编：《旧上海风情录》（上），文汇出版社1998年版，第115页。

比较硬,咬一口小孩子可以嚼上几分钟,这样一根脆麻花可以使孩子安静一上午,妈妈烧饭做菜洗衣也就不受干扰了"①。而小朋友们在"弄堂玩耍时,最喜欢去凑卖梨膏糖摊贩热闹的"②,卖梨膏糖的小贩一手拉着手风琴,一手挑着糖担,看见小朋友围过来就唱:"小朋友吃了我的梨膏糖呀,读起书来聪明又乖巧呀,要是不吃我的梨膏糖呀,先生会叫他立壁角、关夜学呀!"③

　　散见于房前屋后的小贩说明了这个城市传统商业的发达,虽然和现代商业相距甚远,小贩也并非掌握新型商业企业经营管理方法的专门人才,却也的确在上海中西激烈的商业竞争中存活,原因之一就是有诸如儿童之类的消费者。在弄堂儿童的日常生活中,石库门内外的叫卖声不仅仅是一种物质上的吸引,也有对这个城市传统生活的集体回忆和留恋,更值得深思的是传统在现代化进程中表现出的生命力;对于这些弄堂的小主人来说,他们在整个城市朝向现代化迈进时体会到传统与现代之间的矛盾与默契,并在这种生活中找寻人生未来的出路,最终成长为在社会变革中不断进取的主人公,保持弄堂的生机,持续弄堂的活力,从这个意义上讲,儿童也是上海弄堂的元气。

　　里弄里面的石库门房子是上海的传统建筑,"所有的石库门房子都设计成适合一户人家居住的样式。这种房子,哪怕只是单开间的,对于一对夫妻带着没有成家的子女这样的家庭来说已经十分舒适了。通常是父母睡二楼的卧室,小孩住亭子间。如果是三层楼的房子,则小孩睡三楼的卧室"。但里弄并非一成不变的,里弄里也有现代生活。上海的里弄虽是传统的代表,却也在城市化进程中糅合了现代元素,给里弄中的儿童以现代的感官接触和真切的生活便利,使之在变迁的里弄中积累现代生活的点点滴滴。

　　上海里弄不是与世隔绝的,在时代变迁中,里弄住房也发生着变化。1919年开始出现"新式石库门"里弄,主要为迎合"社会上大家庭解体,人口剧增后造成不同经济水平的需求",每层层高降低,由二层向三层发展,1920年后"趋向空间发展,从原来二层改向三层,并安装卫生设备"④。1935年以后,上海基本上停止建造老式

---

　　① 蓝翔、冯懿有:《中国·老360行》,百花文艺出版社2006年版,第118页。
　　② 张锡昌:《弄堂怀旧》,百花文艺出版社2002年版,第143页。
　　③ 张锡昌:《弄堂怀旧》,百花文艺出版社2002年版,第146页。
　　④ 王绍周:《上海近代城市建筑》,江苏科学技术出版社1989年版,第78页。

里弄房子,市区最好的地段几乎没有造过什么新的石库门里弄①。而配有钢窗、腊地、现代卫浴设施或者小花园的新式里弄倒是建了不少。

上海从来就不是一个单向度的城市,传统与现代、反复和单纯、喧闹和荒凉、奢侈和赤贫、华丽和日常、妥协和革命等,总是交织错杂在一起,给人一种空间和时间的双重印象。"尽管西方的事物差不多成为上海人日常生活的一部分(虽然并非每一个人每一天都能用到它们),上海人还是乐意保持和改进了很多旧的习俗和生活方式。尽管西方影响从表面上看是城市的主流且被中国的上层社会所渲染夸大,在遍布城市的狭隘里弄里,传统仍然盛行。而且,变化往往与传统的持续性共存、结合或纠缠在一起。如果说中西文化在上海这个交汇之地谁都不占优势,那么,这不是因为两种文化对峙而导致的僵局,而是因为两者都显示了非凡的韧性。对很多人来说,这个城市的魅力正是来自这种文化的交融结合"②。在传统与现代的较量与糅合中,上海儿童也在体会两种生活方式的差异和共性,并在传统中找寻现代城市生活的元素,从自身发现和积累走向现代的力量。

(三) 社会下层儿童

社会下层儿童包括工人阶级家庭的儿童和杂役、苦力等家庭中的儿童,还有诸多无家可归的儿童。处于社会转型期的上海,繁华的背后是无数劳苦大众的辛酸和贫穷。"在这都会的一角,也还有穷得买不起衣穿的流浪儿,他们只能向富家子讨取一两个铜元,或是在桥上替人拉车,得到极低微的赏赐,或是拾着一个蒲包,在太阳地奔跑,气喘吁吁地喊'卖冰哦',不过他们都'名不见报章',所以住在高楼大厦里的人是不会知道的,即使在马路上遇见,也要隔着一道'林肯'或者'斯蒂倍克'的玻璃,也就无关痛痒了"③。社会下层儿童的衣食住行是令人担忧的。

上海移民的增多催生了房屋租赁业的发达,移民到达上海之后首先要寻觅安身之所,对社会下层民众来说,他们为寻求便宜的住所而不得不"蜗居"在小小的空间中,这中间也有儿童移民。卢汉超于1996年对老上海人程国华(音)进行采访,其回忆说:"走出火车站,对于我们来说最紧迫的一个问题就是找住处。当你走在大

---

① 张仲礼、陈曾年:《沙逊集团在旧中国》,人民出版社1985年版,第45页。
② [美]卢汉超:《霓虹灯外——20世纪初日常生活中的上海》,段炼等译,上海古籍出版社2004年版,第274页。
③ 无次:《儿童年闭幕》,载《申报》1937年7月31日增刊。

街上,到处都是各式各样的房子,但我们租不起普通住房中的一个单间。我们到处寻找住得起的房子,徒劳了几个星期以后(在此期间我们住在亲戚家),我真希望我是一只蜗牛背上有个大贝壳,晚上可以蜷缩在里面。也许很多人都有相同的感受。最后,我叔父总算在南市租了一间小阁楼,而我在一家五金店当学徒,店里可以住宿,就在店面上的小阁楼,每晚我都得小心翼翼,以免额头撞在房梁上。"①

工人家庭中儿童的生存条件更是恶劣,据朱懋澄1926年调查,上海工人居住房屋,约分五等②:

(一)上等住房,为二层之楼屋。诸屋毗连成行,中隔狭隘之甬道,是为一街。地下装有沟渠以资排泄。甬道中置有油灯或电灯,暗淡而清疏,夜色中差便行走而已。壁之堆砌用砖,屋顶覆以瓦,余悉用木。地面用三合土填平,间或覆以木板,每屋之宽广自四百至六百方尺,容积自四千至五千七百五十立方尺。屋后有狭小之结构,以作厨房,但无厕所。

此种房屋之每月租金自六元至九元,故往往有一屋合住至四家者。每家所占之地位不出二百方尺,甚有小至一百方尺者。一家四五口,衣于此,食于此,息于此,无所谓卧室,无所谓厨房,亦无所谓厕所。其嘈杂秽浊之情形,常使居者抑郁愁慼毫无人生乐趣。至遇疾病,又无正当调护及防卫方法,而户内外废物堆积,又足为传染病之媒介。生长于此种环境之儿童,其习惯之恶劣可以想见。彼等之父母不分昼夜赴厂做工,故不能予以何种教育,否则令其随同入厂,冀做童工。故此等儿童自少至长,未尝有机会以预备为将来负家庭及公民之责。

(二)次等房屋,此为第二等劳动住屋,沪上工人之居于此种房屋者为数尤多。其房屋之构造与第一种相等,惟质料更轻,且系平房而无楼房耳。然赁居者则于屋顶及地之间,支架铺板为阁楼,以供一家之居屋,而住于平地者又有二售三家焉。此种房屋每座之租金每月自二元至四元不等,其卫生状况更较

---

① [美]卢汉超:《霓虹灯外——20世纪初日常生活中的上海》,段炼等译,上海古籍出版社2004年版,第108页。

② 朱懋澄:《调查上海工人住屋及社会情形纪略》,转引自邵雍:《中国近代社会史》,合肥工业大学出版社2008年版,第150—153页。

第一种为劣,废物尘埃之充斥更为显著。屋顶恒破漏不避风雨,地上则泥潦而已。且有年久失修,东倒西斜,不幸坍塌,辄致伤人。是等房屋之四围环境又极恶劣,多雨坟冢,倾粪处,倒渣滓处相毗连。儿童之生长于此种社会者,自幼受环境之摧残,纵即不死,亦染恶劣之习惯,乌得望其成为良好之国民耶?

(三)客栈或寄宿所……此由私人开设,以供独身工人之居住。

(四)工厂所造之住房……

(五)江北苦力及其草棚……记者尝于一日雨后,调查其地,见夫妇二人跣足行棚内,水深没胫,其子女则置于桌上椅中,跬步不能移动。……

可以看出,工人居住条件是极其恶劣的,而这次调查还专门突出了生活于此的儿童,这些儿童的生存状况与中上层社会的花园洋房形成鲜明的对比,恶劣的生存状况严重阻碍了儿童身心的健康成长,用朱懋澄的话说,即便是生活在上等工人住房中的儿童,也"未尝有机会以预备为将来负家庭及公民之责"。而棚户区中,更有众多儿童无法生存而导致死亡,药水弄棚户区"没有一条人工铺砌的道,没有任何市政设施,触目皆是垃圾堆、臭水沟,一年到头散发出刺鼻的臭气。居民终年的饮水全部取自苏州河,入夜没有一盏电灯。恶劣的居住条件使药水弄居民与流行的各种传染病结下了不解之缘,人口死亡率特别是儿童死亡率高得惊人"①。

童工的生活设施更是缺失,"厂中对于工友卫生一点不注意,机间的灰尘,亦不扫除,而饮的茶,又好像马路上的施茶亭,缸盖也没有,灰尘蚊虫都落在里面,厕所约5尺宽,一丈余长,形似弄堂,一室容十余个便桶,只有两块小窗户,走到里面,臭气扑鼻,天气热了更不堪设想,所以使得我们工友,常常生病"②。包身工睡觉的时候,"不是躺下,而是塞进去,身贴身。夏天,臭虫咬,蚊子叮,跳蚤成群,皮肤长着疮";"冬天,两三人合盖一条被子,有的连被子也没有"③。据1936年对全市近10万棚户区居民的调查,棉纺厂的临时工所占比例为20%,绝大多数为妇女和儿

---

① 吴汉民:《20世纪上海文史资料文库》(第9辑),上海书店出版社1999年版,第339页。
② 吴琼瑶:《我的劳工经验》,载《女青年月刊》1933年第12卷第5期,第62—63页,上海市档案馆,U121-0-55-5。
③ 《旧中国的资本主义生产关系》编写组:《旧中国的资本主义生产关系》,人民出版社1977年版,第172页。

童①，对这些生活在社会底层的儿童来说，有了技术和较为稳定的工作后，逃离棚户区，入住石库门就是他们为之奋斗的目标。社会底层还有许多背井离乡、流离失所的儿童在上海难求栖身之处，被迫露宿街头。

图 2-4　铁罐中一点点食品都不能浪费掉　　图 2-5　一个个水泥阴沟圈成了流浪儿童的临时睡窝

图片来源：郑祖安：《老上海十字街头》，上海文艺出版社 2004 年版，第 138 页。　　图片来源：郑祖安：《老上海十字街头》，上海文艺出版社 2004 年版，第 138 页。

有幸在慈善机构中存活的儿童是幸运的，上海慈幼教养院由养护课工作人员每周编定儿童饮食表，将食物价格及养料分配均匀。青菜每日一次，肉食每周一次。除三餐外，每天豆乳一杯。困难时期，曾用玉粟米和白米一同煮食，隔日面食一次，并以豆类或猪血等代肉②。还会得到社会的捐助，"英大马路永安公司经理某君因悉闻北慈善团所办之惠儿院妇女寄养所，收养妇孺共有数百口之多，特于前日命人送去各色饼干五篓，分赠院中男女小孩，亦足见该经理怜悯孤儿之仁爱矣"③。在慈善机构中生存的儿童在社会的帮助下，能够解决温饱问题，不用风餐露宿，幸

---

①　《社会日报》1936 年 7 月 17 日。
②　《上海慈幼教养院年度院务报告》，上海市档案馆，U38-3-167。
③　《永安公司经理之仁爱》，载《申报》1918 年 9 月 11 日。

运的还可以学得一技之长以自立。

社会阶级和阶层是互相流动的,不是一成不变的。社会流动是指"个人的社会地位发生变化……是人们在社会阶层中所处地位和职业的流动"①,社会流动可以反映一个社会的开放程度和现代化发展水平。在上海社会转型期,社会对现代人才的需求量增大,社会上中下各阶层儿童都被视为城市建设接班人,生长于社会底层的儿童尽管贫穷,却也在努力生活着,他们也可以依靠在日常生活中获得文化技能,向上层社会流动。

第二节 儿童的医疗卫生:健全国民的培育

孙中山认为:"欲国家之复兴,必须求民族之繁滋,欲求民族之繁滋,育婴保健,诚唯一之真谛也。"上海城市建设是在半殖民地的语境之下进行的,华界、法租界、公共租界这一"一市三制"的特殊历史环境造成政令不统一,阻碍了城市的发展,作为这座城市真正的主人,上海人意识到儿童的健康关乎城市和国家未来强盛与否。"凡一个民族固有其悠久的历史,但不可任其老大,因之在新陈代谢的机转之中,必须要一代优胜一代,而后可以强盛繁荣。我们的民族,期望将来能够转弱为强,保持雄健优秀的体质,立足于世界"②,因此格外关注儿童医疗卫生。

一、儿童卫生的现代性底蕴

1. 儿童健康、城市建设与民族强盛

城市现代化建设需要身强体健的劳动者,儿童是未来上海城市建设接班人,象征着上海的希望与未来,其身体健康不仅是自身的,也是城市的。"今日的儿童,就是他日担负实际责任的国民,一个社会未来的发展,全靠今日社会的儿童有完善的培养。今日社会的儿童,培养若欠完善,发育若不健全,将来的社会,定要蒙受极恶

---

① 横山宁夫:《社会学概论》,上海译文出版社1983年版,第159页。
② 胡安定、司马淦:《民族与卫生》,商务印书馆1947年版,第1页。

的影响"①。1927—1937年,上海在处于社会由传统到现代转型的同时,还是一个半殖民地城市,要想取得民族解放,独立地进行现代化建设,需要有强壮的人民,儿童的健康与民族和国家的强盛也密切相关。由于城市化建设和富国强种的时代语境,上海社会积极以现代的诉求方式对待儿童的成长,儿童健康与儿童卫生被赋予浓厚的现代性。

1932年,上海市政府对高桥区进行调查,婴儿死亡率为199.4‰②,而当时江苏淮阴县的婴儿死亡率为241.8‰③,这些惊人的数字是中国"国际声誉上的污点""足以反映出中国民族前途的危机"④,上海的婴儿死亡率虽然明显低于淮阴的婴儿死亡率,但仍然是相当高的。这主要是由于新生儿抵抗力弱,而成人为之提供的生存环境又不尽卫生、难以满足婴儿生理需要所致。如棚户区人口拥挤、卫生条件极差,春夏秋极易于传染病传播,冬季又无取暖设备,致使"又黑又稠又臭的水面上经常飘满粪便、垃圾、死狗、烂猫以及婴儿尸体"⑤,"人口死亡率特别是儿童死亡率高得惊人"⑥。与此同时,由于人们生育观念的变化,家庭生育子女数也呈下降趋势,如果没有源源不断的移民,仅凭人口的自然增长,难以满足将来上海对劳动力的需求。

有人在《东方杂志》撰文:"今日健全儿童,既是将来健全的公民。换言之,不健全的儿童多了,社会至将来便不免为恶运之黑影所笼罩。故欲求健全之社会,必先求健全之人民,欲求健全之人民,必先求健全之儿童。"⑦人们对健全儿童的呼声源自人们对"健全社会"的期盼,也是对未来美好城市的向往;尽管儿童的健康状况不尽人意,上海的城市建设依旧在如火如荼进行之中,各行各业亟须大批具有一定现代生产知识的青壮年劳动力,除了大量移民的涌入之外,维持儿童的数量和提高儿童的质量即是为将来的城市建设储备人才,上海社会为将来计,密切关注自身人才的养育,首要的切入点即是儿童的健康。

---

① 言心哲:《南京贫儿调查》,载《民国时期社会调查丛编·底边社会卷(下)》,福建教育出版社2005年版,第7页。
② 张明岛、邵浩奇主编:《上海卫生志》,上海社会科学院出版社1998年版,第274页。
③ 邹依仁:《旧上海人口变迁的研究》,上海人民出版社1980年版,第61页。
④ 《国难声中之儿童教养问题》,载《东方杂志》第29卷第5号。
⑤ 吴汉民:《20世纪上海文史资料文库》(第9辑),上海书店出版社1999年版,第339页。
⑥ 吴汉民:《20世纪上海文史资料文库》(第9辑),上海书店出版社1999年版,第339页。
⑦ 宋介:《儿童救济问题》,载《东方杂志》第22卷第17号,1925年,第50页。

强国强种的目标始终是儿童卫生事业开展的动力与归宿。1927年4月,美国宝华公司在《良友画报》刊登奶粉广告,其广告词为:"强国必先强民,强民必先强儿";1931年中华慈幼协会在上海举办儿童卫生运动时的口号为:"小孩也要卫生,卫生是健康的资本,早眠早起,呼吸空气,饭后刷牙,清洁口齿,不喝冷水,不食秽物,每天洗澡,练习运动,中华儿童健康万岁,中华民国强盛万岁。"①可见无论是广告,还是卫生运动,都把儿童健康和民族强盛作为宣传的落脚点,国家富强有赖于儿童的健康成长,更依靠儿童顺利成长成才后为城市建设和国家复兴作出贡献。

"教养大好儿童,为社会服务;促进健康体格,替国家增光"②,这是1931年中华慈幼协济会在杨树浦举办儿童卫生运动时使用的标语。"儿童卫生,是人生一切卫生的基础。欲国家强盛,非有健全的国民,要有健全的国民,先要有健全的儿童,欲图儿童健全,自非注意儿童卫生不可。所以儿童卫生,是人生一切卫生的基础,于个人,于家庭,于社会,于国家,都有极大的直接关系"③。这样,社会转型期上海的儿童卫生保健被置于政府、社会、家庭和个人的四重关照之下,政府和社会以及家庭有义务为儿童创造卫生的生存环境,儿童也有义务讲究个人卫生,健康成长后服务于现代化建设,为城市的繁荣兴盛贡献才干。

仅仅意识到儿童健康的重要性是远远不够的,还要有现代的医学知识、医学理念,这是保障儿童健康的关键因素,"现代科学儿童卫生知识之灌输,为减低婴儿死亡率及养成强壮健康儿童最迫切之条件"④。作为一个正在形成发展的国际性大都市,西方先进的儿童生理学、儿童心理学在上海广为传播;另外,由于在上海生存压力的增大,家庭生育率普遍下降,父母有相对宽松的时间和精力教养子女,而父母也希望孩子们拥有健康的身体和良好的教育,以便日后能在这个竞争激烈的城市中生活得较为轻松,优生优育思想迎合了广大市民的这种心理,受到广泛关注。

"提高民族体质最基本条件,厥惟实行优生"⑤,"男女婚姻,不仅希冀其双方无病,且小而为求子女健康,大而为求种族之强盛,尤须注意优生,慎加选择"⑥。儿童

---

① 《慈幼会筹办儿童卫生运动》,载《申报》1931年6月12日。
② 《儿童卫生运动》,载《申报》1931年6月12日。
③ 张炳瑞:《儿童卫生》,载《卫生月刊》1934年第4卷第1期合刊,第72页。
④ 李九思:《保养婴孩的办法》,载《妇女杂志》第13卷第7号,第37页。
⑤ 胡安定、司马淦:《民族与卫生》,商务印书馆1947年版,第5页。
⑥ 胡安定、司马淦:《民族与卫生》,商务印书馆1947年版,第12页。

体质的强弱奠基于胎儿时期,晚清上海有人在提倡妇女学习西医,来促进子女的优生;民国时期开始形成以现代生理学、现代医学和心理学为基础的现代胎教思想,1915年《妇女杂志》第1卷第6号登载了飘萍的《母之卫生及育儿法》,从母亲的身体和精神方面论述了胎教的重要性;1918年《妇女杂志》第4卷第1号刊载王传英的《新胎教》,指出母亲的饮食、衣服、运动、沐浴及居室等都应合乎卫生,还说:"酒极有害于卫生,若父母均喜嗜酒,所生子女必甚羸弱。"20—30年代胎教思想渐趋成熟,40年代开始形成体系。政府也注意到优生优育对于儿童健康的重要,要求男女双方结婚时出具健康证明和婚检,内政部1942年颁布的《集团结婚办法》第五条规定,"申请登记之男女双方均应缴验合格医师所出之健康证明书"。1947年上海市政府收到条文后,于1949年1月正式公布了《上海市民婚前健康检查实施办法》,要求申请结婚的男女应于结婚前30日内赴市立医院或政府认可之公私立医院实行体格检查,取得婚前体格检查证明书后,会同填具申请书,呈请医院核发结婚健康证书;举行婚礼时,男女结婚人应将结婚健康证书交于证婚人,由证婚人当众宣读。卫生局根据医院的检查表上注明的"暂缓结婚""不能结婚""可以结婚"三种情况区别对待。为消除民众的疑虑,卫生局还提出"男女双方不必在同一医院或同一时间行之"①。

在接生婴儿方面,上海有旧式产婆和新式助产士两种接生方式,和助产士相比,产婆的工作十分不卫生:"手术恶劣,全不消毒,毫无体向与内外回转等知识,以扦脚刀可以割破会阴,以秤钩可以穿钩儿脑。"②1927年,上海特别市卫生局颁布《管理助产女士(产婆)暂行章程》,规定每半年定期举行助产士资格考试,及格者才发给执照,否则不准开业③。1929年设产婆补习所。1930年开办产婆训练班并公布训练简章,一些医院出售"安产券",鼓励新法接生。1929年起,上海开始新生儿家庭访视,1938年3月,中华医学会公共卫生护士部妇婴健康指导所开展婴儿卫生检验等。1948年,市卫生局规定产妇分娩之次日助产士前往访视,以后每隔一日访视一次至脐带完全脱落为止。

---

① 《上海市管理集团结婚办法及婚前健康实施办法等文件》,上海市档案馆,Q119-5-63。
② 《中国助产士目前所处之环境及其应负之责任》,上海市档案馆,Q235-3-461。
③ 《上海特别市市政府卫生局管理助产女士(产婆)暂行章程》,上海特别市卫生局医师、助产士暂行章程1926—1929年,上海市档案馆,U1-16-304。

这些先进的思想以及在先进思想下指导下的措施都是在上海社会转型的过程中,由于社会需要而渐渐形成的,有利于对儿童身体的保护,他们自身的出现就反映出现代化之下城市文明程度的提升。健康和卫生本就是现代词汇,在转型期上海,应时代之需,儿童与健康和卫生相联系,其目的在于为上海培育合格的现代化建设者,从这个意义上来讲,儿童健康和儿童卫生渗透着现代化的底蕴和内涵。

2. 城市儿童医疗体系的构建

在理念和制度的推动下,伴随着上海现代化进程的加快,城市配套的现代医疗体系得到完善,初步构建成以现代医学理念为指导的医疗体系。1929年,政府开始办理医事人员登记注册,凡从事医务工作及自行开业的医师、药剂师、牙医师、护士、助产士、药剂生等均需经卫生部门审核合格后发给证书,方准执业。1929—1934年,全国登记注册的西医师共6 761人,药剂师281人,助产士2 217人,药剂生856人[①]。其中上海占有相当大的份额:

表2-1 1933年上海医药人员与设备统计表　　　　单位:个

类别	西医师	中医师	药剂士	助产士	病床	医院	西药房	中药铺
数量	473	4 780	128	278	1 967	31	52	29

资料来源:国民政府主计处统计局编:《中华民国统计提要》(1935年),商务印书馆1936年版,第395页。

若将未统计在内的中医和未经注册行医的医务人员考虑在内,当时上海实际从事医护工作的人员更多。到1938年,上海医院的数量增至46个。

从表2-2可以看出,登记在册的上海公私医院46家,其中有保生产科医院、中华产科医院、虹口产科医院、虹口平民产科医院、沪南平民产科医院5家专门的产科医院,约占医院总数的10.9%;有尚贤堂妇孺医院、妇孺医院2家妇幼医院,占总数的4.3%;这样和儿童有直接关联的医院占到上海医院总数的15.2%。市立医院5家,公立医院2家,其余均为私立医院,可以看出在儿童医院的医疗卫生建设方面,政府和社会互相渗透,相得益彰。46家医院中,中医院仅3家,大多数为现代化医院,西医得到广泛认可;在这些医院中,设有儿科或产科的高达31家,约占总数的

---

① 侯杨方:《中国人口史·第六卷·1910—1953年》,复旦大学出版社2001年版,第589页。

67%,可见上海城市已具备了较为完善的现代儿童医疗体系。1949年6月,上海市立各医院小儿科门诊部初诊患儿3 084例,复诊2 782例;住院部入院患儿348例,治愈255例,病情减轻的有7例,自动出院15例,死亡6例①。另外上海市各区卫生事务所的妇婴工作开展的已颇具规模,吴淞区等21家卫生事务所在1949年6月产前访视363人,446次;产前检查1 553人,3 733次;接生567人,566次;产后访视639人,2 180次;产后检查173人,201次;婴儿健康门诊接诊婴儿326人,291次;儿童会有1 030人参加,进行19次;母亲会430人参加,进行19次②。

表2-2　20世纪30年代上海市医院统计表　　　　单位:个

医院名称	类别	设有科部别	病室数	病床数	护士数	备注
市立上海医院	市立	内、外、产妇、小儿、X光、耳眼各科	—	180	32	—
市立江湾医院	市立	普通科、产科、统治科		20	4	—
市立吴淞医院	市立	内、外科	—	24	7	
伯特利医院	私立	内、外、产妇、小儿、耳眼鼻喉各科		100	17	
人和医院	私立	内、外、产妇、小儿各科		50	3	
广益中医院	私立	针灸、推拿各科	27	44	2	中医院
天枢医院	私立	内、外、产妇、戒烟各科		12	6	
健华颐疾院	私立	内、外、产妇、小儿各科	12	52	3	
世界红十字会医院	市立	内、外各科		32	1	
夜露病院	私立	内、外、花柳、产妇、小儿各科		18	3	

---

①　上海市人民政府秘书处编:《上海统计月报》第1卷第1期,第57页。
②　《上海市各区卫生事务所妇婴卫生工作》,载上海市人民政府秘书处编:《上海统计月报》第1卷第1期,第60页。

续 表

医院名称	类别	设有科部别	病室数	病床数	护士数	备注
同德医院	私立	内、外、小儿、皮肤、花柳、耳鼻喉眼、产妇各科	—	41	14	—
普善医院	私立	内、外、产妇、小儿各科	—	50	7	—
中国红十字会第一医院	市立	内、外、肺痨、皮肤、花柳、耳鼻喉、产妇、小儿、神经、生殖泌尿各科	61	346	57	—
新普育堂南市时疫医院	私立	时疫传染病	—	80	9	—
浙宁水木工会医院	私立	内、外、伤各科	—	40	3	中医科
保生产科医院	私立	内、小儿、产妇各科	4	6	1	—
宝隆医院	私立	各科均备（急性传染病除外）	—	240	70	—
瞿直甫医院	私立	内、外、花柳、小儿、眼鼻喉等各科	—	58	8	—
瞿直甫分医院	私立	内、外、花柳、小儿、眼鼻喉等各科	—	19	8	—
妇孺医院	私立	内、外、小儿、产妇、花柳、皮肤、耳眼鼻喉各科	—	250	18	—
中华产科医院	私立	产妇、小儿各科	—	20	5	—
徽宁中医院	私立	内科	—	76	9	中医科
中国红十字会第三医院	公立	内、外各科	—	48	7	—
虹口产科医院	私立	专门产科附设门诊部统治各科	16	64	15	—

续 表

医院名称	类别	设有科部别	病室数	病床数	护士数	备注
浦东医院	公立	内、外、产妇各科	—	34	2	—
济群医院	私立	内、外、小儿、产妇、耳鼻喉、皮肤、花柳、眼各科	—	12	4	—
大德医院	私立	内、外、产妇、小儿各科	8	6	12	—
大华医院	私立	内、外各科	—	22	8	—
尚贤堂妇孺医院	私立	内、外、产妇、小儿各科	—	36	3	—
谦益伤科中医院	私立	伤科	30	105	4	中医科
虹口平民产科医院	私立	内、外、产妇、小儿各科	33	40	9	—
劳工医院	公立	内、外、花柳、产妇、小儿、耳目鼻喉各科	—	80	11	—
上海疯痴专科医院	私立	神经错乱等疯癫疾病各科	36	36	5	—
中德医院	私立	综合各科	120	130	16	—
陈谟儿科疗养院	私立	产妇、小儿科	—	30	2	—
广东医院	私立	内科、产科	—	150	12	—
东南医院	私立	内、外、小儿、产妇、花柳、眼耳鼻、理疗、皮肤、喉各科	9	224	40	—
中国疯病疗养院	私立	内科、精神病科	23	140	16	—
体仁医院	私立	内、外各科	27	65	5	—
小东门南洋医院	私立	内、外、小儿、产妇、眼耳鼻喉、皮肤、花柳、戒烟各科	18	60	18	—
虹桥疗养院	私立	内科	40	50	9	—
生生医院	私立	内、外、产妇科	15	37	2	—

续　表

医院名称	类别	设有科部别	病室数	病床数	护士数	备注
克美医院	私立	内、外、产妇、小儿、花柳、耳鼻喉、戒烟各科	12	28	2	—
沪南平民产科医院	私立	产妇、小儿兼治内、外各科	4	11	7	—
延泽医院	私立	内、外、小儿、产妇、眼耳鼻喉、皮肤、花柳、戒烟各科	24	20	2	—
南洋医院	私立	内、外、产妇各科	—	30	6	—

注：上海市对于诊所尚未举办登记。
资料来源：国民政府内政部编印：《卫生统计》，1938年，第64页。

除了社会上较为完备的现代儿童医疗体系之外，学校中的儿童所需医药品也是现代社会所具备的西式药品。1936年，上海市健康委员会对沪南六区的中小学生进行了体格检查，发现学生身体成长的缺点并进行矫治，出具一份《各校缺点矫治及急救药品材料表(按一百学生计)》，详见表2-3。

表2-3　1936年上海各校缺点矫治及急救药品材料表

中文	配制(%)	剂量	价格(元)	用法
酒精	75	40 cc	0.02	深度伤口及眼部均不宜用
松节油搽剂	—	40 cc	0.04	擦于皮肤表面
复方煤焦油洗剂	—	40 cc	0.04	擦于皮肤表面停留几分钟后用清水洗净
汞色素水	24	40 cc	0.10	以棉花棒蘸药涂伤处
碘酒	5	40 cc	0.15	同上
芳香氨醑	—	40 cc	0.01	蘸药于棉花上，置鼻内前嗅之
白兰地酒	—	40 cc	0.15	1—4 cc内服

续　表

中　文	配制(%)	剂　量	价格(元)	用　法
硼酸粉	—	20 gm	0.06	洒于腐烂皮肤上
硼酸软膏	10	20 gm	0.01	涂于伤口
硫酸软膏	10	20 gm	0.002	治疥
氯化氨基汞	5	20 gm	0.002	涂于脓包疮上
硫酸铜笔	—	1 支	0.15	擦沙眼
高锰酸钾片	—	12 料	0.02	消毒
鞣酸软膏	—	20 gm	0.04	治皮癣
橡皮膏	—	15 公分	0.05	撕或狭条粘贴
纱布	—	2 包	0.025	敷料至皮肤上
棉花	—	2 包	0.23	同上
卷布	—	4 个	0.20	包扎
棉花棒	—	1 包	0.02	敷料至皮肤上

注：上列药品是按一百学生计，各校可视学生多寡而增减分量。

同时还规定了这些药品的供给办法：

（1）每校以一百学生起计，每学期由健委会免费供给价值二元之缺点矫治急救药品材料费，每增一百学生，加供给六角，其不足一百之数，超过二十者按五十计算，超过八十者按一百计算，余类推。倘有超过所规定缺点矫治急救药品材料费，在健委会经济困难现状下，暂由各校自行担负。

（2）各校缺点矫治急救药品材料，须由校方派专人负责保管。

（3）各校缺点矫治急救材料限于当场使用，绝对禁止给予。

（4）各校缺点矫治急救材料自该校卫生队成立之日起开始供给。

（5）各校缺点矫治急救材料自该校开始施行矫治之日起开始供给。

(6) 各校缺点矫治急救材料之补充,由本会主管该校之护士随时检查,遇有用尽者,即行补充,不得由各校随便要求发给。

附注:以三万学生计,按此原则供给缺点矫治急救材料,大概每年约需六百余元。

资料来源:《上海市健康委员会送交上海市社会局文件》,上海市档案馆,Q6-18-423。

从表2-3中我们可以发现,这些药品都是西药且价格便宜,意在使儿童能普遍使用西药矫治身体病患;其中外伤用药较多,这符合儿童活泼好动,容易产生外伤的特点;药品的保管监督也是极其严格,作为未来城市建设的接班人,儿童切实得到政府的注重,务求将药品用于儿童,使儿童真正得到矫治缺点的机会。

二、儿童医疗卫生的发展变迁

(一)1927—1932年为第一阶段,以政府督导为主,儿童卫生运动主要在中小学校进行

儿童健康与儿童卫生事业是上海现代化建设的一部分,1927年7月7日上海特别市政府成立以后,专设学校卫生实施机构。1925年,由淞沪商埠卫生局改组而成的卫生局,于环境卫生科下特设学校卫生股,首次明确把学校卫生纳入工作范围,但"经费支细,人员不敷分配"①,并未开展系统工作。真正付诸实践是1929年学校卫生初期实施计划的推行。

1929年2月,国民政府卫生署基于"世界各国卫生行政进步甚速,吾国于北伐成功之后,始注意及此,甚应急起直追,固无待言"的急迫感,及对卫生强国的期望,召开市卫生行政会议,拟在全国办理公共卫生。会上明确要求上海、南京等特别市能率先举办各项卫生事宜,"为全国的楷模",这就为学校卫生在上海华界的实施营造良好的氛围。学校卫生被视为"民族自强的根本办法",因此,积极联络教育部"指派人员并延聘专家会议进行办法",制定《学校卫生实施方案》。1929年

---

① 《市校卫生初期实施计划》,载《申报》1929年3月25日。

2月,卫生部将《学校卫生实施方案》作为文件单册发行全国,要求地方政府依各地情形办理。

1929年,上海市政府以"卫生部十八年二月颁发之'学校卫生实施方案'为工作之标准"制订详细计划,3月,上海市卫生、教育两局制定学校卫生初期实施计划,此计划实施的学校为14所,后又增加育德、唐湾、旦华、松雪、养正、南薰6校。10月份由于务本女中缺乏合作,被停止学校卫生工作。因此实际学校数为19所(1931年达到20所),学生数10710人,由3名医师、1名护士长、4名护士、2名牙医组成一个团队来推进此项工作①。4月,教育、卫生两部召开学校卫生教育会议,通过《关于造就学校卫生人才案》《教育与卫生两机关应如何合作案》《关于学校卫生经费之规定》《关于学校卫生标准案》及《关于卫生部所提学校卫生案》等,成为推行学校卫生的依据。

1929年7月2日至8月17日,教育、卫生两部在上海南市西成小学召开暑期卫生教育讲习会,本着"教育无卫生不能称其为教育,卫生无教育不能期收速效"②的共识,对来自各省市的教育行政人员、中小学教职员等40余人进行了卫生科目的培训。由教育界、卫生界的专家,如梅贻琳、刘瑞恒、胡鸿基、陈鹤琴、李廷安等讲授卫生教育学、健康要义与体格检查、卫生习惯与个人卫生、营养要义、学校卫生设备、儿童传染病及其预防、微菌学、免疫学要义及公共卫生等课程。讲习会作为中央教育和卫生行政当局推进学校卫生的第一次结合,有重要意义,并产生积极影响。

1928—1937年间,上海市政府共举办了16届卫生运动(第8、10、11届因"一·二八"淞沪抗战未能举办),1928—1932年间每年举办两次,1933年后每年举办一次,卫生运动中设有儿童卫生与儿童健康的宣传活动。一系列实施儿童卫生方案调动了人们对儿童健康与儿童卫生的热情,1932年12月9日,教育局主办的首届学校卫生训练班,因实到人数超过预期,会场不能容纳,不得不更换地点,反映了教师参与的热情③。这期间也有社会组织的儿童卫生活动,中华慈幼协济会"为提倡慈幼事业,促进儿童幸福起见"于1929年12月7—10日在四川路上海青年会举行

---

① 上海市档案馆,U1-16-295。
② 《卫教讲会及市暑讲会开幕》,载《申报》1929年7月23日。
③ 《沪南区学校卫生训练班迁址》,载《申报》1932年12月11日。

慈幼运动大会四天,"其目的在求社会人士明了慈幼事业实与国家建设途径上有密切之关系,凡我国人,使其有特别注重之感悟,而后慈幼事业方有扩展之希望"。设定"第一日为儿童卫生日,第二日为儿童抚养日,第三日为儿童保障日,第四日为儿童教育日",在卫生日当天"上午九时到十二时半为儿童检验身体,下午二时至四时讨论孕妇卫生、学校卫生、婴儿卫生、公共卫生"①。但总体来看,儿童卫生活动主要集中在学校儿童。

尽管如此,学校儿童的卫生动员起到良好的效果,不仅在校生能够重视自身卫生,还能够带动周围的人注重卫生。学校举办的卫生活动往往具有辐射作用,如举办卫生成绩展览会,附带进行游艺表演等。张知清同学曾经在茶馆门前,站在高高的凳子上演讲:"若没有强壮的身体、健全的精神,怎么能够去抵抗帝国主义?并且,我们常被外国人认为是'东亚病夫',这是多么可耻啊!所以,我们要救国,先要强壮自己的身体,先要注意卫生。"②

1927—1932年,上海政府积极谋求儿童的卫生健康事业,通过对儿童卫生的动员实现对于儿童的日常生活的现代性的控制与规劝,成为上海政府加强对儿童社会控制的正当理由,也是上海社会引导儿童现代文明生活的策略之一,借此也传播和强化了儿童作为城市建设接班人所应具备的健康体质。在政府号召之下,社会各阶层都注意到健康对于城市建设者的重要性,积极投身于儿童卫生运动之中。

(二) 1933—1937年为第二阶段,社会积极响应,儿童卫生运动扩展到全社会

1933年以后,随着儿童节、儿童年③的设置,社会对儿童的关注达到前所未有的高度,政府、社会、家庭和个人都认识到儿童是未来城市建设的主力军,是上海前进的动力,儿童健康关系到上海城市的发展壮大,各界都表现出对儿童健康的关注。

拥有健康的体格和心理对于儿童的成长至为重要,孔祥熙十分看重儿童的健康问题,他曾谈道:"健康是造就儿童的资本,有健康的身体,才有灵敏的脑筋,若是

---

① 《慈幼运动大会》,上海市档案馆,Q114-1-26。
② 徐学文:《儿童卫生故事》,儿童书局1933年版,第72页。
③ 有关儿童节、儿童年详见本书第五章。

身体羸弱,虽有超群出众的智慧,也无从发展使用的。环视吾国的儿童,先天不足,后天摧残,食无一定时候,衣无一定支配,睡无准确计算,玩无正常设备,黑垢腻泥手涂足,拾污而食,忍寒而啼。凡此种种,均是造成病夫的恶势力,那里去找健康的儿童呢,既无健康的儿童,又哪里去找健全的民族呢?所以我们要联合大家起来提倡儿童卫生!"①1928年他倡导成立中华慈幼协会,推广儿童卫生工作。

为宣传儿童卫生,中华慈幼协会经常采取卫生运动或竞赛的方式,以扩大社会影响。1931年6月19日至24日,中华慈幼协济会举办儿童卫生运动,组织两千余名儿童在闸北、杨树浦区提苍蝇、蚊子、臭虫等模型灯游行,进行卫生宣传。"时当夏令,传染时疫之媒介,殆莫过于蝇,为蝇之生产率殊速,日来天气旋暖,正宜及时扑灭"②;1936年6月,中华慈幼协会和上海市卫生局合作,在闸北开展儿童健康运动,对儿童进行身体检查,举行儿童服装展览和儿童食物营养标准展览,4 452人参观展览,851名儿童获得免费沐浴,126名儿童进行疫苗接种,162名儿童进行反霍乱注射③。为难童提供医疗救助和防治工作,中华慈幼协会为上海的渭兴楼、正大楼、月明楼、鸿运楼、国际第二收容所、慈善联合会第十七、二十一、四十、一二二等难民收容所中的难童布种疫苗和防治疾病。

社会上各种儿童健康比赛、儿童健康营等因势而起。上海县民众健康教育馆为提倡儿童健康起见,1929年11月28日发起全县第一次儿童健康比赛大会,"宣传儿童卫生法及育儿法,除聘请名医评判,名人演讲及分增奖品外,复有上海各乳品公司届时当场分送奶粉"④。第一届儿童健康营之发起,中国预防痨病协会、儿童幸福会、儿童晨报社三团体的参与起了重要作用,三机关各出200元及部分人员赴营工作⑤,使儿童健康营也得以顺利举行。其后参加团体逐年增加,第二届为19个,到第三届举行之时,参加团体已达到40多个⑥。健康营开办期间,各团体积极参与对儿童卫生习惯的培养,如第一届儿童健康营,就儿童用的牙膏、牙刷的不适用问题,家庭工业社齿科医院医师顾海陵、苏杰郎来营分赠牙刷、牙粉、漱口水,训

---

① 《慈幼运动大会宣言》,上海市档案馆,U133-0-136。
② 《儿童卫生运动》,载《申报》1931年6月19日。
③ Chapei child Health Campaign, *The Chinese Mission Year Book*, 1936-1937, p.280.
④ 《全县儿童健康比赛会》,载《申报》1929年11月21日。
⑤ 《上海市的儿童健康营(四)》,载《申报》1934年8月25日。
⑥ 《本市儿童假期健康促进会成立》,载《申报》1935年5月29日。

练儿童刷牙方法,并赠各家长口腔卫生书一册,从事提倡;食物营养方面则由欧美公司惠赠苏祖斐著的《儿童营养》一书,转送家长,以便仿此实行①。儿童也踊跃参加健康营,"他们的家庭,以工商者最多,次学界,再次医界,报界法界也占相当数目,家庭状况都在中产阶级以上"。

同时学校卫生继续发展壮大,起初学校卫生"因经费及人员所限,先在6个市立小学内试办。其时受益学生仅三千人,至1929年4月增加到14所,受益学生才增至七千人。是年秋季开学,再增6校,受益学生为11 500人。嗣因'一·二八'后,暂行停顿。至1932年11月,由教育卫生两局共谋恢复,并将校数扩大到58所,受益学生达2.5千人"②。"自入夏以来,卫生当局积极防疫,全市学校均经市卫生局派员前往注射"③。学校卫生方面,自1936年9月至1937年8月,健康检查94 734人,缺点矫治69 777人,矫治总数140 008人,种痘104 118人,伤寒预防30 556人,白喉预防注射7 751人,卫生谈话226 212人,患传染病372人,施行隔离371人,疾病总数52 548人,疾病诊治总数54 491人,访视4 172人,环境卫生视察3 285人。④ 学校卫生运动举办得卓有成效。

青年会1936年的卫生运动,本着"儿童为将来之主人翁,注意儿童卫生,实为复兴民族之根本工作"⑤的宗旨而举办。1936年中国卫生教育社的第一届年会特刊中,认为卫生教育"实在与国家前途民族存亡有绝大关系,所以要积极提倡"⑥。这些儿童卫生运动的起点均在于儿童是国家未来的主人,儿童卫生是复兴民族之关键。

三、社会转型期儿童卫生的不平衡发展

(一) 上海城市对儿童卫生采取积极态度并有初步成效

儿童是上海未来的生力军,城市对儿童卫生给予特别关注。先来看一组对比

---

① 《上海市的儿童健康营》,载《申报》1934年8月25日。
② 李廷安:《上海市之公共卫生行政》,载《卫生月刊》第4卷第1期,第24页。
③ 《防疫运动工作紧张,市卫生局积极防疫》,载《申报》1935年7月12日。
④ 上海市卫生局编印:《上海卫生》1947年第1卷第2、3期合刊,第18页。
⑤ 《青年会儿童健康运动周开幕》,载《申报》1936年6月15日。
⑥ 《中国卫生教育社第一届年会特刊》,载《申报》1936年7月10日。

数据:1931年、1932年、1933年上海市居民死因中,死于初生虚弱及早产的人数分别为49人、20人、63人,共计132人,同期南京死于初生虚弱及早产的人数分别为239人、48人、23人,共计310人;民国二十一年、二十二年北平死于初生虚弱及早产的人数分别为452人和300人,共计752人。①

从表2-4中可以看出,在三个城市中,上海的儿童死亡率较低,上海在儿童卫生方面是走在全国前列的。通过一系列儿童卫生运动、儿童健康比赛、免费布种疫苗等活动,大幅度提升了上海儿童的身体素质,这是社会进步的体现,同时搞好儿童卫生工作,增强儿童体质,这也是社会对未来城市建设者的基本要求。

表2-4 1932—1933年南京、上海、北平死亡儿童统计比较表

年 龄	南 京		上 海		北 平		城市历年平均	
	人数(人)	百分率(%)	人数(人)	百分率(%)	人数(人)	百分率(%)	人数(人)	百分率(%)
1岁以下	2 948	16.3	2 558	9.2	1 602	2.8	9 598	9.5
1—4岁	4 146	22.9	4 866	16.7	14 026	24.2	17 523	17.4
5—14岁	1 217	6.7	2 156	7.7	5 095	8.8	7 860	7.8

资料来源:国民政府主计处统计局:《中华民国统计提要》(民国二十四年辑),第387—389页。

从表2-5中可以发现,儿童布种牛痘者远远多于成人,一方面是成人免疫力较儿童强,另一方面则通过报刊、广播、标语等提倡儿童接种牛痘。"出天花痘和发痧子,这两种是最普遍而又危险的'孩子病',种牛痘是一种最安全最有效的预防。城市里的卫生局,乡镇上的民众教育馆和慈善机关,大概都是施种牛痘的。小朋友们,尤其是住在穷乡僻壤,生了病请不到好医生的小朋友们!快种牛痘去,以前种过的现在再种,没有种过的现在快种"②。呼吁儿童尤其是社会下层儿童,卫生状况堪忧的儿童接种牛痘,反映了人们对儿童卫生、儿童健康的关注。

---

① 国民政府主计处统计局:《中华民国统计提要》(民国二十四年辑)编者1935年印,第379—381页。

② 《快种牛痘》,载申报儿童专刊社:《儿童之友》(第一集),申报馆1935年版,第352页。

表 2-5　1927 年 10 月—1928 年 5 月上海特别市政府卫生局布种牛痘人数统计表

单位：人

日　期		成　年		儿　童		总　计
		初种	复种	初种	复种	—
1927 年	10 月	—	—	—	52	
	11 月	14	183	1 965	6 049	8 211
	12 月	7	35	351	3 973	4 366
1928 年	1 月	10	90	396	178	674
	2 月	8	315	847	3 462	4 632
	3 月	18	341	4 814	23 398	28 571
	4 月	355	828	2 953	13 569	17 705
	5 月	—	—	389	2 531	2 920
总　计		412	1 792	11 715	53 212	67 131

资料来源：上海特别市政府秘书处：《市政统计概要》，编者 1928 年出版，第 143 页。

（二）中上层家庭中儿童卫生运动的开展明显优于下层家庭

"家庭是社会组织的基本，儿童是家庭之宝，是家庭幸福的基础，儿童是否健全，足以决定一个家庭的命运，所以儿童保护，又是增进家庭的幸福，在家庭的功用上，也自有其必要"[1]。社会中上阶层家庭尤其重视儿童的卫生，有的上层家庭"家中孩子多，洗衣搞卫生，光女仆就需八个"[2]；上海市卫生所还曾特地检查上层家庭中乳妈的卫生，防止携带病菌者将疾病传染给孩童[3]；再者，学校卫生工作开展较早，而能入学的孩子多数属于中上层家庭，学校和卫生局等部门定期检查学生身体并对有缺陷的儿童进行矫治，态度积极并取得一定成效。

---

[1]　钱弗公：《儿童保护》，商务印书馆 1937 年版，第 3—4 页。
[2]　程乃珊：《上海先生》，文汇出版社 2008 年版，第 94 页。
[3]　《卫生月刊》1935 年第 5 卷第 1—2 期合订本，第 69 页。

表2-6 1934年3月—1935年6月上海各校学生身体缺陷统计表

缺陷项目	视力	听力	砂眼	牙齿	扁桃腺	营养	皮肤	心	肺	其他
数量(人)	1 158	471	9 908	9 570	5 669	1 436	246	550	148	145
百分比(%)	7.2	2.9	62.6	60.4	35.8	9.0	1.5	3.4	0.9	0.9
备注	共检查学生15 814人，无缺点者1 135人									

资料来源：上海市卫生局：《卫生月刊》1937年第7卷第1期，第10页。

表2-7 1934年3月—1935年6月上海各校学生缺陷矫治统计表

缺陷种类		视力	砂眼	皮肤	牙齿	扁桃腺
矫正数(人)		56	725	35	311	62
缺陷数(人)	两个以上缺陷数	440	—	—	—	—
	总数	1 153	9 908	246	9 570	5 669
百分比(%)		12.7	7.3	14.2	3.2	2.8

资料来源：上海市卫生局：《卫生月刊》1937年第7卷第1期，第11页。

而在社会下层家庭中，儿童卫生的状况依然堪忧。"棚户区的死亡率特别高，尤其是婴孩儿童们。在一些僻静的巷，河滨，随时可以发现破蒲团包着死孩子，有时更可以看见被野狗撕抢得血肉模糊的惨象。医院、卫生所、诊疗所，都是他们少有机会享受得到的宝贝玩意，他们只有听天由命，靠自己的体力和神灵的保佑，战战兢兢，过着近死亡边缘的日子"①。童工因"智识的低陋，经验的浅薄，和技术的不纯熟"，经常受到工伤的困扰，"1935年一年中，上海工厂共发生工厂灾害2 254次，占同年全国工厂灾害发生总数的84.89%；死亡325人，占死亡总数的21.58%；受伤2 496人，占受伤总人数的60.54%；伤亡总数2 821人，占伤亡总数的50.10%"②。

---

① 屠诗聘：《上海市大观》(下)，中国图书杂志公司1948年版，第6页。
② 国际劳工局中国分局：《二十四年中国工业灾害统计》，载《国际劳工通讯》第17号，1936年2月，第5—9页。

"在每个月平均一百件劳工伤害事件中,十分之二以上,是属于童工"①。下层家庭中的家长由于文化水平低下,未能意识到儿童卫生的重要性,家长之消极态度尤其表现在家庭访视上,护士家访劝说家长对学生的视力进行矫治,家长们会认为穿着制服的护士们是眼镜公司的推销小姐,因此难以准许治疗②。

还有不少流浪儿童由于携带传染性病菌而危及公共卫生,据《上海市救济难民难童收容所的过去与未来》记载,不少乞丐患有疾病,"小孩子普遍患沙眼,皮肤病……多数有肠胃病,心脏病,肺结核……"③很多带有传染性,危及公关卫生。

尽管也有一些义诊活动,1936年6月,家庭工业社儿童齿科院为儿童全日送诊:"六月六日蛀牙防治日,家庭工业社儿童齿科院全日送诊,蛀牙于儿童身体健康关系密切,本院因鉴于斯特定六月六日为蛀牙预防日,以资宣传并于六日送诊一天,积极检查口腔一天。"④竹枝词中也有过"局开牛痘济贫儿"⑤的记载,但对于繁多的社会下层儿童来说,无异于杯水车薪。

儿童卫生不仅关系儿童自身的成长发育,而且关乎未来城市的健康发展,在上海社会转型期间,儿童被视为城市未来的建设者,人们对儿童卫生表现出较大的热情。然而,由于上海各个阶层之间经济、教育等发展不平衡,儿童卫生的开展也呈现不平衡的现象,中上层家庭中儿童卫生工作开展较好,社会下层家庭中则无暇、无力进行儿童卫生工作,这就为这部分儿童以后的人生发展埋下隐患,给上海城市遗留了不健全的生产力,甚至将继续影响这些儿童的下一代。从长远来看,城市要取得可持续发展,需要继续开展儿童卫生工作以确保未来城市的主人公积极健康地从事城市建设活动。

---

① 冯若谷:《上海童工女工之生活状况》,载《劳工》第5卷第11、12期合刊,劳工月刊社1936年版,第3页。
② 上海市档案馆,U1-16-295。
③ 周祖望:《上海市救济难民难童收容所的过去与未来》,载《社会月刊》1947年第2卷第1期,第82—85页。
④ 《申报》1936年6月6日。
⑤ 留月主人:《沪城口占仿竹枝词》,载顾炳权编:《上海洋场竹枝词》,上海书店出版社1996年版,第391页。

第三章　生存与发展：1927—1937年上海儿童的消费

由于上海现代工商业和服务业的发展，工资成为一种新型分配制度和居民消费的前提基础，一些家庭经济窘迫的儿童沦为童工，从事体力劳动以换取微薄的工资来赡养家庭。童工消费从属于其家庭消费，主要集中在以满足温饱为目标的食品等领域，教育和娱乐等发展性和享受性消费所占份额较少，但反映出童工日常消费中的现代取向，上海大量童工的存在以及他们的收入与消费都和这一时期上海城市从传统到现代的社会转型密切相关。以《申报》为代表的大众媒介刊登了许多有关儿童用品的广告，涉及儿童日常生活的方方面面，不仅反映了当时上海城市为儿童提供的生活环境，而且传达了对儿童健康成长的殷切期望，促进了当时上海儿童日常生活习惯、方式与观念的现代转型。

第一节　家庭收入与儿童消费

"家庭消费水平和方式的变化显示出生活方式的变革。家庭消费是指家庭对各种精神产品、物质产品和服务的实际消耗，它是家庭存在和发展的必要前提"①。上海居，大不易，社会转型造成生活成本大幅提升和生活节奏加快，许多人把孩子放在乡下抚养，成年人独自在上海生活已属不易，夫妻双方养育子女更是难上加难，以至于20世纪30年代就有人提出"在生子女之前应先问经济的实力怎样"②。

---

① 邓伟志、徐榕：《家庭社会学》，中国社会科学出版社2001年版，第106页。
② 凌以安：《给儿童父母的一封公开的信》，载《现代父母》第2卷第1期，中华慈幼协会1934年发行，第26页。

一、家庭收入

(一) 家庭收入主要来自第二产业和第三产业的工资,部分家庭中的儿童参加劳动,获得工资

"收入是消费生活的源泉。只有有了稳定的收入来源,家庭生活消费才有基础,因为家庭的消费行为要受到家庭经济支付能力的限制"[①]。前文已述及,到20世纪20—30年代,上海人力资源配置已发生极大变化,第一产业日益萎缩,农业人口比例只占到10%左右;与此相对应的则是第二、三产业的迅猛发展,第二产业从业人口占20%左右,第三产业及与之相关的杂业、无业人员所占比例更是高达50%有余,现代化的多元发展打破了传统单一的职业结构,市民就业范围扩大,工人、商人、职员、各种服务人员等成为上海城市居民的主体。对于绝大多数上海居民来说,其日常收入主要来自劳动所得,即资本主义生产关系下劳动力的货币价值——工资。由于现代工矿交通事业的发展和劳动生产力的提高,近代中国的国民收入分配朝着有利于劳动者的方向发展,劳动所得在全部所得中所占份额具有逐步增加的趋势[②]。由于上海市民的就业范围主要集中在第二、三产业,社会对熟练工人和技术人员的需求也主要集中在非农产业。在社会转型和上海城市建设中,许多家庭对儿童的培养也是顺应时代潮流,从实际出发,使儿童获得相应的生产生活知识。在下层家庭中,由于家庭经济状况的窘迫,他们的孩子过早地走入社会,从事童工或者别的服务行业,换取小钱,以补贴家用。

表3-1中,6个工人家庭在外做工的子女年龄集中在11岁至14岁之间,儿童获得工资,也有其劳动力价值的货币体现,子女收入在整个家庭收入中所占份额最高达31.2%,子女收入是家庭的经济支柱之一,离开了儿童的做工所得,家庭便要入不敷出;甚至在一些经济条件更困苦的家庭中,儿童收入是家庭经济的唯一来源。1936年《妇女生活》第2卷第1期中的文章——《负着生活重担的小姑娘》描述了一个失去父亲,靠卖豆腐干养活母亲和弟弟妹妹,十二岁便担负起全部

---

① 邓伟志、徐榕:《家庭社会学》,中国社会科学出版社2001年版,第107页。
② 张东刚:《总需求的变动趋势与近代中国经济发展》,高等教育出版社1997年版,第15—17页。

家庭生活重担的小姑娘①。还有一些儿童在童稚时期去做学徒:"学徒是没有工资的,资本家只给他饭吃。如果中途离厂,还要向学徒追回几年的饭费,正因为基本上是无偿劳动,资本家尽量多采用学徒,并尽量多延长学徒年限……"②但即便是没有工资的学徒,对下层家庭而言,可以减少一张嗷嗷待哺的嘴,又可以让子女学习手艺,家长们也是很乐意的。在这些家庭中,儿童的生活重心是劳动,他们的家长多是工人,从事技术含量低的工作,或者苦力等职业,家长自身的文化素养和教育程度极低,工资极其有限,乐意把子女送入工厂来增加家庭收入,甚至谎报子女年龄来换取入厂资格,儿童进行劳动,有一定的经济收入,按理说生活状况应该好一些,然而,这些沦为童工的儿童,多来自上海下层家庭,其家庭经济的困窘迫使他们放弃接受教育而进行体力劳动,体力劳动的工资微薄,因而他们的生活质量不高,而无法读书又造成了这些儿童不可能从事脑力劳动,形成"生活困苦——从事体力劳动——失去教育机会——从事体力劳动——生活困苦"的恶性循环。

表3-1　1929年上海六个工人家庭中子女收入的总数和百分数表

家庭收入总数(元)	子女年龄(扣足计算)	家庭工资总数(元)	子女工资数(元)	子女工资与家庭工资的百分数(%)	家庭亏短数或盈余数(元)
331.00	13	296.20	86.10	29.0	−13.72
402.00	13	366.12	81.60	22.2	15.67
	11		78.95	21.6	15.67
453.10	14	418.10	130.80	31.2	76.78
	12		126.80	30.1	76.78
765.80	13	657.80	41.36	6.2	56.85
815.33	11	678.33	34.95	5.1	−29.23

---

① 芝瑛:《负着生活重担的小姑娘》,载《妇女生活》第2卷第1期,生活书店1936年版,第187—188页。
② 《旧中国的资本主义关系》编写组:《旧中国的资本主义关系》,人民出版社1977年版,第155页。

续　表

家庭收入总数(元)	子女年龄(扣足计算)	家庭工资总数(元)	子女工资数(元)	子女工资与家庭工资的百分数(%)	家庭亏短数或盈余数(元)
893.52	13	720.52	91.56	12.6	110.08
平均数	12.50	—	84.01	19.7	36.07

资料来源：丁同力、周世述：《上海工厂工人之生活程度》，载李文海主编：《民国时期社会调查丛编·城市(劳工)生活卷(上)》，福建教育出版社2005年版，第237页。

在上海社会转型初期，由于现代工商业和服务业的发展，家庭收入主要依靠劳动所得——工资，下层家庭中的儿童也出卖自己的劳动力，获取工资，虽然童工使资本家获得高额利润，在一定程度上满足了上海对廉价劳动力的需求和家庭以及儿童自身消费，但从长远来看，对儿童自身发展是不利的，也为城市日后的发展埋下隐患。

(二) 家庭收入的差异较大，儿童消费的差异也大

由于社会的分化和对资源的占有与分配的不公，中国城市居民的生活水平出现巨大的差异，而城市富有阶层，拥有巨额财富，生活质量较高甚至奢侈；城市普通居民的生活水平一直处于维持生存的低下状况，工资收入的低下，束缚了他们对生活的合理要求，下层家庭中的儿童难以满足成长中的各类消费。

脑力劳动者工资高于体力劳动者收入。据上海市社会局十八年工厂的工资率调查，各业男工的每小时平均工资为七分三厘，女工为四分四厘，童工三分四厘，假使以每日八小时计算，男工每日平均的工资为五角八分四厘，女工为三角五分二厘，童工为二角七分二厘。又假使每月以三十日计算，男工每月的工资平均为十七元五角二分，女工为十元五角六分，童工为八元一角六厘[①]。1930年上海男工每月工资最高为50元，一般为15.3元，最低为8.0元，女工每月工资最高为24.0元，一般为12.5元，最低为7.0元，童工每月工资最高为21.0元，一般为8.7元，最低为5.0元[②]。可以看出女工收入低于男工，童工收入又低于女工。城市中的苦力收入

---

① 《复旦大学社会学系半月刊》1931年第2卷第10期，第41页。
② 国民政府主计处统计局编：《中华民国统计提要》(民国二十四年辑)，编者1935年印，第277页。

更低且没有保障,"江北农民生殖率比江南高,失业者众。无田可种之壮丁,即奔往镇江、苏州、上海一带作苦工与拉车……据调查者之观察,车夫所食,大都为粥为菜根,所著为褴褛之衣,所住为潮湿草房。至于诉讼、装饰、礼物等费,无所措手,教育、娱乐等费,更为梦想。偶有不幸患病有,生活立即发生问题,故车夫之子孙,大多做拾荒工作,或作街头小乞。如其所入不敷缴纳租价,三日之外,便不能继续租车为活。即使不生病,不逢其他额外开支,只三日生意清淡,收入不够缴纳租金,被等即有讨饭之危险!"①

相对工人和苦力,职员的收入较高,旧式商店中的中等职员月薪约30元,一般店员仅10—20元②;而英电公司中高级职员在60—300元之间,领班职员50—120元之间,连写字间中听电话者也有60—90元③。相对职员,资本家或买办的收入更高,花旗银行买办吴培初20世纪30年代仅一笔地产生意即赚了60万元④。另有资料表明,一个熟练技术工人的工资,大约只相当于小学教师的2/3,最低级文官的一半,大学教授的十几分之一,脑力劳动者工资明显高于体力劳动者。

家庭收入差异大导致儿童消费差异大。在上层社会家庭中,丝绒做的"秀兰邓波儿"洋囡囡,在1931年时卖52元一只,永安很快就卖完了;而对于下层民众来讲,32元是一家人一个月的生活费用。36岁的人力车夫史芝林来自盐城,妻子在同兴纱厂做工,每月能挣14元。6个孩子很健康,而且能干活增加家庭收入。14岁的大儿子在同兴纱厂做清洁工,每月10元;12岁的二儿子在怡和纱厂当扫地工,每月6元。8个人的口粮每月需要150斤米,用去15元。因此两个孩子的收入就足以解决全家的主食。这个家庭知道怎样节省每一分钱。小一点的孩子经常随母亲出去捡木柴,省下了烧火做饭用的柴钱。史芝林对前景很自信。他打算等孩子大了,除了四儿子,其他的都送到纱厂工作。因为四儿子聪明,所以希望送他去上学。⑤

---

① 《民国江苏省乡土志》,第363—364页,转引自池子华:《中国近代流民》,浙江人民出版社1996年版,第98页。
② 朱邦兴:《上海产业与上海职工》,上海人民出版社1984年版,第704页。
③ 朱邦兴:《上海产业与上海职工》,上海人民出版社1984年版,第246页。
④ 中国人民政治协商会议上海市委员会文史资料工作委员会编:《旧上海的外商与买办》,上海人民出版社1987年版,第95页。
⑤ 雷景敔:《上海杨树浦人力车夫调查》,转引自卢汉超:《霓虹灯外——20世纪初日常生活中的上海》,上海古籍出版社2004年版,第76页。

家庭经济由好变坏的张爱玲在幼年时是不需要因为钱发愁的,后来也无钱付给钢琴老师薪水,甚至因为钱而抵消了她对父母的爱。

到现在为止,我还是充分享受着自给的快乐的,也许因为这于我还是新鲜的事。我不能够忘记小时候怎样向父亲要钱去付钢琴老师的薪水。我立在烟铺跟前,许久,许久,得不到回答。后来我离开了父亲,跟着母亲住了。问母亲要钱,起初是亲切有味的事……可是后来,在她的窘境中三天两天伸手问她拿钱,为她的脾气磨难着,为自己的忘恩负义磨难着,那些琐屑的难堪,一点点的毁了我的爱。①

图 3-1 儿童捡拾马路上的香烟屁股,做卷烟卖给别人

图片来源:郑祖安:《老上海十字街头》,上海文艺出版社 2004 年版,第 138 页。

张爱玲说:"我喜欢钱,因为我没吃过钱的苦——小苦虽然经验到一些,和人家真吃过苦的比起来实在不算什么——不知道钱的坏处,只知道钱的好处。"②正因为她知道钱对于在上海生活的重要性,后来才努力凭一己之力"充分享受着自给的快乐"。

二、家庭中的儿童消费

(一) 遵循量入为出原则进行家庭消费规划,培养儿童节俭的消费意识

"家庭消费受到社会生产方式和生活方式的制约"③,在上海社会转型期,家庭

---

① 张爱玲:《童言无忌》,载余之编:《旧上海风情录》(上),文汇出版社 1998 年版,第 206—207 页。
② 张爱玲:《童言无忌》,载余之编:《旧上海风情录》(上),文汇出版社 1998 年版,第 205 页。
③ 邓伟志、徐榕:《家庭社会学》,中国社会科学出版社 2001 年版,第 107 页。

依靠工资等收入合理规划家庭消费;同时儿童被视为现代城市建设接班人,家庭围绕城市建设接班人所应必备的品质,认真规划、合理安排儿童的消费,让儿童获得物质、精神消费的平衡。

由于各种日常生活用品,如前文已论述的儿童衣食住行等在上海已走向市场,上海家庭的日用开支增大,面临前所未有的经济压力,如何维系家庭收支平衡并有所盈余是家庭中各项支出首要考虑的问题,量入为出、精打细算成为上海人的首选。"万百事业,大至国家,小至个人,都以经济为命脉,家庭间的经济,第一要着,当以量入为出,不致临时发生问题"①。这是城市居民在上海高压生活的磨炼中得出的经验总结,是资本主义新伦理所倡导的"勤"与"俭"在社会转型期城市生活中的体现,推动了上海的城市现代化进程。

儿童是未来城市建设的主力军,儿童的教育至关重要,多数人认为应该为儿童储蓄教育费用,"储蓄是一项必须注意的事,依照家里人的年岁及家长职业的稳固与否而定……如有将入学的儿童,知不久的将来这笔费用是不可避免的,就要多事储蓄"②。还有人提议让儿童自行管理储蓄金,以此来训练儿童成人后管理企业:"可以提倡储蓄,使他们计算利息等等,养成他企业心。如大东书局之家庭教育股,也就有这种意义。家长出了钱,购了股以后,就可以教他们自己管理。"③1936年,太平洋保险公司、中国保险公司、永安人寿保险公司、先施人寿保险公司、泰山保险公司、宁绍保险公司、华安合群保险公司七家保险公司联名以马寅初的建议为广告词,号召家庭为儿童购买教育金保险,大致内容约下:"马寅初博士建议:要使子女立足现代的社会,非有充分的教育不可,但是教育费实在是一笔巨数……爱护子女的父亲,就应该立刻采取子女教育金保险,使需要的时候,可以应付自如,丝毫不必忧虑,而子女可以受到相当的教育,打定自立的基础。"④上海市银行同业公会会员银行中国国货银行特别针对社会上对"现代父母"的呼声,提出"本行的零存整付储蓄,可以解决做现代父母的大问题,诸凡子女求学,婚嫁等费,有备无患"⑤。

家庭注重培养儿童的节俭和储蓄意识。"克勤克俭"是西方新教徒实业家的美

---

① 凌花:《家庭里的预算》,载《上海生活》1930年第3卷第12期,第70页。
② 凌花:《家庭里的预算》,载《上海生活》1930年第3卷第12期,第70页。
③ 蒋息岑:《家庭教育的实际》,大东书局1933年版,第101页。
④ 《申报》1936年12月1日。
⑤ 《现代父母》第4卷第9期,中华慈幼协会1936年发行,第47页。

德,这种美德同样出现在20世纪20—30年代上海实业家的身上,"儒林实业家"陈蝶仙创办家庭实业社,却严令家人和子女不得到家庭工业社支取钱财,所得利润除极少用于日常开销外,全部投入再生产①。这种节俭的美德也成为上海市民的一种消费观念,"那关于金钱没有适当的智识及习惯的人,无论做家庭里的人,和做社会上的人,都是不适当的"②。作为未来城市建设的主力军,儿童同样需要养成节俭的美德,"使儿女知道家庭的生计,支给定额零用钱,零用帐的记入"③。

1936年国华银行在申报上刊登了儿童储蓄的广告:"儿童闲食,糖果杂物,有害无益,不如将此费移存本行,例如每月存入一元三角四分,二十年后,便可得国币一千元,比较之下,其得失为何如乎,为家长者幸祈注意。"④意在将儿童的零食花销节省下来,日积月累,数目不菲,可为儿童以后的学习发展做充分准备。1937年儿童节前夕,又号召父母办理儿童储蓄:"替儿童开户储蓄,是庆祝儿童节的好办法,教儿童节俭储蓄,使儿童明白节俭的意义,使儿童了解储蓄的兴趣,都是为家长的重大责任!"⑤

儿童的培养不是一朝一夕完成的,对儿童消费观的教育也是经年累月积累的,儿童的消费观,是在父母日常消费行为、习惯、观念等耳濡目染之下渐渐形成的,在儿童消费观形成过程中,"要使儿童从小养成良好的消费习惯,树立正确的消费观,必须重视对儿童消费观的教育"⑥。家庭的勤俭节约与合理规划会对儿童的消费观产生重要影响。1935年,英商纽丝纶永安森林有限公司,以"十年树木,百年树人"为广告词,力荐家长为子女购买其公司证券:"阁下若为子女计,投资于森林证券,及子女长大成人,所投资之价值亦已增加,岂非树木树人同时并进乎?"其具体操作如下:一次付清25英镑(约国币330元),或三年半多的时间付清30英镑(约国币396元),森林公司划给投资者1英亩土地种植松树,约12年后,投资者可得250英镑(约国币3 300元),松树卖掉后还可继续种植。⑦ 投资330元可收回3 300元,而

---

① 魏明康等:《中国近代企业家传略》,上海人民出版社1989年版,第84—89页。
② 念远:《家庭的经济教育》,载《现代父母》第3卷第2期,中华慈幼协会1935年发行,第26页。
③ 念远:《家庭的经济教育》,载《现代父母》第3卷第2期,中华慈幼协会1935年发行,第26—28页。
④ 《申报》1936年4月3日。
⑤ 《申报》1937年4月1日。
⑥ 叶冬霞:《浅论家庭消费对儿童消费观的影响》,载《商场现代化》2008年8月下旬刊,第155页。
⑦ 《申报》1935年8月4日。

子女在此期间也可充分体会到储蓄的价值和意义,为他们成人后的消费规划提供借鉴。

(二) 儿童消费和家长所受教育关系密切

20世纪30年代,曾有人分析子女养育与家庭经济的关系,指出:"平民消耗之最甚者,莫过于生养子女。以中产之家言之,照附表极低限度计算,再加年利五厘累积计之,一子之用度,供养至十八岁,非五千余元不可造就一中学毕业之人。"①

从表3-2中可以看出,民国时期儿童的消费结构非常清晰:0—3岁主要是食品和医疗消费,3—6岁主要集中于食品和娱乐,7岁以后主要是教育培训消费。据这项估算,正常养育儿童从衣食住行到接受教育至18岁高级中学毕业,需要耗资5000多元;到14岁时,就已花费家庭近3000元,可见养育儿童成长成才的成本是极高的。

表3-2 20世纪30年代上海中产家庭之子女教育养费表   单位:元

年岁	一年用费	利加上利 (年利五厘)	逐年连利 (累积之数)	附 注
1	60.00	—	60.00	(一) 由母自喂奶者
2	60.00	3.00	123.00	(二) 累积数内不满一元之三零数不计利
3	72.00	6.15	201.15	—
4	84.00	10.05	295.20	—
5	96.00	14.75	405.95	—
6	120.00	20.25	546.20	—
7	144.00	27.30	717.50	7岁起入初级小学
8	180.00	35.85	933.35	—
9	200.00	46.65	1 180.00	—

① 《一个有趣的估计》,载《北平晨报·人口副刊》(第22期),1934年1月7日。

续表

年岁	一年用费	利加上利（年利五厘）	逐年连利（累积之数）	附 注
10	220.00	59.00	1 459.00	—
11	240.00	72.75	1 771.95	11岁入高级小学
12	260.00	88.55	2 120.50	12岁高级小学毕业
13	300.00	106.00	2 526.50	13岁入初级中学
14	320.00	126.30	2 972.80	—
15	340.00	148.60	3 461.40	—
16	360.00	173.05	3 994.45	16岁入高级中学
17	380.00	199.70	4 574.15	—
18	500.00	228.70	5 202.85	—

资料来源：《一个有趣的估计》，载《北平晨报·人口副刊》（第22期），1934年1月7日。

在上海城市转型中，儿童的消费结构渐趋合理，新的科学消费观得以初步确立。随着物质需要的不断满足和日渐改善，作为精神消费内容的享受性消费和发展性消费逐渐受到城市居民的重视，促进了科学合理的消费观的建立，家庭中用于儿童的消费开始从基本生存消费的满足逐步转向发展性消费和享受性消费的满足，从物质消费需要的满足转向精神消费需要的满足。

"消费支出水平与人均收入同步增长，同时城市化及与之相关的工作、生活方式的变化也是影响消费结构和水平的重要因素"①。儿童消费主要集中在温饱问题和医疗、娱乐、教育领域。在下层家庭中，家长文化程度低、收入低，满足孩子的温饱已属不易，因而对孩子的教育重视不够；儿童做工能赚钱，还能省去上学的钱，"儿童赚得小钱，可以买些糖果花生，小物玩具，这本是儿童之所欢迎者。假使儿童进了学校，不但不能赚钱，反要花钱；不但没有糖果花生可吃，小物玩具可玩，反而

---

① ［美］西蒙·库兹涅茨：《现代经济增长：速度、结构与扩展》，戴睿等译，北京经济学院出版社1989年版，第226—248页。

要受先生之责骂,这自然不是智慧未开,没有远虑的孩子之所欢迎"①。

在上海中上层家庭中,家长的文化程度较高,在满足儿童物质生活之外,重视儿童的教育娱乐。能够提出为儿童储蓄教育费用的多是现代知识分子或受过一定教育的职员,他们的收入不是非常之高,因而认为应该省去不必要的开支,为儿童储蓄教育费用,"儿童教育费——可节出生时之浮费,——如分送喜蛋等——及汤饼筵席,亲友贺仪之款,储蓄定期,作受高等教育之费,平时按年按月节若干,为受初等教育费"②。其余如大资本家的孩子均是锦衣玉食,留学海外;邮局中上层职员的子女"都能享受到中等以上教育"③。

第二节 童工的收入与消费

1927—1937年是上海社会转型狂飙突进的十年,随着农业的日益萎缩,工商业从业人口剧增,上海城市对廉价劳动力的渴求导致大量童工的存在。在剧烈的社会变革之中,上海社会生活的现代性愈益体现,包括人们日常生活的衣、食、住、行等各个方面。即便在家庭经济相对窘迫的童工的日常生活中,收入和消费也透露出诸多迥异于传统的现代特征。

一、童工的收入

以个体资格进入城市职业系统的童工大都来自上海贫民家庭或近郊的农村,他们的谋生手段在一定程度上与机器大生产相联系,以工厂发放的工资为主要生活来源。工厂属于一种现代科层制组织,具有相对现代严密的组织纪律和管理制度以及现代的人际关系等。工资是商品经济发展到雇佣劳动阶段的表现,童工的工资是其劳动力价值的货币表现,即儿童劳动力的价值。20世纪20—30年代,在社会转型高速期,上海城市亟须低廉的劳动力,大量儿童丧失教育机会,沦为童工,

---

① 陈振鹭:《劳动问题大纲》,大学书店1934年版,第97页。
② 怀圃:《生活问题之蠡测》,载《生活》第1卷第11期,1925年12月12日。
③ 朱邦兴等:《上海产业与上海职工》,上海人民出版社1980年版,第466页。

获取微薄工资以赡养家庭。

（一）相对于脑力劳动者和成年男女工人的工资，童工颇低

在上海，社会成员的工资等级烦琐，差距很大，从总体上看，脑力劳动者工资多于体力劳动者。比如：相对工人和苦力，职员的收入较高，旧式商店中的中等职员月薪约 30 元，一般店员仅 10—20 元①；而英电公司中高级职员在 60—300 元之间，领班职员 50—120 之间，连写字间中听电话者也有 60—90 元②。另有资料表明，一个熟练技术工人的工资，大约只相当于小学教师的 2/3，最低级文官的一半，大学教授的十几分之一，很明显脑力劳动者的工资明显高于体力劳动者的工资。在同一企业或单位中，复杂劳动工资高于简单劳动工资，职员工资高于工人工资，受教育程度高的工资高于受教育程度低的工资，管理人员和技术人员工资高于被管理人员和非技术人员的工资，这大致体现了现代社会按社会地位、社会贡献而占有不同比例的社会财富的分配原则。③

上海童工大多在纺织、印刷、化学、交通等领域从事体力劳动，尤其是原料加工业与劳动密集型行业如缫丝业、火柴业等。以纺织业为例，据调查上海纺织行业中，"粗纱间之女工，约在廿五岁左右，细纱间即在二十岁以下。织部之女工，年龄约在十二三岁至二十岁之间，卷丝间女工以十三四岁为多，经纱间女工以十四五岁为多。彼等收入，成年女工日 3 角 8 分至 4 角 2 分；幼年女工约 2 角 8 分至 3 角"④。可见幼年女工的日工资低于成年女工。究其原因：一方面，童工年龄小，受教育程度低或者从未接受教育，只能从事原料加工业与劳动密集型行业等技术含量非常低的体力劳动，且大多为简单的重复性体力劳动；另一方面，作为未成年人，童工的工作效率低于成年男工和女工，故而其工资低。

（二）相对于其他城市童工工资，上海童工工资略高

除了因职业和职位产生的收入差异外，地域也影响着工人的收入。1930 年，工商部对全国 9 省 29 市各业男工、女工和童工的每月工资进行了一次调查统计，不同城市的工人收入有着较大的差异，兹将童工工资部分内容摘录如下。

---

① 朱邦兴：《上海产业与上海职工》，上海人民出版社 1984 年版，第 704 页。
② 朱邦兴：《上海产业与上海职工》，上海人民出版社 1984 年版，第 246 页。
③ 忻平：《从上海发现历史——现代化进程中的上海人及其社会生活 1927—1937(修订版)》，上海大学出版社 2009 年版，第 244 页。
④ 清彬等：《第一次中国劳动年鉴》，北平和济印刷局 1928 年版，第 557 页。

表 3-3　1930 年不同城市童工月工资数目表　　　　　　单位：元

工资	上海	无锡	南通	苏州	镇江	南京	杭州	汉口	青岛	福州	平均
一般	8.7	10.5	8.6	9.0	10.5	7.5	5.1	4.5	10.0	8.0	7.5
最高	21.0	13.5	9.8	16.0	10.5	—	—	9.0	—	9.0	12.5
最低	5.0	9.0	4.4	3.0	2.0	—	3.0	—	3.0	—	4.0

资料来源：国民政府主计处统计局编：《中华民国统计提要(民国二十四年辑)》，编者印，1935 年，第 277 页。

综观表 3-3 中的童工工资，上海童工工资属于较高的，最高工资遥遥领先，一般工资和最低工资虽然低于某些城市，但高于全国平均数。一方面，上海高昂的生活成本造就了相对较高的工人工资；另一方面，这样的工资水平也的确使得上海工人生活水平略高于其他地区，在国内工人中走在前列。

（三）童工工资是其家庭收入的重要来源之一

在城市下层家庭中，由于经济状况的窘迫，下层家庭中的孩子过早地走入社会，从事童工或者别的服务行业，换取小钱，以补贴家用。如在中下层工人家庭中，工人从事体力劳动，工资较低，为了维持生计，要求家庭成员的充分就业，因此工人家庭中儿童接受教育的不多，进厂做童工的占到多数。

前文述及的上海 6 个工人家庭中，童工的收入是其家庭收入的重要来源，除此之外，1927 年，上海社会调查所以曹家渡为调查区域，以纺织工人家庭为对象进行跟踪调查，自 1927 年 11 月至 1928 年 10 月，整整一年时间，派专人前往这些纺织工人家庭中记账，后以 230 家工人家庭为例，调查工人的生活程度[1]。这些工人家庭平均人口为 4.67 人[2]。绝大多数家庭为 3—6 口之家，占到总数的 70.8%，家庭成员主要由父母和直系未成年子女组成。

表 3-4 中，家庭收入的月平均数 31.09 元，其中"夫"即成年男子的收入占家庭收入的第一位，平均占 43.5%；妻即成年女子的工资占 15.5%；直系未成

---

[1] 李文海主编：《民国时期社会调查丛编·城市(劳工)生活卷(上)》，福建教育出版社 2005 年版，第 248、251 页。
[2] 柯向峰：《现代人口问题》，正中书局 1934 年版，第 193 页。

年男子和女子的收入分别约占10％，即男女童工收入在整个家庭中所占比例高达20％。

表3-4 1927年11月—1928年10月上海230户工人家庭月平均收入表

单位：元

收入组	平均每家每月工资收入						工资收入总计
	夫	妻	子	女	其他男子	其他女子	
20元以下	13.43	1.64	0.25	0.64	0.33	0.30	16.59
20元—	12.11	5.41	2.49	1.84	1.15	0.30	24.11
30元—	15.20	5.21	3.55	4.32	2.81	2.30	33.40
40元—	15.09	7.30	4.55	5.95	4.30	5.49	42.69
50元—	20.25	4.63	7.99	7.10	6.91	11.69	58.56
各组合计	14.17	5.05	3.21	3.33	2.42	2.92	31.09

资料来源：李文海主编：《民国时期社会调查丛编·城市(劳工)生活卷(上)》，福建教育出版社2005年版，第265页。

上海下层家庭中的儿童出卖劳动力以获取工资，在一定程度上满足了上海工商业和服务业对廉价劳动力的需求以及这些家庭的日常消费。儿童入厂做工，有一定的经济收入，但是童工的工资并不完全归自己支配，童工的消费是从属于其家庭消费的，通过分析有童工存在的工人家庭中的消费数据，结合反映童工日常生活状况的资料，可以梳理出童工日常消费的结构特征。

二、童工的消费

(一) 童工消费从属于其家庭消费

按照消费的目的，人们的日常消费可以分为生存资料消费、发展资料消费和享受资料消费。生存资料消费主要用于满足人们基本生存需要的消费，如衣食住行等；发展资料消费主要用于满足人们自身所需要的消费，如教育等；享受资料消费主要指用于满足人们享受的消费资料;三者间比例的变化即消费结构的变化,能反映出一个社会或阶层的消费水平。收入高的家庭,生存资料消费在整个消费结构中所占比例低,发展资料消费和享受资料消费所占比例高也意味着生活文明程度的提高和人的现代性比例的增大。收入低的家庭则反之,生存性消费尤其是食物所占比重大,发展资料消费和享受资料消费所占比重小甚至没有。

童工的日常消费主要集中在食品、医疗、娱乐和教育领域,童工消费从属于其家庭消费。表3-5中,这些工人家庭每月支出的平均数为32.50元,比上海总平均收入31.09元略高出1.41元。食品费占56％,衣服费占9.4％,房租费占6.4％,燃料及灯光费占7.5％,杂费占20.6％。从中我们得出这样的印象:①食品等生存性消费所占比例高,这与恩格尔系数一致,即一个家庭收入越少,用于购买生存性食物的支出在家庭收入中所占的比重就越大。②杂费所占比例小,实际上,杂费包括医药、娱乐、教育、交通、社交等适应都市生活与人的发展的费用,可以反映家庭消费的现代性成分,工人家庭杂费开支少也说明其日常生活的现代性程度低。而随着家庭收入增高,五类费用的各自占比又发生了有规律的变化。

表3-5 1927年11月—1928年10月上海230户工人家庭生活费五大类之每月平均数及百分比表

项 目	平均每家每月费用(元)	百分比(％)
食品	18.21	56
衣服	3.06	9.4
房租	2.09	6.4
燃料及灯光	2.45	7.5
杂类	6.70	20.6
总计	32.50	100

资料来源:李文海主编:《民国时期社会调查丛编·城市(劳工)生活卷(上)》,福建教育出版社2005年版,第266页。

随着家庭收入的增高,食品费百分比持续低落,衣服费的百分比持续增高,房租费的百分比持续低落,燃料费的百分比持续低落,杂类费的百分比持续增高。即家庭收入越高,食品房租燃料等基本生活费用所占比例减少,家庭可以将更多的消费用于衣着和杂费等,由此而反映家庭现代化程度的消费比例也随之增高。需要注意的是,上述家庭中都有童工的存在,童工日常消费的总体特征也是以生存资料消费为主,发展资料消费和享受资料消费非常少,在家庭收入略高的家庭中,儿童消费中的现代性比例也有一定的提高。尽管调查没有显示专门的童工消费,但结合其他资料,可以分析出童工的基本消费结构。

(二)童工的基本消费结构

1. 生存性消费

生存资料是指补偿劳动者必要劳动消耗所必需的消费资料,是消费资料中的基础性层次。"家庭消费也具有马斯洛需求层次理论所概况的特点,它首先必须满足家庭的生存需要,然后才能进一步满足家庭享受和发展的需要"①。表3-6中所涉及的食品、衣服、房租、燃料均属生存性消费。

表3-6 1927年11月—1928年10月上海家庭生活费分类之每月平均数及百分比表

单位:%

收入组	食品	衣服	房租	燃料灯光	杂项	总计
20元以下	61.4	5.4	8.0	9.3	15.9	100.0
20元	58.0	8.2	7.1	8.0	18.7	100.0
30元	56.9	9.3	6.9	7.5	19.5	100.0
40元	54.6	10.5	5.9	6.8	22.2	100.0
50元以上	53.3	11.4	5.1	7.1	23.0	100.0
各组合计	56.6	9.2	6.5	7.6	20.1	100.0

资料来源:李文海主编:《民国时期社会调查丛编·城市(劳工)生活卷(上)》,福建教育出版社2005年版,第269页。

---

① 邓伟志、徐榕:《家庭社会学》,中国社会科学出版社2001年版,第107页。

工人家庭中生存性消费比重大,占到79.4%,其中又以食品支出比例为最多,高达56%,另据上海市社会局1935年对305户工人的调查,家庭中食物支出户年均241.54元,占53.2%。这与表3-6中的调查基本符合,其中米面占食物总费用的53.4%,豆类蔬菜占食物支出的17.5%,肉鱼禽蛋占16.5%,调味品支出占10.5%,其他费用占2.1%,以干果与水果为主①。纺织工厂中的童工"所食食品,不外大饼一类物品,仅足果腹而已"②。尽管童工日常食物中营养不足,但作为家庭未来的希望和父母生命的延续,子女的待遇稍稍好过父母,父母尽量给孩子以较有营养的食物。调查者走访杨树浦附近的一户农家时,家庭主妇正在给工厂做工的未成年女儿烹饪肉食:"肉价太贵,我自己是不吃的,我的女儿在工厂做工,她能够赚钱回家,所以我特别地优待她。"③

和北方一样,上海工人家庭饮食中的肉鱼禽蛋的比例所占较少,而在北方下层家庭中更是把腌菜作为主要家庭菜品,"腌白菜——白菜是最便宜的菜,腌白菜也是最经济而可口的小菜"④"腌芥菜、腌五香菜、腌生姜、腌糖蒜、腌萝卜干"⑤;从营养学角度来看,动物蛋白质为孩童成长发育提供脂肪、热量和各种微量元素,是童年阶段的重要营养来源。以米面为主、动物蛋白较少的不合理的饮食结构严重制约着工人家庭中儿童的身心成长。中华医学会研究发现上海童工的营养不良:"上海幼年工人膳食之质量有许多方面皆在标准条件之下,较其他各组工人膳食为劣。且其钙和磷之供给不足。工人膳食中之动物脂肪不足,动物蛋白质太少,且膳食中维他命A缺少70%,维他命B缺少百分之80%,维他命C缺少40%。工人之高度及体重与学生相比,明显表示彼等之营养不足。若与其他民族相比,似与锡兰及非洲疏食之热带民族相近。"⑥

2. 发展性消费

发展资料是指劳动力扩大再生产所必需的消费资料。要在上海获得生存发展,掌握一定的现代科技知识是必不可少的,越剧名家范瑞娟的亲戚在上海做女

---
① 上海市政府社会局编:《上海市工人生活程度》,中华书局1934年版,第28、81页。
② 王清彬等:《第一次中国劳动年鉴》,北平和济印刷局1928年版,第557页。
③ 《工业化对于农村生活之影响——上海杨树浦附近四村五十农家调查》,载上海市社会局编印:《社会半月刊》1934年第1卷第5期,第68页。
④ 《老太婆家庭之话》,百城书局1933年版,第33页。
⑤ 《老太婆家庭之话》,百城书局1933年版,第34—35页。
⑥ 程海峰:《我国工人之工作效率》,载《国际劳工通讯》第5卷第3期,第18页。

工,范瑞娟小时候她父母打算让她也跟去,为此还特意读了两年多书①。儿童需要接受现代教育以实现个人的全面发展,据统计,工人家庭中儿童的入学率低。1927年市立小学学生中来自工人家庭的有22.7%,社会调查所对230户工人家庭调查发现,230户工人家庭中,有教育费开支的只有108家,还不到总户数的一半,6—18岁男童中入学读书的仅占到15.3%,女童入学读书的比例更小,仅占2.1%。从农村来到上海的移民,由于没有受过文化教育,大多进厂做工,或从事车夫等体力劳动,他们知道受教育是进入上层社会,获得较好生活的重要途径,也希望子女能够接受教育,居住在杨树浦的人力车夫殷文高设法将自己其中一个儿子送入学校②,但在拮据的家庭经济状况面前,这种幸运儿童并不多。

由于难以接受教育,这些儿童过早融入社会中,当他们走进工厂或者走向社会时发现知识的重要性,转而渴望读书,一个女童工曾说:"我能读几年书多好,可是现在太晚了,而且又没有钱。"③一些工厂为了提高工人素质和增加劳动生产率,也特地举办夜校、补习学校等来弥补工人文化知识的不足。工人家庭中父母因为经济的拮据而愿意让子女入厂为童工,用来增加家庭收入,而认为入学读书不能挣钱,还要花钱,这就抑制了父母送子女入学的愿望。在杨树浦附近四村五十家农户调查时,"母亲见女儿在工厂做工,认为很荣幸的事"④。还有一个妇人说:"现在女儿纵然不比男儿更有用,也和男儿一样有用。我两个女儿在厂里很能做工,而我受过教育的儿子却在家里闲耍。"⑤

为帮助工人家庭子女接受教育,1932年中华慈幼协会和沪东公社在劳工集中的沪东区创设上海慈幼托儿所,其宗旨为"辅助工人家庭教育,增加工人工作效率,注重实验提倡,以供模仿推行"。凡在工厂里工人的2—6岁儿童均可自周一至周六

---

① 范瑞娟:《我与越剧事业》,载中国人民政治协商会议上海市委员会文史资料工作委员会编:《戏曲菁英》,上海人民出版社1989年版,第32页。
② [美]卢汉超:《霓虹灯外——20世纪初日常生活中的上海》,段炼等译,上海古籍出版社2004年版,第79页。
③ 《工业化对于农村生活之影响——上海杨树浦附近四村五十农家调查》,载上海市社会局编印:《社会半月刊》1934年第1卷第5期,第66页。
④ 《工业化对于农村生活之影响——上海杨树浦附近四村五十农家调查》,载上海市社会局编印:《社会半月刊》1934年第1卷第5期,第67页。
⑤ 《工业化对于农村生活之影响——上海杨树浦附近四村五十农家调查》,载上海市社会局编印:《社会半月刊》1934年第1卷第5期,第66页。

送所托养,下午6时领回。读书"每月只取费五角,只合到五枚钢元一天。这一点钱,是一般劳苦的工友们都能负担得起的"①。但这样的慈幼托儿所在劳工集中的沪东区只有这1所,且只有50个名额,实在难以满足工人家庭幼儿教育的需求。

3. 享受性消费

享受资料是提高劳动者生活水平、满足人们享乐需要的消费资料,只有当基本生存资料满足人们需求后,消费才能向发展性消费和享受性消费扩展。20世纪20—30年代的上海,儿童玩具业、儿童电影业、儿童图书业等有了长足的发展,此外体育场、公园、剧场、博物馆等均为儿童接受社会教育的重要形式,也为儿童的享受性消费提供了广阔的空间。但对童工而言,发展与享受几乎是奢望,工厂严格的作息制度限制了童工的时间,或者由于工资低而难以进行享受性消费。

童工日常消费中也存在一定的享受性消费,包含在杂费里面,很多童工的享受性消费主要是娱乐、嗜好等消费。通过对230户工人家庭的调查,"娱乐无非听戏看电影等事,但工人家庭关于娱乐之享受很少,平均每家全年消费才1.07元,有娱乐消费的家庭139家,占总数的60%"②。而据社会局对305户工人家庭的调查,小孩杂费额年均10.51元,占到9.38%③,虽然享受性消费很少,却也表明了其生活的现代趋向,反映出都市现代文明深入到工人家庭领域。

作为城市的新兴阶层,工人打破了传统社会士、农、工、商的政治格局,工人也是近代上海城市消费生活的主体之一。相比较同期中国城市工人的生活水平,上海工人消费水平较高,某些行业工人工资不菲,就业较为稳定,童工也有一定的享受性消费,如上海丝织厂的部分年轻技术工人"西装革履,行坐车,吃包饭,类似学生生活",儿童节期间童工也能欣赏到打了折扣或免费的电影。享受性消费并非单纯的享受,现代社会生产的各种物质精神文明成果陈列于内,儿童从中得到的不仅是娱乐,更有对现代社会的认知和学习。

以上有关上海童工收入和消费的数据表明,童工的消费主要集中在基础性消费领域,以满足温饱为核心,教育、娱乐等发展性消费和享受性消费所占份额较少,

---

① 《上海慈幼托儿所》,载《现代父母》第4卷第9期,中华慈幼协会1936年发行,第46—47页。
② 李文海主编:《民国时期社会调查丛编·城市(劳工)生活卷》,福建教育出版社2005年版,第293页。
③ 上海市政府社会局:《上海市工人生活程度》,中华书局1934年版,第78页。

但已经具备了一定的现代生活趋向。

童工的存在、收入和消费都与上海从传统向现代迈进的社会变革息息相关。首先,随着城市的发展,农业萎缩,工商业兴盛,城市中的第二、三产业从业人口增多,上海现代化进程中需要大批廉价劳动力,童工的出现迎合了这一社会诉求。其次,上海城市现代化进程的初期阶段中,童工收入虽颇低,但工资作为一种新型的分配方式,集中反映了资本主义生产关系的性质,是"上海社会发展到近现代一种迥异于传统的分配形式与谋生回报方式"。最后,上海童工的消费集中在衣食住行等基础性消费领域,发展性消费和享受性消费虽不多,但已经具有一些现代性的开支,包括卫生、娱乐、教育、社交等适应现代都市生活和童工自身发展的费用,表明都市社会文明正在渗入到童工的日常生活之中,这也从一个侧面印证了当时上海从传统到现代的社会变革。

第三节 《申报》中的儿童用品广告与上海儿童日常生活的建构

近代报纸杂志业的发展,推动了广告业的兴起,广告在传播商品信息的同时,或倡导一种生活方式、或宣扬一种价值观念、或演绎一种流行时尚,对人们的生活方式与意识形态产生了一定的影响,承载着一定的社会信息与文化内涵,具有社会导向功能。某个历史时期的报刊广告,从不同角度折射社会变迁过程中令人深思的时代意蕴,"广告为商业进步之史乘,亦即文化进步之记录"①。从其自身经济属性或文化属性看,广告并不是中国传统农业文明条件下自在自发的经验型文化模式的产物,而是西方工业文明条件下的自由自觉的理性文化模式的产物。在上海社会转型期,由于人们对儿童期望值增高,把儿童视为上海未来城市建设的接班人,因而儿童日用品也要合乎上海现代化发展的要求,"在今日的情形之下,科学一天昌明一天,事业一天发展一天,对于儿童用品这个问题,直接影响于儿童终身幸福,间接影响于我国整个民族的复兴,社会的进步,国家的强盛,无不有连带的

---

① 戈公振:《中国报学史》,生活·读书·新知三联书店1951年版,第219页。

关系"①。这也可以在广告中得到印证。

一、《申报》中的儿童用品广告构建全方位的儿童日常生活

(一) 广告内容涉及儿童日常生活的方方面面,勾勒出都市立体儿童生活

《申报》广告包罗万象,令人应接不暇,其中的儿童用品也是琳琅满目。20世纪20—30年代,在上海城市社会转型期,儿童的衣、食、住、行、娱乐、教育等均在《申报》广告中得到体现,呈现出全面立体的上海儿童的日常生活。1927—1937年《申报》中的儿童用品广告数量和种类都比较多,自1932年开始南京国民政府规定每年4月4日为儿童节,每年4月份的儿童用品广告具有相当的代表意义。现择取1933年4月儿童用品广告为例,分析上海城市为儿童提供了怎样的生活场景并由此传达了对儿童怎样的期望。

表3-7 1933年4月《申报》刊登的儿童用品广告表

类别	图书	药品	保健品	衣服	饼干糖果	奶粉	综合	其他
数量(件)	23	19	15	7	7	15	8	3
百分比(%)	24	20	15.5	7	7	15.5	8	3

注：其他包括1则玩具广告、1则儿童音乐播音广告和1则儿童使用的薄荷膏广告；综合类主要指一些综合性商店或者百货公司刊登的以打折或爱用国货为噱头的儿童用品广告,这些公司的商品均包括多款儿童用品,如上海国货公司的儿童乐园内有各种儿童用具。

资料来源：《申报》1933年4月。

可以发现,在这些儿童商品广告中,份额较大的广告分布在图书、药品、保健品和奶粉类,四类总和可占到儿童用品广告总数的74%。在这四类商品中,奶粉类属于儿童食品,其意义在于给儿童补充足够的营养物质以保障儿童身体发育；保健品类的主要包括鱼肝油、麦乳精等儿童辅食或营养品,能够补充儿童身体发育所需的

---

① 邵鸣九：《今日之儿童用品及玩具》,载中国儿童文化协会编：《今日之儿童》,生活书店1936年版,第216—217页。

各种微量元素,平衡儿童营养结构;药品类则主要包括针对儿童身体各种病患的一些非处方类药品,可以看出这些商品是以儿童身体的健康发育作为宣传依据的。从社会发展的一般规律来看,儿童是未来的城市建设者,药品、保健品、奶粉共占广告份额的50%,这说明家庭中的儿童消费首先为了满足儿童身体成长的需要,也反映了上海社会对健康国民的期盼。在关注儿童身体健康的同时,也注重儿童的精神塑造,上海发达的图书出版业为儿童提供了丰富的精神食粮,由于市场竞争激烈,各出版机构也积极地刊登儿童图书广告以期占有更多的市场份额;其余的儿童用品广告主要集中在饼干等儿童零食或者辅食、儿童衣物和儿童日常生活用品上。《申报》广告中的儿童食品有诸多国外品牌,如爱兰百利麦芽烘饼,形色各异的"洋奶粉"等,国产品牌的儿童食品代表有冠生园等;衣服类则多为各种西式儿童服饰;此外儿童日常用品中也出现了牙膏、薄荷膏等符合现代文明生活习惯的商品。

《申报》中还有综合性商场或百货公司为其儿童用品刊登的广告,如上海国货公司创办儿童乐园,预计在儿童节开幕,在申报上刊登广告:"本园所售国货儿童物品,共一千数百种。凡服装、鞋帽、书包、文具,无不应有尽有,色色俱全。凡儿童前来购物,秩序满洋两角。即送纪念赠券。有得百元儿童教育基金、轮船、汽车、洋囡囡、跑车及其他教育玩具之机会。"①中国国货公司开设的"儿童游乐市"中儿童用品也是面面俱到,有游览者曾描述了其"卧室"里的儿童商品:"引人入胜,有小小的床只,床上的小小棉被,小小枕头,小小被单……",孩子情不自禁地对父亲说:"爸爸,我上去睡一会儿好吗?"②可见儿童对这些儿童用品是极为向往的。《申报》中宣传的这些儿童用品,数量多,样式全,并尤其注重宣传西式产品,涉及儿童日常生活的各个方面,在提供商品信息的同时,广告更是塑造了一个对西方生活方式复制与移植的虚拟世界,一个体现西方物质文明的理想世界,一个深入生活令儿童神往的现实世界,也是上海社会在城市化进程中为未来城市主人公创设的不可或缺的成长的世界。

(二) 儿童日常生活成为广告的载体

《申报》广告不仅直接宣传儿童日用品,还将儿童日常生活植入广告,以此展示

---

① 《申报》1933年4月3日增刊。
② 柯定銮:《中国国货公司举办的儿童游乐市一瞥》(上),载《申报》1933年4月6日。

新式家庭日用品的功效。如1918年博利安灯泡在《申报》做的系列广告就是从人们的日常生活入手的：明亮的灯光下，两小儿坐于地上嬉戏，而母亲安静地坐在一旁看报；又有灯光下的老奶奶戴着老花镜正穿针引线，小孙儿依于老人膝前；或者灯光下母亲坐在床前一手拿着故事书讲着故事，一手轻抚躺在被窝中的孩子。诚然，广告的目的在于让更多的消费者购买灯泡，然而其不自觉地已将西方电力文明带入儿童日常生活，儿童在生活中使用的是电灯而非煤油灯、蜡烛等传统照明工具，这反映出在上海城市化进程中，西方先进物质文明影响着儿童的日常生活，上海城市为儿童提供的物质生活媒介具有明显不同于传统社会的特征。

许多商品以父母对子女的爱护为由，号召消费者购买，如20世纪30年代的《申报》中刊载的电气冰箱的广告："子女之食品，贮藏于电气冰箱中以策安全。因食品周围之温度，如超过法伦式寒暑表五十度，即发生危险之菌类，足以引起严重之疾病故也。阁下宜保持本身及子女安全舒适，请即日向电气冰箱经理处接洽，购置一具可也。"①在这则广告中，电冰箱被巧妙的和儿童健康相联系，以父母对子女的爱护为由，号召消费者购买，同时表达了上海城市对儿童卫生和儿童健康的重视。作为当时的国际性大都市，诸如电气冰箱之类的高档家用电器已经走入上海的中上层家庭中，折射出时代的背景，传递着社会的信息，发挥教化的功能，强化着生活于此的儿童对上海现代生活的认同。

以上所述家庭用品广告虽非完全的儿童用品，但在儿童日常生活中也发挥着重要作用，《申报》中诸如此类的广告也占有相当大的比重，将儿童日常生活应用于商业广告之中，同时把一种新式的生活方式植入阅读者的头脑中，既呈现出儿童日常生活在传统中的趋新和超越，又向民众倡导现代的生活方式，蕴含城市对儿童的殷切期望，期望儿童身体强健，紧跟时代步伐，演绎现代生活。

二、儿童用品广告与儿童日常生活的变迁

广告反映了时代需求，又强化着社会需求，儿童用品广告无时无刻不在向儿童展示现代的生活方式，借此督促儿童成长为合格的城市建设接班人。

---

① 《申报》1936年6月5日。

（一）广告引领一种健康文明的生活方式

在上海城市化进程中，西方现代科学已经与市民阶层的生活融合到一起。由于上海各种传染病盛行，为医药广告提供机会，儿童生命意识和保健意识浓厚。市民开始关心养生和保健，注重现代营养学理念及膳食的合理搭配，对儿童营养品产生重大兴趣，这一点可以从报纸上的儿童滋补类产品广告中得以佐证。"肥儿乐（嘉士多利亚），久已认为儿童孩童之安全良药，药料原方最合孩童，系六十年前之名医所定。肥儿乐，调理肠胃，善通大便，孩童所以喜食者，因其味道可口也。且其药性平和，服后绝无痛苦"①。"完美补品解百勒麦精鱼肝油"乃"建造身体之原素，内涵生养素，极富能健脑壮筋养肌补血，小儿发育迟缓，身体虚弱，服之最为相宜，因此品具果香美味，小儿非常欢迎，每日投服，不但身体日强，知识日增，且精神活泼快乐愉快也"②。

仅凭几种营养品难以造就健全的儿童，要使儿童健康成长为都市的现代人，还需培养儿童良好的卫生习惯。近代城市生活的兴起使文明的生活方式如刷牙、饭前便后洗手等潜移默化地影响到儿童的生活习惯。

所梳敦悌牙粉、爽牙水、牙膏以"教子有方"为题做广告：习惯为第二天性，而良好之习惯不可不在幼时养成之。童子早起，宜先以所梳敦悌爽牙水润泽牙刷，而活泼洗刷牙龈，务使齿间食屑荡然无存，然后再用所梳敦悌牙粉或者牙膏刷牙，保能齿齿洁白，永无腐朽之患。③

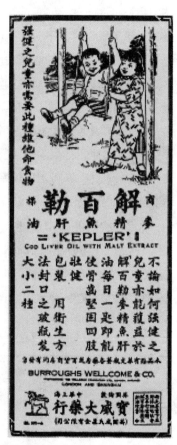

图3-2 解百勒鱼肝油广告
图片来源：《申报》1937年4月1日。

---

① 《儿童之安全良药》，载《申报》1933年4月5日。
② 《申报》1927年4月5日。
③ 《申报》1927年12月1日。

固龄玉牙膏的广告则为：试用后，齿牙爽洁，芳气久存，故童子咸乐用之，试用此膏，如能每日二次，大足以灭减口腔内无数细菌，不至引起牙痛牙朽等病，食物余屑亦可由此盥涤净尽……①

利华卫生药皂广告：妈妈对孩子说："我的小宝宝，你的手又弄脏了，赶快用利华卫生药皂洗，它能杀菌除垢，你要记牢，每次吃饭之前，一定先要洗干净手。"②还有司丹康美发霜："童子头发蓬乱，殊不雅观，每晨令其搓用司丹康少许，则虽粗硬之发，易可柔顺就范，并能使发光亮可鉴，终朝齐整……"③

这些良好的卫生习惯不知不觉中培养了儿童健康文明的现代生活习惯，且利于儿童健康成长，广告表达的这种社会风尚已经进入中上阶层家庭，其向"寻常百姓"家渗透的趋势也是不可逆转的。如果说城市中的成人通过广告建构起儿童日常生活，表达他们对儿童的期望，而实际上成人也在时刻受到健康、卫生等观念的影响，成人通过广告向儿童宣传，成人自身也在接受这种宣传，从这个意义上讲，成人世界和儿童世界是互相建构的。

(二) 欧风美雨中的迷失与现代方向的前行

开埠后，大量外国商品涌入，1936年，上海洋行675家，其中欧美洋行561家，日商洋行114家。翻阅《申报》，可以发现这一时期广告的儿童奶粉多系国外制造，"完全国货"的少之又少，据大致统计，在《申报》上打广告的主要儿童奶粉品牌见表3-8。

表 3-8　1927—1937 年《申报》广告中的奶粉品牌表

奶　粉　品　牌	产　　地
勒吐精(Lactogen)代乳粉	澳大利亚
克宁(Klim)乳粉	瑞士
孩牌(Four Babies)炼乳	意大利
熊牌(Bear)纯汁淡乳	瑞士

① 《申报》1927年4月6日。
② 《申报》1936年6月9日。
③ 《申报》1936年6月5日。

续　表

奶　粉　品　牌	产　　地
惠民(Vitamilk)奶粉	—
好立克(Horlick's)麦精牛乳粉	英国
爱兰百利(Allenburys)代乳粉	美国
船牌(Ship)炼乳	丹麦
葛兰素(Glaxo)奶粉	新西兰
三星(Three Star)奶粉	—
燕牌(Swal)奶粉	中国杭州

资料来源：笔者依据1927—1937年《申报》中的相关内容统计而成。

《申报》广告中的儿童奶粉品牌大多数为国外品牌，即便1934年上海成为国货运动中心的时候，儿童用品广告中依然存有大量国外产品。当时的上海城市的整体消费风气使然，摩登由英文单词"modern"音译而来，在西方物质文明影响下，上海人喜爱追求流行和时髦，所谓"有物皆'摩'，无事不'登'"，在这种价值观念下，形成了一种盲目的崇洋媚外心态和消费观念。

不应否认，多数进口产品在质量上较国产更胜一筹，以奶粉为例，爱兰百利代乳粉当时已有了按照幼儿年龄段来配方的奶粉，即相当于今天的分年龄段配方奶粉，"惟人乳化之代乳粉方为合婴孩之需要也，爱兰百利代乳粉成分与滋养，与母乳相仿，故易消化，冲调又速，其便利与效果，正与健康之母乳相同，又分一号二号三号，以供出生至三个月、三个月至六月及六月以上之婴孩"[①]。上海依然不具备生产优秀奶粉的技术，进口奶粉的价格昂贵限制了奶粉普及，对下层家庭中的孩童可谓是可望而不可即；同时，这也说明相对于国外先进资本主义国家，上海的现代化进程中稀缺的仍是技术和人才，掌握先进技术，培养优秀人才的任务愈益艰巨和迫切。从当时刊登的儿童用品广告来看，无论舶来品还是国货，大多数都体现了新式生活方式，以现代的、西方的产品效用和功能来刺激消费者的购买欲望，传递现代城市带给人们日常生活的

---

① 《惟人乳化之代乳粉方为可靠》，载《申报》1933年4月9日。

便利。

　　1929年8月7日《申报》登载了一幅连环画,题目为《慈母与游子》,共计四幅画,每幅画都配以文字说明,主人公是少年季运怀和他的母亲,前三幅画大意为季运怀要去杭州参观西湖博览会,母亲再三叮嘱他所需的物品在行李箱中,最后一幅画点明主题,这些东西包括"立鹤牌珐琅面盆(中华珐琅厂),三角牌毛巾(三友实业社),一心牙刷(一心牙刷厂),无敌牌牙粉(家庭工业社)"。这些商品都是清洁用品,从生产过程看,传统生活日用品与手工业相连,多数以家庭为单位进行自给自足的生产。而这位上海少年所使用的,无论是珐琅面盆,还是三角牌毛巾等都是机器制作的产物,儿童生活日用品和机器生产密切相连,大批量的生产;牙刷和牙粉更是代表了新兴的生活用具,都有对传统清洁用品的超越。而从少年独自去参观西湖博览会来讲,这一行动看似偶然,实则反映着父母对孩子成才的期盼,以及上海城市对儿童博闻强识、生活独立的寄托。

三、儿童用品广告呼应多元社会诉求

（一）民族独立的诉求

　　彼时上海是各种外国势力聚集的城市,也是民族冲突非常集中的城市,民族主义情感和爱国主义意识在儿童用品广告中也尤为凸显。1936年9月5日,上海中国铅笔厂在《申报》的广告中有一个身体强健的男子拿一只硕大的铅笔做成的旗帜,旗面上写着"标准国货铅笔",并且旁边有突出的几个大字"中国人请用中国铅笔。完全国货,欢迎参观"。这类广告除了增强中国人的爱国情感之外,还强调产品是完全的国货。1931年"九一八"事变之后,《申报》广告的爱国之情主要体现在反日方面。例如1931年冠生园食品公司以"冠生园在抗日中"为标题,以"打倒日本帝国主义"为口号,在广告中写道:"我国儿童请购此每柄三角四之手枪糖,先练习射击之法。"这样的广告,一方面宣传了自己的产品,另外一方面激发了中国人的抗日热情。在《申报》广告中,爱国之情的表达虽然只是宣传产品的手段,但在其传播过程中必然会影响到受众的道德情感,使消费者体会到如何做一个对祖国有用的中国人,也影响着儿童的爱国情结。

　　综合性百货商场中,各商家通过向儿童积极推销国货来获得利润和激发儿童爱国信念。从 1927 年起,先施公司每年划出商场内一部分为"儿童世界","搜集各种有益儿童之玩艺,供给儿童正当娱乐,或军事用品,激起儿童爱国观念,或工程玩具,灌输儿童科学常识,或教育仪器,补助儿童校外智识,配以布景,藉以漫画,禽鱼鸟兽,掺杂其间,利用儿童行乐之时,增进儿童有益思想"①。

上海的城市建设是在半殖民地的政治环境中进行的,政治上的不独立成为钳制城市发展的重要方面,寻求民族独立,呼吁儿童爱用国货,培养儿童的爱国情结一直是上海城市现代化进程中的重要任务。

(二) 儿童成长成才的诉求

在上海社会转型期,承载个人卫生的儿童身体不断被国家化,儿童身体的存在不仅仅是肉体的延续,还是国家富强的基础;作为个体的儿童还是上海未来城市建设接班人,儿童的发展成长要符合社会发展的时代需求,儿童要有健壮的身体和智慧的头脑来担负上海的现代化建设和民族复兴的任务。广告正是利用人们对儿童身份的重视和渴望,制造着紧随时代步伐的时尚文化。

《申报》广告中的各种儿童日用品反映着儿童未来城市建设接班人的身份,大都从强健儿童身体和增长儿童知识的角度来获得市民认同。如爱兰百利麦芽烘饼广告以符合婴儿生理特点,助长婴儿发育为宣传噱头:"婴孩出牙以后即宜予以爱兰百利麦芽烘饼,该饼松脆异常,但入口极易软化,此乃专为婴儿而特制,故极易消化且富于维他命 D 功能,助长发育,味极甘美,尤合婴孩之所好。"②类似"强国必先强民、强民比先强儿"含义的广告屡见不鲜。儿童用品形成一种超越商品使用价值之外的象征意义,西药、西式保健品、西式牙膏、奶粉、肥皂等实际上都蕴含了对西方现代物质生活方式的想象与青睐,同时也是对儿童身强体壮的向往。

现代化的日用品要求儿童具备现代生活知识。要在都市生存生活,就要接受都市带来的挑战与机遇。由于上海工业生产与第三产业的迅猛发展,新型的生产风格要求人们具备完备的生产技能,服从具有严格管理制度和高生产率的工业化生产体系。柯达公司则利用家长希望儿童掌握现代知识、提高成绩的心理来推荐自己的照相机:"小学生用白朗尼镜箱,拍照之成绩斐然可观。"③旁边附以一个小女

---

① 周文璞:《本公司每年举行"儿童世界"之意义》,载《大晚报》1936 年 12 月 12 日。
② 《申报》1936 年 6 月 20 日。
③ 《申报》1927 年 4 月 15 日。

图 3-3 那威鳘鱼肝油广告

图片来源:《申报》1937 年 4 月 4 日。

孩翻阅照片的图片,可见,由于社会分工的细化,要求儿童能够操作科学的生活工具,以便日后生产技能的养成。其他如各种儿童电影、儿童图书的广告也以各种方式表述了现代科技知识的重要性,在宣传产品的同时,呼吁儿童掌握现代科技。

在儿童用品的广告中,广告的构思和创意都和上海的城市建设息息相关,对儿童来说,通过日常生活中新式行为习惯和技能的养成,使得现代化的生存生活经验日积月累逐步形成。

(三) 认可女童的诉求

中国传统社会在社会角色分工方面,是男主女从,男主外女主内的性别认同,这种性别认同不仅包含着男性对女性的性别角色期望,同时也包含着女性自身对自己的希望。女性为了有效地完成自己的角色,使自己的行为符合社会以及他人的期待和要求,就按照这种既定的角色规范行事。体现在角色关系上,就是女性多为服务者,而男性为享用者。广告中有大量美女的照片,女性大多处于仆从的位置。在职业性别比重中,男性显著高于女性,同时女性失业率很高,女性更多关注自己的容貌、身体、服饰等事物,尽心修饰自己,并培养忍耐服从、温柔体贴的女性气质,以博得男性的欣赏和喜爱。

现代工业的发展使上海大批女性走出家庭,走向工厂和职场,成为职业妇女。"十年前,除了教师和医生,只有少数人从事卑微的不熟练的劳动,现在却已有男子职业的一小部分向女子开放了,如银行员,铁路事务员、商店的店伙计以及公司会社的职员等,就是大学的教授里,以及官署中的官吏等也颇有以女子充任的事情,这都是十年以前所没有的"①。上海职业妇女人数为全国之首,自由恋爱、婚姻自由、同居之风在沪上反映的最为明显,1932—1934 年上海华届法院判决的 187 例离婚案中,女方主动者有 146 件,占 78%②。在这种社会氛围之下,家庭中对女童寄予更多的期望,社会对女童给予更多的关怀,由于纺织工厂需要大批女工,杨树浦附近的农家妇女表示"愿意抚养女孩,因为现在男女都是一样的"③人们对女童的期待值增高,女童同样是将来上海城市建设的接班人,因而广告中的女童也屡见不鲜。

儿童用品广告中的女童多为活泼好动的形象,她们代言的商品实实在在关乎自身幸福,而不是去取悦异性。如众多保健品食品广告以健康女童作为其代言人,图书类广告中女童的肖像也占据较多份额。广告中还有很多男童和女童同时出现的画面,如儿童玩具橡皮球广告:"永字牌橡皮球,弹力好,拍得高,小弟弟,小妹妹,白拍拍,乐陶陶。"④这些女童形象都健康和富有朝气,所穿衣物大多是西式的,发型也以短发居多,表现出开放性和向西方审美的靠拢。除了女童自身在服饰、发型中体现出的现代性外,广告图像的构图、场景道具等也都具有不同于传统的流变。如电话、电灯、积木等具有现代特质的物品出现,女童在广告图像中从事户外运动,等等。

广告所呈现的生活方式实际上是属于社会中间阶层和中间之上的阶层的。因为他们占有最大部分社会经济资源,消费能力强,社会中上层受教育程度高,视野开阔,接受新鲜事物的能力强,加之无缺乏钱财之虞,因而,他们成为新式消费的最初体验者。而"富人"的生活方式由此向所有的社会成员展示,被描述为值得效仿

---

① 陈友琴:《最近十年内的妇女界》,载《妇女杂志》第 10 卷第 1 号,1924 年 1 月。
② 上海市政府秘书处编:《上海市市政报告(1932—1934)》,汉文正楷书局 1936 年版,第 87 页。转引自忻平:《上海人人格特征刍议——兼论 20—30 年代上海人多重复合的人际关系》,载《华东师大学报》(哲学社会科学版)1996 年第 3 期。
③ 《工业化对于农村生活之影响——上海杨树浦附近四村五十农家调查》,载上海市社会局编印:《社会半月刊》1934 年第 1 卷第 5 期,第 68 页。
④ 《申报》1933 年 4 月 13 日。

的生活方式;对于无从消费商品的中下层民众和儿童,广告给他们一种现代生活的想象,"广告不仅刺激了人们对于日常生活中物质文化乃至都市快感的欲望,同时也为那些无法真正消费这些物质文化与快感的人提供一种想象的空间"①。社会阶层结构断裂的语境中,广告又成为正在形成的大众消费社会中最重要的景观之一,它彰显了消费结构的日益世俗化、平民化等现代特征,对正在成长中的儿童给予现代精神的启蒙。

广告反映并强化着时代和社会需求,"广告为商业进步之史乘,亦即文化进步之记录"。《申报》中的儿童用品广告营造了成人为儿童提供的生活环境,建构了上海儿童全面立体的生活。分析这些广告,可以发现当时的儿童日常生活有着对传统生活的超越,从中也可透视上海城市发展和社会转型的脉络;《申报》广告尤其突出塑造了上海儿童的新式日常生活,又通过图像、文字等强化着儿童对现代生活方式的认可,由此也促进了儿童生活方式由传统向现代的变迁。

---

① 杨祥银:《卫生(健康)与近代中国现代性——以近代上海医疗广告为中心的分析(1927—1937年)》,载《史学集刊》2008 年第 5 期,第 59 页。

第四章　学习与娱乐：1927—1937年上海儿童精神世界的营造

"城市居民的日常生活还应包括另一个重要方面,即人的文化教育与精神生活,用以表明人的精神生活质量,表明人对生活的意识能力和觉悟水平,表明人在自然环境和社会环境中的理解能力、创造能力和超越潜力。只有包含这方面内容在内的发展才是人的灵肉相济的全面发展"①。儿童是有思维和意识的人,儿童日常生活是儿童学习和参与到上海现代化建设的过程,也是儿童通过精神媒介逐步社会化的过程。20世纪20—30年代上海文教娱乐事业盛极一时,儿童的教育事业主要由家庭教育、学校教育和社会教育等构成,而儿童教育事业的主要功效是为上海城市建设和中国的民族解放事业服务的,上海儿童教育的成败得失在全国来说,具有示范作用。"时代的幕启示着上海教育将跟着时代的巨轮转向另一方面去,这是避免不了的命运。上海是全中国一切最高的火炬,它指示着一切的途径。将来上海教育,无疑的是以造成全民的生产和卫国的战士为目的。在这时代的鞭策之下,为了民族复兴,将来教育一定是生产者的,上海要在全国之先,燃烧起巨大的火焰"②。

第一节　学习：现代人才的培养

学习是儿童在生活实践中自觉地不断地通过多种途径、手段、方法获取知识并内化为自身素质和能力的自我改造、发展、提高和完善的过程。处于社会转型期的

---

① 郑杭生等:《社会指标理论研究》,中国人民大学出版社1989年版,第174—180页。
② 新中华杂志社:《上海的将来》,中华书局1934年版,第37页。

上海视儿童为城市建设接班人,需要儿童通过学习来获得现代生活技能,出于对现代人才的大量需求,转型期上海为儿童设置了各级各类教育方式,使儿童较好地接受现代教育,使之成长为社会急切需要的现代人才。上海的儿童教育事业顺应时代的潮流,适合社会的发展,建立在现代生产基础上,以满足儿童适应现代社会经济发展的各种素质的需要,培养全面发展的儿童教育,它根植于上海的社会转型,面向于城市的未来发展。

一、日益完善的现代化教育体系

家庭、学校、工厂、人际互动、大众传播媒介等都是个人社会化的重要影响因素,是个人思想和精神品质孵化与变迁的介质和摇篮。因此,文化教育设施与条件便构成了探索居民思想与精神生活的一个有效切入点①。随着城市化运动的深入,上海城市的教育设施也在逐步完善并朝着现代化方向发生质变,这也利于孩童成长为现代人。"在社会处于巨大的转折时期,尤其是在社会形态的转变过程中,教育所受到的冲击必定是全面的、深刻的。……只有依据对现代社会普遍的和本质的深刻认识,对教育进行全方位的、根本的革新,才有可能建立与现代社会相协调的现代教育制度"②。

(一) 学校数量的增加与教育条件的改善

1. 初等教育学校数量的增多

上海的教育管理机构,1927—1930年为特别市教育局,1930—1937年为市教育局;此外,公共租界(第一特区)的教育,由工部局教育处主持;法租界(第二特区)的教育,由公董局教育总监处主持③。1927—1937年间上海市的初等教育有了长足发展,据1927年上海特别市成立以后教育局的统计资料表明:在1927年以后陆续新增的学校中,主要是小学。表4-1中,1927年上海新增小学47所,1928年新增179所,1930年新增184所,1931年新增186所,1932年新增184所,1933年新增188所,1934年新增190所。到1935年,上海的小学总数已突破1 000所,接受初等

---

① 陆汉文:《现代化与生活世界的变迁》,社会科学文献出版社2005年版,第205页。
② 张斌贤:《社会转型与教育变革》,湖南教育出版社1997年版,第240页。
③ 熊月之:《上海通史·民国文化》,商务印书馆1999年版,第133页。

教育的学生超过18万人①。据1929年的一个报告,上海的教育经费中,初等教育占了70%,这实际上反映了上海社会对市民教育普及的要求②。也说明上海城市积极谋求儿童教育事业的繁荣,而其背后起推动作用的,是城市化进程中上海对现代人才需求量的日增和现代人才相对缺乏的现状交相作用,促使上海从儿童抓起,塑造为城市建设服务的现代人才。因而,上海城市的幼稚园、短期小学等的数量在这一时期也呈递增趋势。

表4-1 1927—1935年上海教育局递增幼稚园、小学数目比较表(以市立为限)

单位:所

年份 项目	1927	1928	1929	1930	1931	1932	1933	1934	1935
幼稚园数	2	8	9	12	13	15	16	17	17
短期小学数	—					16	16	16	101
小学校数	47	179	179	184	186	184	188	190	193

资料来源:据上海市社会局编:《中华民国二十三·二十四年度上海市教育统计》,第10页,《本局历年度附属教育机关数比较表(以市立为限)》重新绘制。

表4-2 1935年上海市各级学校级别比较表

校别	初等学校				中等学校					高等学校		
	幼稚园	短期小学	初级小学	小学校	初级中学	高级中学	中学校	师范学校	职业学校	专科学校	独立学院	大学校
校数(所)	167	101	180	585	44	5	71	8	21	8	13	11
百分比(%)	13.8	8.3	14.8	48.2	3.6	0.4	6.0	0.6	1.7	0.7	1.0	0.9
总计(所)	1 033				149					32		

资料来源:据上海市社会局编:《中华民国二十三·二十四年度上海市教育统计》,第17页,《全市各级学校级别比较表(二十四年度)》重新绘制。

---

① 熊月之:《上海通史·民国文化》,商务印书馆1999年版,第134页。
② 熊月之:《上海通史·民国文化》,商务印书馆1999年版,第135页。

从表 4-2 中看出,初等教育在上海教育中占据绝对多数的份额,这说明社会转型时期上海儿童教育事业相对发达,从社会角度来看,上海社会转型初期,需要大量的具备城市生活基本素质和基础生产技能的劳动者,即位于金字塔塔底的初级人才,初等教育之发达与上海市情和特殊的时代背景是相符合的。儿童教育事业的发达是上海政府和社会共同努力的结果。城市中的儿童有一定的教育需求,上海社会为之提供相应的教育供给。教育需求是指国家、社会、企业和个人对教育有支付能力的需要。教育供给是指一定社会为了培养各种熟悉劳动力和专门人才,促进经济、社会和个体的发展,而由各级各类教育机构在一定时期内提供给学生的受教育机会和提供给社会的教育产品[1]。在上海,初等教育的发展壮大依赖社会上各种力量的共同努力,1935 年上海的初等学校共 1 033 所,有各种公私立学校,其立别比较见表 4-3:

表 4-3　1935 年上海初等学校立别统计表

立别	国立	部立	省立	市立	工部局立	公董局立	沪浦局立	私立立案	私立未立案
校数(所)	2	4	2	311	10	2	1	324	379
百分比(%)	0.2	0.3	0.2	31	0.1	0.1	0.1	31.3	36.7

资料来源:据上海市社会局编:《中华民国二十三·二十四年度上海市教育统计》,第 12 页,《立别比较表》(二)重新绘制。

表 4-4　1929 年 7 月—1932 年 6 月上海幼稚园概况统计表

年　度	园　别	校数(所)	学生数(人)	教职员数(人)	经费数(元)
1929.7—1930.6	省立	1	38	2	—
	市立	1	22	2	2 316
1929.7—1930.6	私立已立案	5	294	15	—
	私立未立案	21	978	32	—
	共计	28	1 332	5	2 316

[1]　范先佐:《教育经济学》,人民教育出版社 1999 年版,第 141—145 页。

续 表

年 度	园别	校数(所)	学生数(人)	教职员数(人)	经费数(元)
1930.7—1931.6	省立	1	30	2	2 000
	市立	11	601	21	11 696
	私立已立案	5	346	29	12 236
	私立未立案	15	730	38	—
	共计	32	1 716	90	25 932
1931.7—1932.6	省立	1	38	2	—
	市立	13	639	3	1 595
	私立已立案	5	336	33	10 159
	私立未立案	20	343	44	7 801
	共计	39	1 856	110	19 555

资料来源：上海市地方协会：《上海市统计(1933年)》，商务印书馆1933年版。

从表4-4可以看出，1929—1932年上海全市的私立幼稚园的发展已远远超过公立幼稚园，学生数目和教职员数都多于公立幼稚园。

私立学校的蓬勃发展，不但进一步打破了"学在官府"的封建办学格局，而且进一步促进了教育与城市建设的关系，形成了一种良性循环①。同时，私立初等学校的兴起也反映了上海社会对初等教育的迫切需要，以及上海市民对初等教育尤其是儿童教育的接受和重视。

2. 学校内部设施的完善和师资力量的壮大

表4-5　1928—1932年上海市简易体育场设立情况表

次 序	管理者	区别	场 址	地亩	球场数(个)	器械数(个)	资产约数(元)	开幕期
第一简易体育场	王福良	沪南	市立农坛小学内	一亩五分	4	7	240	1928年10月

---

① 张仲礼：《近代上海城市研究》，上海文艺出版社2008年版，第813页。

续 表

次 序	管理者	区别	场 址	地 亩	球场数(个)	器械数(个)	资产约数(元)	开幕期
第二简易体育场	严济宽	洋泾	市立震修小学内	三亩八分	3	5	280	1928年10月
第三简易体育场	朱颂虞	塘桥	市立塘南小学内	三亩	4	4	2 750	1929年4月
第四简易体育场	程宽正	吴淞	市立吴淞初级小学内	十六亩九分	9	9	10 300	1930年
第五简易体育场	宋家玉	洋泾	市立洋泾小学内	—	8	6	2 700	1930年11月
第六简易体育场	王德恒	真如	圣帝殿后	—	4	4	900	1932年10月

资料来源：据上海通社编：《旧上海史料汇编》(上)，北京图书馆出版社1988年版，第453—454页绘制。

表4-6　1929年上海市立小学教员资格情况表

资　格		人数(人)			总　计	百分比(％)
		男	女	共　计		
师范教育	本科师范毕业	278	88	366	582	56.2
	讲习师范毕业	91	17	108		
	初级师范毕业	85	23	108		
中等教育	本科中学毕业	124	68	192	202	19.5
	初级中学毕业	9	1	10		
专门及大学教育	专门学校毕业	73	49	122	161	15.6
	大学本科毕业	24	3	27		
	大学预科毕业	7	—	7		
	高师科毕业	4	1	5		

续 表

资　格	人数(人)			总　计	百分比(%)
	男	女	共　计		
检定	55	2	57	57	5.5
其他	30	3	33	33	3.2
总计	780	255	1 035	1 035	100

资料来源:《上海市行政统计概要·中华民国十八年度》,上海市政府秘书处 1930 年编印,第 160 页。

从表 4-5 中可以看出,上海市 6 个简易体育场有 5 个都设在市立小学内,方便小学生参与体育运动以锻炼身体;表 4-6 中,市立小学教员一半以上接受正规师范教育,科班出身,接受中等教育的接近 20%,有大学学历的也高达 15.6%。由此可见,教师队伍是具备现代素质的现代教师,他们可以担当起教育下一代成为城市建设接班人之重任。孩童在学校里习得的知识使他们顺利成长为现代人,还将在其成人后的岁月中发挥作用,"现代社会中,没有任何一种个人属性比他所受到的教育更能一贯地、强有力地预言他的态度、价值和行为。在学校里,人们不仅学到了科学知识以及阅读、写字和计算机所需的技能,而且也学到了新的态度和价值,发展了新的行为倾向,它们的全部重要意义直到成年之后才会明显地表现出来"①。

3. 同其他城市相比,上海初等教育水平在全国名列前茅

表 4-7　1932 年南京、北平、上海、青岛初等教育各项比较表

城　市	学校数(所)	入学儿童数(人)	教职员数(人)	资产数(元)
南京	132	24 926	1 176	—
上海	790	142 156	5 954	7 292 726

---

① [美]英克尔斯、史密斯:《从传统人到现代人——六个发展中国家中的个人变化》,顾昕译,中国人民大学出版社 1992 年版,第 197、205 页。

续 表

城 市	学校数(所)	入学儿童数(人)	教职员数(人)	资产数(元)
北平	174	26 820	1 323	1 391 849
青岛	121	21 763	790	1 478 179

资料来源：国民政府教育部编：《全国初等教育统计·中华民国二十一年度》表格，第2页，《各省市地方初等教育各项总数一览表》。

表4-8 1929—1931年南京、上海、北平、青岛的小学、幼稚园毕业儿童数表 单位：人

	总　计			幼稚园		初级小学	
	总计	男	女	男	女	男	女
南京	3 555	2 091	1 464	83	65	123	83
上海	19 034	13 122	5 912	960	683	1 608	392
北平	5 641	3 572	2 069	103	104	280	64
青岛	2 883	2 360	523	—	—	620	37

资料来源：国民政府教育部编：《全国初等教育统计·中华民国二十一年度》表格，第12页，《各省市小学幼稚园毕业儿童数》。

表4-9 1932年南京、上海、北平、青岛现受义务教育儿童数占学龄儿童总数情况表

城 市	学龄儿童数(人)	现受义务教育儿童数(人)	百分比(%)
南京	67 778	23 838	35.17
上海	320 927	137 786	42.93
北平	148 700	26 212	17.63
青岛	45 772	21 404	46.76

资料来源：国民政府教育部编：《全国初等教育统计·中华民国二十一年度》表格，第12页，《各省市小学幼稚园毕业儿童数》。

在南京、上海、北平、青岛四个城市中,从初等教育学校数、入学学生数、教职员数、学校资产数、毕业儿童数等几个指标来看,上海市儿童学校教育可以说有绝对的优势,这也是因为上海儿童数量最多,儿童基数大,儿童教育从数量上来看多于其他城市;同样由于上海儿童基数大的原因,若从现受义务教育学生数占学龄儿童数百分比来看,上海排名第二,低于青岛近4个百分点,高出南京7个多百分点,高出北平15个多百分点。故而,上海儿童学校教育在数量上占有一定的优势,若从儿童人均入学率来看,在同期其他城市中也较为突出。

(二) 全方位现代社会教育的氛围

社会教育是一种社会化的大众教育,在处于社会转型期的上海,社会教育存在于街头巷尾和人们的日常生活之中。"一般社会教育机构会给人们带来外部世界的种种信息,向人们显示不同的事物和生活,刺激人们进行思考和选择,启迪和鼓励新的见解和观念,揭示科学技术的力量和作用"①。社会以儿童为主体,充分利用多种资源为儿童学习服务:"社会要教养儿童,对于各种社会事业,如儿童公园、儿童图书馆、儿童运动场、儿童教养院、托儿所,以及儿童感化院等,都应有充分的设备。"②

1. 学校式社会教育机关

表4-10 1933—1935年上海市社会教育机关概况统计表(学校式)

	1933年		1934年		1935年	
	机关数(所)	教职员数(人)	机关数(所)	教职员数(人)	机关数(所)	教职员数(人)
民众学校	61	214	41	133	43	115
职业补习学校	—		9	271	9	131
工业补习学校	3	33	2	61	2	24

---

① [美]英克尔斯、史密斯:《从传统人到现代人——六个发展中国家中的个人变化》,顾昕译,中国人民大学出版社1992年版,第197、224页。
② 梦若:《写在儿童年开幕日》,载《申报》1935年8月1日。

续表

	1933年		1934年		1935年	
	机关数（所）	教职员数（人）	机关数（所）	教职员数（人）	机关数（所）	教职员数（人）
商业补习学校	18	187	20	461	13	252
妇女补习学校	7	51	7	103	5	52
普通补习学校	43	301	9	82	8	80
特殊学校	1	6	3	44	4	43
函授学校	12	—	9	197	10	164
职业传习所	11	—	9	60	8	55
外文补习学校	—	—	11	136	14	95
识字学校	—	—	1 044	1 417	879	960
其他补习学校	—	—	8	95	8	46

资料来源：上海市社会局编：《上海市教育统计·中华民国二十三、二十四年度》，1936年印行，第153—157页。

1929年上海市立民众学校35所①，11—15岁儿童参加人数600余人，占全部参加人数的绝大多数，见图4-1。

1929年上海市立职工补习学校14个，其中9个工人补习学校、2个商人补习学校、3个农民补习学校②，0—15岁的儿童参加人数约计100人。

2. 其他社会教育机关

上海提供给儿童的社会教育是全方位的，除了举办学校式社会教育外，儿童日常生活中更随处可见各种教育机构。

---

① 上海市政府秘书处：《上海市行政统计概要·中华民国十八年度》，编者1930年印行，第171页。

② 上海市政府秘书处：《上海市行政统计概要·中华民国十八年度》，编者1930年印行，第173页。

第四章　学习与娱乐：1927—1937年上海儿童精神世界的营造　　165

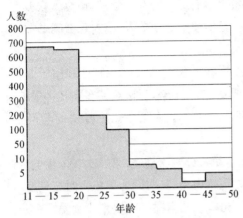

图4-1　1929年上海市立民众学校学生年龄分布

图片来源：上海市政府秘书处：《上海市行政统计概要·中华民国18年度》，编者1930年印，第170页。

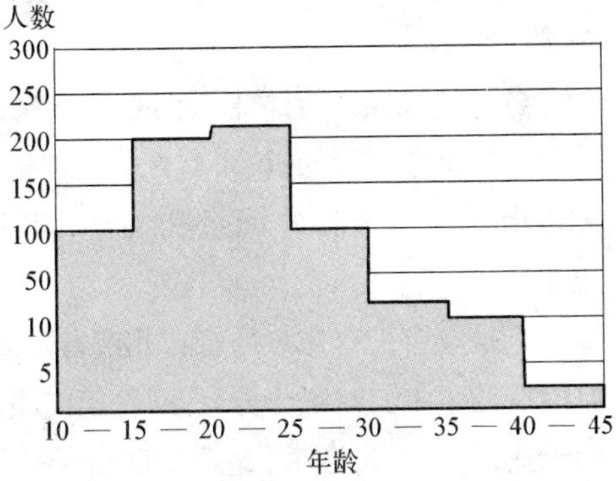

图4-2　1929年上海市立职工补习学校学生年龄分布

图片来源：上海市政府秘书处：《上海市行政统计概要·中华民国18年度》，编者1930年印，第172页。

表4-11　1934年上海市社会教育概况统计表

名　称	机关数（所）	职员数（人）	名　称	机关数（所）	职员数（人）
市立民众教育馆	2	47	民众阅报处	65	130
图书馆	22	114	公众娱乐场	38	70
博物馆	1	7	电影场	40	31
美术馆	3	35	剧场	17	34
公共体育场	10	26	体育会	8	33
动物园	1	8	公园	15	132
植物园	1	2	文化团体	37	449
通俗演讲所	1	17	其他社会教育团体	1	10

资料来源：上海市政府秘书处编：《上海市市政报告书(1932—1934)》，第82页附表。转引自：忻平：《从上海发现历史——现代化进程中的上海人及其社会生活1927—1937(修订版)》，上海大学出版社2009年版，第180页。

在种种社会教育的推动下,工厂中的童工也有专门的补习学校、市立民众教育馆。1934 年失学儿童教导团、民众学校、补习学校毕业 367 人,馆内儿童阅书室阅书 73 454 人①。

各种现代媒介传播体系也是儿童社会教育之途径,发达的报刊业和出版业也为孩童提供了学习的机会,有人提议:"小朋友,你们除学习外,更要多阅几种报纸,因为报纸上面所载的消息和文字,都可以增进你们的常识,并可扶助学问的进步。"②

广播电台设有儿童播音:"儿童音乐播音每日分两次播送,第一次在永生电台,其时间为下午二时三十分至四时,第二次在恒森电台,其时间为下午六时三刻至八时一刻。"1933 年上海儿童晨报联合一些公司举办儿童播音比赛:"儿童爱好音乐,出于天性,惟须成人之指导与提倡,上海儿童晨报社有鉴于斯,为提倡儿童艺术,指示儿童正当娱乐起见,特联合上海永生、恒森无线电台、中国国货公司及利利土产公司,发起全沪儿童音乐播音竞赛会,……参加者男女儿童共计二百多人,是诚上海空前之盛举……"

公共体育场中经常可看到儿童的身影,据 1930 年上海市立公共体育场调查,1930 年 7—12 月,妇孺部的活动人数分别为 15 640、14 765、23 180、22 840、20 900、18 520、115 845 人③,可见妇女儿童参与体育活动的人数是相当可观的。

这些活动虽非正规学校的系统教育,但通过生动形象的方式寓教于乐,将现代知识、现代科学融汇于儿童日常生活之中,发挥了教育的功效,同时帮助儿童成长为现代人。社会教育利于增强儿童的主体意识,培养儿童的主体能力,发挥儿童的主体作用,现代社会教育充分发挥儿童社会化的各种渠道,培养出具备现代化特征的儿童,在这种环境中塑造的儿童,必将成为上海未来城市建设的接班人和主力军。

(三)家庭教育的现代转型

1. 家庭教育思想的转型

"一种新的制度模式,只有当它被赋予相应的新的思想内涵时,才会有生命力,

---

① 上海市政府秘书处:《上海市市政报告》,汉文正楷印书局 1936 年版,第 45、48 页。
② 承明:《阅报的利益》,载《申报》1936 年 12 月 27 日。
③ 郎净:《近代体育在上海》,上海社会科学出版社 2006 年版,第 305—306 页。

才会真正发挥其不同于旧模式的独特作用"①,上海是现代化国际大都市,现代教育体系要求有现代教育思想,城市中的家庭教育思想原则不再仅仅凭借先人经验,而是转向科学化,凸显自由民主平等精神,有人提出儿童教养之两原则:"第一属于熏染方面,应为树立适度之规范;第二属于启迪方面,应完全以科学为根据。"②尊重儿童身心发展规律,"家庭教育必须根据儿童的心理始能行之得当"③。在这一原则之上,陈鹤琴把心理学知识作为家庭教育的理论基础,并且建立良好的亲子关系。从1920年起,陈鹤琴以长子一鸣为研究对象,进行长达808天的考察和实验,1925年他把研究成果汇集成《儿童心理学研究》和《家庭教育》两部著作,以对自己孩子的实际考察为基础,详细阐述了他的家庭教育思想。根据儿童的心理发展特点,主张儿童家庭教育的内容应包括四个方面,即在做人、身体、智力、志趣等方面都得到良好的发展。陈鹤琴对于家庭教育的理论和实践为我国近代家庭教育作了科学的总结,作出了全新的阐释,特别是《家庭教育》一书提出的一系列原则和方法,成为一代父母进行家庭教育的最好教科书,陶行知称该书是"系今中国出版教育专著中最有价值之著作"④,陈鹤琴的家庭教育思想可谓当时上海最先进最具现代性的教育思想。

家庭教育也被看作学校教育的有益补充,现代家庭教育是改造民族、复兴国家的重要途径。儿童不是家庭的私有财产,家庭教育是"家事",更是"国事",父母在精神上给予儿童的指导,比任何物质上的给予更加重要。1935年黄寄萍呼吁"透视我们的民族性,有日趋堕落的危险,要根本改造,非从儿童入手不可。现代的父母们倘使能研究这个重大问题,各人教养自己的儿女,以补学校教育之不足,使未来的国民,都是新兴的,坚强的民族,那我敢信明日的中国,一定可以复兴起来"⑤。

2. 家庭教育方式和内容的转型

鲁迅主张在家庭教育中培养儿童活泼、健康、顽强、挺胸仰面的性格。在《从孩子照相说起》中指出,"中国一般的趋势,只有向驯良之类,静的一方面发展,是培养

---

① 张斌贤:《社会转型与教育变革》,湖南教育出版社1997年版,第240页。
② 《关于儿童教养之两原则》,载《申报》1935年8月4日。
③ 陈鹤琴:《家庭教育》,教育科学出版社1981年版,第1页。
④ 王信伦:《陈鹤琴教育思想研究》,辽宁教育出版社1994年版,第98页。
⑤ 黄寄萍:《献给现代父母们》,载申报儿童专刊社:《儿童之友》(第一集),申报馆1935年版,第3页。

低眉顺眼唯唯诺诺的人"。他批评过去家庭教育中两种错误的教育方法,一种是放任,一种是严酷。他写到"中国中流的家庭教孩子大抵两种方法,第一种任其跋扈,一点不管。第二种则终日给以冷遇或训斥",结果教育出来的"一种是带横暴气味的顽童,一种是只有一副死板板脸相的所谓好孩子"①。纠正类似家庭教育方式的关键,是家长和孩子要认清儿童肩负的历史重任:"新中国妇女今后要负起她对于中国未来民族的使命,须先明了儿童在社会上的地位,认识儿童生命的价值以及现代欧美和中国儿童教养的状况。"②家庭教育方式和内容正是以儿童未来的身份和角色来规划的。

　　社会转型期上海家庭教育内容不再是封建纲常和伦理道德规范,也不再是为了"制造顺民",而是突破传统家庭教育的藩篱,由伦理型转向知识型和实用型,家庭教育中现代科学知识地位和价值提升,英语、会计、商业知识等都成为上海家庭教育的主要内容。人们愈益重视以社会生活需求为基础来进行孩童家庭教育,陈鹤琴主张在现实社会生活中教育子女,开阔儿童视野,增长儿童见识,提出"做父母的应当常常带领小孩子到街上看看","多少总须领小孩子到野外去玩玩才好",在生活中教育孩子,让儿童从现实需要出发有选择地接受教育,做到社会需要的,就是孩童所学的,唯有此才可谓成功且实用的家庭教育。

　　还应看到,上海社会转型初期各方面体制和思想都不甚健全,家庭教育也有诸多不如意的地方。1936年,生活书店出版《今日之儿童》一书,里面收录沈兹九的《今日之家庭教育》一文,记录了家庭教育的缺陷:

> 目前我国的几个较大的都市,无疑地,已日渐在资本主义化了,在这些大都市里的家庭形态,大体可分三种:第一为名义上的一夫一妻的小家庭——当然封建势力仍有残留在我们的社会,大家庭不能说已完全消灭。——他们都是生活优裕的上层分子,一切的生活条件,都十足洋化,表现出十足的摩登家庭。可是丈夫公余之暇,还有许多摩登应酬,在家庭里闷的不耐烦,太有闲了的夫人,当然她要寻取娱乐,来填充她的有闲时间:麻雀、扑克、跑狗场、回力球……都是摩登男女的摩登娱乐,填充有闲时间的工具与场所。这种家庭里

---

① 鲁迅:《从孩子照相说起》,载《鲁迅全集》(第六册),人民文学出版社1981年版,第80页。
② 林仲达:《对新中国青年妇女谈儿童教养问题》,载《妇女杂志》1930年第16卷第11号,第2页。

的幼童稚女,在表面上看,不必说,个个都是肥头硕耳,衣衫华丽,都是可爱的洋娃娃,然而他们所受的教育是怎样?乳母女佣的无知的训导,父母的浪漫生活的耳濡目染,这在他们的生命史中,铸定了一段绝大的命运。这是现阶段的中国儿童所受家庭教育情形之一。

其次一般小产人家,随着世界经济恐慌的狂澜,打上我们这半殖民地以来,生活日趋贫困,夫妻常不得不同为一饱而终日劳碌,这里对子女的教养,就感到莫大的麻烦,交给乳母佣妇,又无如许金钱。不得已,只有做母亲的放弃职业,来带领小孩,如此收入即减,消费反大,因此他们的儿童,十九营养不足,体质不健全,这是现阶段中国儿童所受的家庭教育情形之二。

至于下层社会的大众,他们终日在生死线上挣扎,时刻在贫穷中煎熬,简直没有余力教养子女,他们多半将子女交之于天,让他们听之于命运。父母在田里,在地上,在工厂里做工,在人家帮佣,子女在檐前屋角,孤零地凄留着,或群相殴打着,幸或有老祖母管他们,小姊妹照顾他们,可是他们所受的饥寒之外,"鬼来了,老虎来吃人了……"等等威胁恐吓的训导。这是尚是上者焉,我们的许多儿童,还有无情地被父母杀害遗弃,他们在填沟壑,做流浪儿童,更有被卖做娼妓……这是现阶段中国儿童所受的家庭教育情形之三。①

毫无疑问,这些家庭教育的情景在上海是存在的,上海毕竟处于社会由传统到现代的初级阶段,家庭教育的转型也是在摸索中改进,在落后中变革。沈兹九在文中谈到的家庭教育之所以是失败的,关键点在于父母家长没有正确认识儿童的社会角色,尚不明确儿童城市建设接班人的身份,因而家庭中难以提供现代的,符合儿童身心成长的家庭教育;若把孩童当作未来城市建设主力军来看待,他们的家庭教育或许是另一番场景。

尽管有不尽人意之处,上海的家庭教育还是朝着现代化方向转型和发展的,大多数家庭中的孩童接受不同程度的现代家庭教育的启蒙,家庭教育也同样以把儿童训练成城市建设接班人为宗旨,这和整个城市的现代化气氛是相通的。

---

① 沈兹九:《今日之家庭教育》,载中国儿童文化协会编:《今日之儿童》,生活书店1936年版,第15—16页。

二、1927—1937年儿童教育之趋势

（一）主张德智体美劳五育并举,确保儿童身心全面发展

中国传统儿童教育以智育为主,很少注意甚至无视体育、美育等方面。蒋梦麟曾经回忆道:"在我的家塾里,课程里根本没有运动或体育这个项目。小孩子们不许拔步飞跑,他们必须保持'体统'一步一步慢慢地走。"①随着西方现代生活和现代教育对上海影响的日益深入,人们意识到孩童全面发展的必要,同时,城市现代化如火如荼进行之中,需要大量身强体壮且掌握现代科技知识的人才,在这一社会需求督促之下,上海社会也将儿童规划为德智体美育全面发展的现代新人,并以此来进行儿童的教育工作。

20世纪20年代初,上海初、中、高等学校(不含女子学校)中约有76%或多或少地设有音、体、美课,其中3门课俱全的达38.7%②。到了30年代,上海市教育局规定,各类中小学应以教育部颁布的《小学法》与《中学法》为依据,小学教育应力求适应儿童之身心以启发其自动能力并培养民族精神,要求达到下列八项标准:① 培养儿童健康体格;② 陶冶儿童良好品格;③ 发展儿童审美兴趣;④ 增进儿童生活技能;⑤ 训练儿童劳动习惯;⑥ 启发儿童科学思想;⑦ 培养儿童互助团体之精神;⑧ 养成儿童爱国爱群之观念。③ 中学教育宗旨为:继续小学之基础训练,以发展青年身心,培养健全国民,并为研究高深学术及从事各种职业之预备。规定七项标准:① 锻炼健全体格;② 陶冶公民道德;③ 培养民族文化;④ 充实生活技能;⑤ 培植科学基础;⑥ 养成劳动习惯;⑦ 启发艺术兴趣。④ 可以看出,其培养目标是具有现代观念、具备现代生活技能、爱国爱群的德智体全面发展的现代国民。

---

① 蒋梦麟:《西潮》,辽宁教育出版社1997年版,第159页。
② 据《上海求学指南》提供的资料计算,转引自张仲礼:《近代上海城市研究》,上海文艺出版社2008年版,第804页。
③ 《上海市市政报告(1932—1934)》,第59页,转引自忻平:《从上海发现历史——现代化进程中的上海人及其社会生活1927—1937(修订版)》,上海大学出版社2009年版,第176页。
④ 上海市教育局编:《上海教育统计》(民国二十三、二十四年合刊),第30页;另见教育部编:《第二次中国教育年鉴》,开明书店1934年版,乙编,第27页。

在小学和初级中学课程里面,小学教学科目包括公民训练、卫生、体育、国语、社会常识、自然、算数、劳作、美术、音乐等;初级中学科目有公民训练、国文、英语、地理、历史、算数、物理、化学、动物、植物、体育、卫生、图画、音乐(国乐与西乐)等。①

20 世纪 20—30 年代,体育运动在上海代表了摩登和现代,体育也是现代生活方式的重要组成部分,在儿童教育中尤其得到关注,前文所述上海市 6 个简易体育场有 5 个设在市立小学内就体现了这一点。此外市政府还举办多次儿童体育运动会,以此来号召儿童进行体育运动,锻炼健康体格。1937 年,上海市社会局发布公告:按查前教育局成案,本市小学联合运动会,于每年春季举行,本年度应举行之第九届全市小学联合运动会决定在五月六号、七号、八号三日在市中心区体育场举行三天。② 1937 年举办的是第九届全市小学联合运动会,由此我们得知之前已有过 8 次小学运动会。同时针对少数私立学校意存观望,不选派学生参加该区预选的现象,上海市社会局训令"本市私立小学一体参加九届全市小学联合运动会"要求"凡本市市立既已立案及核准开办私立小学,必须有学生来参加各区预选会,各该小学自应遵办"。

表 4 - 12　1928—1937 年上海历届小学联合运动会表

时　间	届次	参加学校	优　胜　学　校
1928.11.12—14	一	69 所	广肇小学、万竹小学
1929.11.12—14	二	78 所	万竹小学、和安小学
1930.11.12—14	三	—	澄衷蒙小学、西城女校
1932.10.29—11.1	四	105 所	万竹小学、和安小学
1933.11.9—11	五	93 所	万竹小学、上海小学、比德文小学

---

① 《上海市教育统计》,第 30 页;《第二次中国教育年鉴》"乙编",第 27—30 页;转引自忻平:《从上海发现历史——现代化进程中的上海人及其社会生活 1927—1937(修订版)》,上海大学出版社 2009 年版,第 176 页。

② 《上海体育》1937 年第 4 卷第 1 期,第 58 页。

续　表

时　间	届　次	参加学校	优　胜　学　校
1934.5.24—27	七	107所	西城幼稚园、唐湾小学
1935.5	八	分8个赛区	—
1936.5.14—17	九	90所	—
1937.5.6—9	十	88所	务本女校、万竹小学、和安小学

资料来源：上海市地方志办公室网站，https://shtong.gov.cn/difangzhi-front/book/detailNew?oneId=1&bookId=2247&parentNodeId=797B&nodeId=103267&type=-1

（二）多向度的儿童教育命运

现代社会，教育是人们向上流动最重要的动力机制之一，这表现在学历和文凭成为人们向上流动的一个最重要的标准，个人的职业、收入、社会声望与受教育程度密切相关，童年时接受的教育将影响人的一生。

1931年颁布的《中华民国训政时期约法》规定：男女教育之机会"一律平等"，全国公私立之教育机关，一律受国家之监督，并负推行国家所定教育政策之义务，已达学龄之儿童，应一律受义务教育。[①] 1936年南京政府公布的《中华民国宪法草案》（即《五五宪草》）规定：中华民国人民受教育之机会，一律平等，全国公私之教育机关，一律受国家之监督，并负推行国家所定教育政策之义务，6—12岁之学龄儿童，一律受基本教育，免纳学费。[②] 从立法上看，全国各地男女儿童都有受教育的义务和权利，而在实际实施过程中，由于受到客观经济条件的限制，社会下层家庭中的儿童难以接受教育。上海是教育事业开展繁荣的城市，据1936年10月上海市社会局的一项调查，当时上海适龄儿童的入学率为59%[③]，而同期全国的适龄儿童入学率是30.88%[④]。即便如此，上海仍有41%的儿童难以入学。

[①] 国民政府教育部：《第二次中国教育年鉴》，商务印书馆1948年版，第22页。
[②] 国民政府教育部：《第二次中国教育年鉴》，商务印书馆1948年版，第22—23页。
[③] 上海通志馆年鉴委员会编：《民国二十六年上海市年鉴·教育》，中华书局1937年版，L3页。
[④] 顾树森：《十年来的中国初等教育》，载中国文化建设协会编：《十年来的中国》，商务印书馆1937年版，第565页。

表 4-13　1929—1935 年上海历年度初等学校学生数量比较表

年份 项目	1929	1930	1931	1932	1933	1934	1935
幼稚园	1 560	1 716	1 856	4 430	5 568	6 525	6 762
短期小学	—	—	—	674	658	712	6 981
初级小学	27 409	27 913	16 837	19 383	21 787	26 583	20 819
小学校	84 050	87 092	94 688	118 823	131 098	135 471	151 933
共　计	113 019	116 739	113 381	143 312	159 111	169 291	186 495

资料来源：据上海市社会局编：《上海市教育统计(1934—1935)》，第 6 页，《历年度各级学校学生数比较表》重新绘制。

对于农村移民而言，要在城市生活，需要掌握现代生活知识，由于成年移民苦于缺乏知识的困扰，因此他们希望子女们能接受现代教育，"城市不仅仅是让人感到没有文化的苦痛，也提供了学习的机会，激发了农村移民接受教育的渴望"①。但社会教育分配是不公平的，"幼稚园只设在大城市中，仅供给少数有钱的人家的孩子享福，没有穷人的份儿"②。据 1928 年对上海工人家庭调查，在注明教育程度的 978 人中，不读书者："男子 229 人，占男子总人数 57.7%；女子 451 人，占女子总人数 98%；18 岁以下男童 113 人，占男童总人数 84.7%；女童 94 人，占女童总人数 97.9%。"③也就是说工人家庭子女读书的，男童仅占到 15.3%，女童更少，仅有 2.1%。据统计 1927 年市立小学学生中，来自商界家庭的学生高达 57.1%，其次为工界 22.7%，其余依次为农界 4.7%，学界 2.6%，政界 1.8%，军警 1.5%，还有其他 9.6%。④据此我们也可得出在上海，商人家庭中的子女接受教育的占多数，这是因为商人家庭多处于社会中上阶层，有经济能力供子女读书。

石库门里弄往往有一些"弄堂学校"，以小学居多，生活于里弄的儿童稍微走点

---

①　[美]卢汉超：《霓虹灯外——20世纪初日常生活中的上海》，段炼等译，上海古籍出版社 2004 年版，第 79 页。
②　王沂清：《家庭教育新论》，载《现代父母》第 2 卷第 2 期，中华慈幼协会 1934 年发行，第 2 页。
③　刘明逵：《中国工人阶级历史状况》(第一卷)，中共中央党校出版社 1986 年版，第 551 页。
④　上海特别市政府秘书处：《上海特别市市政统计概要·中华民国十六年度》，编者 1928 年印行，第 163 页。

路无须穿越马路就可以上学,这类学校通常由住宅改建,客堂间和卧室改成教室,放上二三十张课桌,厨房或亭子间作办公室,因此设施并不健全,弄堂变成为户外活动区域①。至于那些生活无保障的社会下层儿童,他们要忍受"双重饥饿",图4-3,丰子恺于1934年的这幅画作《二重饥荒》中,形象地描述了底层儿童在忍受衣衫褴褛,终日不可饱餐等身体上的困窘时,还无法接受教育,没有精神食粮,他们在精神上同样是饥饿的。

针对工人家庭儿童失学问题,社会力量也曾进行帮扶,如1932年中华慈幼协会和沪东公社在劳工集中的沪东区创设上海慈幼托儿所,收费低廉使工人家庭能够承担得起,但仅有50个名额;1932年春,陶行知在大场创办山海工学

图4-3 二重饥荒

资料来源:丰子恺:《丰子恺漫画精品集》,中国青年出版社2013年版,第124页。

团,10月委派其学生徐明清在北新泾镇东南陈更浪7号筹建晨更工学团并任团长,徐明清是共产党员,在传授知识的同时开展抗日救国宣传,白天办幼儿园、小学,晚上办工农班,吸收上海工人三次武装起义的烈士子女参加。晨更工学团1934年被查封。1933年上海的部分共产党员在沪东临青路创办临青小学,招收工人子弟和失学青少年,传播马列主义,宣传抗日救国思想,著名的孩子剧团就是从临青小学走出的。

在有幸接受现代教育的儿童中,男童多于女童,年级越高失学儿童数越多。"全国初等小学校女生数有368 560人,不过是男女生总数的6.35%;高等小学校女生有35 182人,不过是男女生总数的6.04%。而女子中学的女生仅3 249人,占男

---

① [美]卢汉超:《霓虹灯外——20世纪初日常生活中的上海》,段炼等译,上海古籍出版社2004年版,第160页。

女生总数之 3.1%。女子师范学生有 6 724 人,占男女生总数 17.57%"①。当时中国女子教育之不发达,女子受教育人数之少由此可见一斑。

据上海县相关教育统计:1928 年上海县公私立初级小学一年级有男生 2 367 人、女生 196 人,四年级有男生 466 人、女生 59 人;1929 年一年级男生 2 184 人、女生 477 人,四年级男生 4 074 人、女生 60 人;1930 年一年级男生 2 325 人、女生 503 人,四年级男生 363 人、女生 41 人;1931 年一年级男生 2 409 人、女生 605 人,四年级男生 356 人、女生 70 人;1932 年一年级男生 2 753 人、女生 673 人,四年级男生 360 人、女生 55 人。② 可见年级越高,失学儿童数量越多,女童失学人数更多。据 1936 年上海市教育局统计数据,当时上海接受初等教育的男女学生的比例为 66.7%:33.3%……而 1936 年全市人口男女比例为 56.9%:43.1%。在校女学生占全体学生的比例,上海是全国最高的……1922—1923 年间,全国小学中的女生所占比例平均仅为 6.19%③。

在父母接受过现代教育的家庭中,大多数女童能够接受科学的教育,在哈佛大学获得医学博士学位的乐文照深知"每天晚饭前,正是日夜交替之际,此时的光线是最不适合孩子做功课看书的,太伤目力,但这段时间荒废了又太可惜。此时,只要他有空,就会领着孩子们一起散步。他们从静安别墅威海路口出来,沿着威海路走到西摩路(今陕西北路)转入静安寺路(今南京西路)再从静安别墅静安寺路弄口回去,正好半个小时,一路上向孩子们讲解一切有关天文地理的趣味知识,如同《十万个为什么》一样……"④,多年后已经 80 岁的大女儿乐嘉铭,"忆起那童年美好时刻仍泪光闪烁"。但社会中还有一些女童,"学校在上海很著名,学生也很多,大约有四五百人,脑筋都很新,都知道自由解放,都知道妇女参政,都知道男女平权,都善口才,都能交际",却仅仅把接受教育当作嫁人的资本"嫁人想嫁留学生,口里还嚷着平等;经济独立也是口头禅,所苦的是毫无谋生之能;在家靠父母,出阁赖良人,还口口声声说我是某某学校的毕业生"⑤。对于这些女学生来说,接受教育成为其在上层社会立足的手段,无法体现个人价值,也难以

---

① 李一之:《女子教育的出路》,载《妇女杂志》第 17 卷第 1 号,1931 年 1 月,第 71—75 页。
② 上海县教育局:《上海县三年教育概况》,编者 1933 年印,第 80 页。
③ 熊月之:《上海通史·民国文化》,商务印书馆 1999 年版,第 138 页。
④ 程乃珊:《上海先生》,文汇出版社 2008 年版,第 85 页。
⑤ 忠言:《女学生有这种流行病吗?》,载《妇女杂志》第 12 卷第 1 号,1926 年 11 月,第 17—18 页。

实现女性独立。

(三) 迎合上海城市发展需求,培育现代化建设新人

"一定时期的教育总是与一定时期的社会相适应的,现代社会要求学校培养出具有现代人格的各种专门人才,而现代教育恰恰能够满足这种社会需求——它培养的目标已不仅仅是科举制下的统治阶级的成员或脱离生产的文人骚客,而是面向社会、面向生产与生活,能适应科技发展需要与掌握一定的专门知识与技能的各类社会人才"①。上海由传统农业宗法社会向现代工商业社会的转型,由生产落后、人力资源稀缺的封建经济向生产力达到一定水平后的资本主义经济过渡,需要大量现代人才,因而上海的儿童教育面向城市现代化建设,根据社会所需做出调整和变革。

上海是工商业兴盛的城市,商业教育发展居全国之首。上海商人也致力于商业教育以期他们的事业后继有人,商人借助有组织的团体力量来开展商业教育,这首先表现在1905年金业公所率先创办近代上海第一所商业初等学堂。商人公所由于注重自我调整,与近代教育相结合,继金业公所开办学堂后,各行业商人团体闻风兴起,踵接筹办,其中普通小学校"上海中外交易,初皆不知英语,非通事不可。近则各行栈皆有一人能说英语。盖迩年设有英语文字之馆,入馆者每日讲习一时许即止,月奉修金无多,颖悟幼童半载即能通晓"②。"有伶界之榛苓学校,有银楼业学校,有水木业学校,有农业学校,有花衣业学校,有水炉业学校,有僧界之留云学校,有商务书馆之尚公学校等"③。商业教育的繁荣代表着上海城市的特性,也说明上海城市从自身实际出发,有选择的教育儿童,儿童成人后能直接投入到上海城市建设之中,接替父辈们掌管上海繁荣的商业。

中华职业学校的办学宗旨立足于:① 注意知识教学的"精密正确",以能"达于实用";② "注重实习"以训练"纯熟之技能";③ 注重学生自治,以期有"善良的品行";④ 注重"创新事业,增进生产力能力"。④ 其课程分两部分:基础课程部分有国文、英文、公民、职业数学、工业数字、物理、化学等30多门;技能性课程部分有制图、

---

① 忻平:《从上海发现历史》,上海大学出版社2009年版,第173页。
② 葛元煦:《沪游杂记》,上海古籍出版社1989年版,第14页。
③ 朱有瓛:《中国近代学制史料》(第二辑下册),华东师范大学出版社1989年版,第54页。
④ 中华职业教育社:《社史资料选辑》(第一辑),中华职业教育社1983年版,第9—10页。

工作法、机械学(金属材料、力学、材料强弱、机构、机械设计)、热力学(热力、汽锅、水煤灰系统、汽机、汽轮、机关车、内燃机、汽车、发动机)、水力机(水力学、水力机)、电机(电磁、电工、发电所)、工业管理法、制造机(纺机、织机、制纸机、制糖机、制粉机、制油机)、农业机械、工场经营以及实验、实习等。学生毕业后即可掌握一门现代应用技术,适应上海城市工业发展的需要。

现代学校要培养能够迅速融入社会、适应社会的现代人,学校以现代社会生活为平台,在社会需求和日常生活指引下教育儿童。教育是儿童社会化的主要渠道,上海现代教育和儿童生活密切联系,无处不在的家庭教育、学校教育和社会教育贯穿于儿童的日常生活之中。杜威曾说:"学校必须呈现现在的生活——即对儿童来说是真实而生气勃勃的生活。像他在家庭里,在邻里间,在运动场上所经历的生活那样。"① 20世纪20—30年代,上海许多学校根据社会和生活需要不断调整增加课程内容,应用型课程如数理化、工商经济与外语等课时往往超出标准,有的高校每周外语课时多达12小时,比部颁标准高出6倍②,俨然成了今天的外国语学校。在学校中培养的儿童走出校门便可融入社会之中,在日常生活中发挥才干,上海教育塑造了一批现代城市居民后备军。

传统观点认为通过教育获得知识是跻身上层社会的重要途径,在能够满足温饱的前提下,一些下层家庭努力把一个儿子送到学校接受教育,将希望寄托在下一代。很多儿童也能够意识到学习的重要性,万竹小学五年级学生曹宏辉对其1936年暑假做出安排:

> 亲爱的小同学们,光阴如箭,一转眼又放暑假了。我们在幼稚时代,应当用功读书,力求上进。父母拿汗血换来的金钱给我们做子女的读书费,做子女的,也应该给父母一些的快乐和希望,今年做这篇"暑假到了"是希望全国的小朋友,大家在暑假中要用功,求学业的进展,今将我个人的一点意见,写在下面:一、温习功课,现在是七月的上旬了,多数的学校已放暑假了,在这暑假期间,应该要温习功课,将平时不太明白的地方,问问父兄。二、练习书法,书法是课程中的一课,如小楷、中楷、大楷等类,小朋友们,对于写字,很少研究。要

---

① 赵祥麟、王承绪编译:《杜威教育论著选》,华东师范大学出版社1981年版,第4页。
② 王寅清、柴芷湘:《上海求学指南》,上海天一书局1921年版,第21页。

知写字,也是做人的一技,早上应该早些起身,练习一二小时。三、互相试验,在这暑假期中,除自己练习外,倘有姊弟们在一个校里读书,应该互相试验,如算学一课,姊姊出数字教导弟妹算做,其他作文默书等课,也可相互试验,以做下学期上课的准备。①

这位五年级学生有浓厚的求知兴趣欲,科学的假期规划,且愿意与人合作,能够体现一批上海儿童力求上进以求学业进步的决心,本质上代表着儿童对美好未来和生活环境的向往,代表着儿童期盼成才,实现自身价值的愿望。儿童理解大人望子成龙、望女成凤的心愿,即使学习过程烦躁乏味,也不放弃对现代知识技能的学习。以下是一个小学生练习拉小提琴时的情景:

> 我每天四点钟从学校回家,休息半小时,就开始拉小提琴,一直拉到五点半或六点。姨丈去后,由爸爸指导练习。练到现在,已经半个月了,……我天天站着拉提琴,腿很酸痛;我天天用下巴夹住提琴,头颈好像受了伤。我的左手指天天在石硬的弦线上用力地按,指尖已经红肿,皮肤将破裂了……想要废止,辜负爸爸的一片好意,如何使得?②

学习是刻苦的,劳逸结合进行适当的娱乐放松是必须的,既能增长知识,又可获得乐趣。当时的上海儿童也乐意在学习之余进行娱乐活动,"在下现在还是学生时代,一天的功课,一天工作——足足有十小时,但是功课完了,就是功课没有完,身体觉得疲劳时——一定要做我最喜欢的娱乐事业,否则定是闷心不乐,杀兴非凡!"③娱乐和学习是相辅相成的,脑力劳动和体力劳动是互相促进的,接下来论述儿童体育的发展和儿童的娱乐。

---

① 曹宏辉:《暑假到了》,载《申报》1936年7月5日。
② 丰子恺:《芒种的歌》,载《丰子恺文集》(3),浙江文艺出版社、浙江教育出版社1990年版,第497—498页。
③ 上海市档案馆,D2-0-491-692。

第二节 身体的解放与国家的解放：
上海现代儿童体育的发展

鸦片战争之后，中国从"天朝上国"走向世界舞台的边缘，面对西方资本主义强国的入侵，中国人开始"师夷长技"以挽救民族危亡，在西学东渐的大潮中，西方体育来到中国。自 19 世纪 40 年代开埠以后，上海以自身优越的地理位置始终处在中西方文明交汇碰撞的最前沿，至 20 世纪 20—30 年代，通过留学生引入、租界示范、大众传媒等各种途径，西方现代体育成为上海日常生活的重要内容。现代体育是西方工业文明、机器大生产的产物，在中国，现代体育是"舶来品"，是相对于传统体育而言的。

1927—1937 年是上海城市从传统向现代迈进的社会转型期，也是中国民族危机日益加深的十年，中间经历了九一八事变和一·二八事变，半殖民地的处境和现代人才的缺失始终是制约上海发展的重要因素。出于城市发展的需要，上海城市努力培养儿童为城市所需的现代人才，倡导发现和解放儿童，以期最终实现城市发展和国家解放，在这一过程中，现代体育成为发现和解放儿童的重要方式，也成为挽救民族危亡，解放国家的途径之一，现代儿童体育运动在上海蓬勃开展。

一、身体的解放：现代儿童体育演进的新思维

（一）传统儿童观念与儿童体育的缺失

长久以来，在中国封建社会中，人们将儿童看作"小一号的成人"，忽视其自身生理和心理特征，并且认为儿童是家庭或家族的私有物品，认识不到儿童与国家和社会的关系。受封建专制和伦理纲常的影响，传统社会历来忽视儿童活泼好动的天性，"凡行步趋跑，须是端正，不可疾走跳踯"，儿童的一举一动都被加以限制，失去了原本属于他们的自由与欢乐。在儿童教育中重文轻武，注重"修身养性"，重视德育和智育，较少注意甚至无视体育美育等，"课程里根本没有运动或体育这个项

目。小孩子们不许拔步飞跑,他们必须保持'体统'一步一步慢慢地走"①。清末一名英国军官参观了洋务运动创办的新式学堂福州船政局后认为学堂里的学生"从智力上来说和西方学生不相上下,不过在其他方面则远不如后者,他们是虚弱孱小的角色……从来不运动,而且不懂得娱乐"②。

对于儿童游戏,中国社会素来主张"玩物丧志""勤有功,戏无益",历来忽视运动和游戏对儿童成长的积极意义,儿童体育或为棋类、九连环等益智类游戏,或为踏青、放风筝、打秋千等,以健身养生为主要目的。清朝末年的1906—1907年,对于儿童,始有教授"游技"之发现③。传统儿童体育建立在封建小农经济基础上,缺乏竞争性和开放性,儿童体育场地缺失,竞技类体育较少,儿童的身体和活动受到礼教束缚,女童由于裹脚不仅身体遭受摧残,也丧失了众多体育运动的机会,体育促进儿童身体发育和心理健康的功效较少得到体现。

鸦片战争以后,传统体育由于来自西方的冲击而造成了发展轨迹的中断,现代体育开始在中国传播。事实上,儿童从事体育运动或体育游戏,通过身体锻炼、技术、竞赛、游戏等方式能够增强体质,能够打破对儿童生理和心理发展的束缚,使儿童身心获得解放。现代体育有利于儿童骨骼、肌肉的发育,是增强儿童体质积极有效的手段,有利于锻铸儿童健康体魄和人格。

(二) 现代儿童体育在上海的开展

一直到民国时期,人们的儿童观才开始发生改变,在突出强调以个体为本位的五四运动中,儿童作为生命主体的地位被发现,人们意识到应当将儿童从封建礼教的束缚之下解放出来,正确地认识和对待儿童的特性,不能将成人的物质和精神生活方式强加到儿童身上,需要用符合儿童年龄特征的物质和精神产品来满足儿童身心发育。随着新文化运动时期"救救孩子"的呼声愈来愈高,打破传统,解放儿童、认知儿童成为先驱者的共识。

几乎与此同时,西方现代儿童教育理论传播到上海,影响较大的是美国教育家杜威的"儿童中心论"(儿童本位主义),1919年4—5月杜威访沪,宣传实用主义教

---

① 蒋梦麟:《西潮》,辽宁教育出版社1997年版,第159页。
② [英]寿尔:《田凫号航行记》,载中国史学会:《中国近代史资料丛刊·洋务运动》(八),上海人民出版社1957年版,第386页。
③ 成都体育学院体育史研究所:《中国近代体育史资料》,四川教育出版社1988年版,第109页。

育思想,杜威重视"游戏"对儿童的教育意义,主张体育和德育、智育并重,引起积极的社会效应。杜威的学生,即上海著名儿童教育家陈鹤琴、陶行知等主张发现儿童、解放儿童,陶行知提出解放儿童的眼睛、头脑、双手、嘴巴、时间、空间等。在近代中国半殖民地半封建的语境下,现代体育运动成为将儿童从封建礼教的束缚之下解放出来的有效途径,上海城市积极倡导儿童体育运动,推广儿童玩具和教具,体现出作为生命个体的儿童的解放。

上海城市在开展儿童现代体育运动时,从儿童自身的生理和心理特点出发,尊重儿童独特的生理特征和心灵世界。在幼儿园、小学内均设有游戏课或体育课,还有课外活动时间,满足了儿童活泼好动的天性;在儿童游乐场的设置方面,1924年,商务印书馆出版董修甲所著的《市政新论》,介绍了1920年美国宾夕法尼亚州刘易斯敦市儿童游乐场的设计图,该游戏场已认识到男孩和女孩在运动能力及兴趣上的差异,为他们分别提供了篮球场和游戏器械等设施,男孩活动区域还专设了棒球场,所有场地尺寸较成人均相应缩减。据此,上海儿童体育的开展也充分考虑到儿童的自身特性。20世纪30年代初,上海市政府于江湾新区修建开放了第一公园,"在园之西南隅,为游人出入之所,儿童体育场设焉"①。上海各大游乐场如先施百货公司游乐场、永安百货公司游乐场中都设有儿童乐园、儿童园地或儿童世界等专供儿童进行体育游戏;为方便儿童体育运动,上海市多个简易体育场就直接设置在各个小学中;政府和社会团体还组织了各种类型的儿童运动会,号召儿童进行体育游戏和体育运动。

二、国家的解放:现代儿童体育发展的时代诉求

(一) 现代儿童观念与体育救国思潮

儿童对于国家、民族有着特殊意义。19世纪末20世纪初,随着进化论在中国的传播,儿童问题开始与民族命运联系在一起。民国时期人们愈加重视儿童问题,鲁迅说:"看十来岁的孩子,便可以逆料二十年后中国的情形。"周作人认为:"盖儿童者,未来之国民。"旧有的从属于封建家族的儿童观,由此被新型的国家民族的儿

---

① 陈植:《造园学概论》,商务印书馆1935年版,第186页。

童观所替代。1937年商务印书馆印行了《儿童保护》,提到"儿童是国家未来的主人翁,健全的国家,建筑健全的人民,要使未来的国民品质优良,该在成人以前的儿童时代予以培养训练"①。关注儿童身体的健康和健全,有效途径之一就是增强儿童体育锻炼。"儿童是民族的基础份子,国家的未来主人,所以小学校体育的切实训练,是实施民族体育的基础训练,是复兴中华民族的实际工作"②。

近代以来,中国人一直被称为"东亚病夫",中国积弱的原因也被归结为国民身体的病态和孱弱,为摆脱亡国灭种的危机和"东亚病夫"的耻辱,在探索救国、强国之路的过程中,先进的中国人逐步意识到应先有健全之儿童,始有健全之国民及健全之国家,提出"强国必先强种、强种必先强儿",儿童身体的存在和强壮被认为是社会进步和国家富强的基础,儿童体育运动得以开展。自19世纪60年代伊始,洋务运动的新式军队和新式学堂中出现"洋操",到20世纪初期,各级学堂均习"体操",历经40余年,体育最终被看作"强国强种"的有效途径,和中华民族的命运密切联系起来。再到20世纪20—30年代,体育救国、体育强国思潮得到广泛认可,儿童体育因其特有的救亡图存的功效,获得民众认可,伴随着西方坚船利炮的到来,现代儿童体育和建立民族主义国家紧密联系在一起,最终要满足国家解放的时代诉求,以实现"体育救国"。

(二) 体育救国思潮与上海现代儿童体育的开展

上海是中国人爱国主义情愫表现尤为突出的城市,这也反映在儿童教养中,由于意识到儿童是国家未来的国民,在教养儿童过程中尤其重视儿童体育的积极作用,注重塑造儿童的健壮体格和尚武精神。陈鹤琴提出"强国必先强种,强种必先强身,要强身先要注意幼年的儿童"③,而儿童强身的途径就包括进行体育运动,尤其是西方竞技体育。陶行知提出"健康第一",主张"体育为德智二育之基本"。

上海《勤奋体育月报》第1卷第1期"本报趣旨"指出:"强邻压境,国难当头,……为社会国家民族生存计,惟有加强锻炼国民体魄,积极注重国民体育训练,准备疆场强劲战士,养成雪耻报国的健儿……"④研究小学体育的专家陈奎生,认为

---

① 钱弗公:《儿童保护》,商务印书馆1937年版,第3页。
② 《上海体育》1937年第1卷第4期,第25—30页。
③ 黄书光:《陈鹤琴与现代中国教育》,上海教育出版社1998年版,第65—69页。
④ 苏竞存:《中国近代学校体育史》,人民教育出版社1994年版,第193—194页。

体育军事化应从小学开始:"应使小学体育完全武化。一切教材,应多用跑、跳、攀援、腾越、投掷、爬伏、角力、相扑、游泳、警挥等勇武的比赛,以锻炼儿童,使其身心强健,胆力宏大,脑筋细密,俾能忍苦耐劳,机警活泼……"①在体育救国思潮影响下,儿童体育广泛开展,运动项目也由传统的棋类、武术、踏青等转为跑、跳、投掷、游泳等现代运动项目。

在当时的上海社会,现代体育一方面解放儿童的身体,促进儿童体能的不断提高,另一方面还成为国家解放的重要路径,是中国摆脱半殖民地状态的方法。在这种社会氛围影响之下,上海的儿童也切身感触到体育、运动对于强身健体,对于民族的重要性,"在这弱肉强食的世界上,文弱的民族是要被淘汰的,有尚武的精神才可以生存,小朋友们,你们要洗雪东亚病夫的耻辱吗?你们要创造伟大的事业吗?你们要中国强盛起来吗?那么大家要有尚武的精神"②。在上海某学校的卫生成绩展览会上,张知清小朋友提出要注意卫生和运动:"我们要知道,健康就是我们的生命,没有了健康,就没有了生命。健康是由卫生而增进的……我们要延长寿命,就得保持健康,就得注意卫生和运动。"③

20世纪20—30年代,上海发展成为中国贸易、金融、工商业、娱乐业中心,整合发展了城市功能,建立起相对完善的城市公共设施,也包括当时中国最为先进的体育设施。随着一大批学校操场、公共体育场、儿童游乐园等的创办,上海现代儿童体育蓬勃开展并成为全国之翘楚。

三、1927—1937年上海现代儿童体育发展的历史脉络

(一) 学校体育

1. 学校体育的制度化

一定时期的教育总是服务于当时的社会发展,并根据社会所需进行调整的。随着儿童本位和强国强种的呼声日高,到民国时期,学校体育被纳入中国教育体制之中,各种政策法规日趋完善。

---

① 苏竞存:《中国近代学校体育史》,人民教育出版社1994年版,第195页。
② 郭品娟:《尚武精神》,载申报儿童专刊社:《儿童之友》(第一集),申报馆1935年版,第16页。
③ 《清洁的小朋友万岁》,载徐学文:《儿童卫生故事》,儿童书局1933年版,第87页。

1922年"壬戌学制"制定的《课程标准纲要》将体操科改为体育科,规定小学体育的目标是:① 发达儿童身体内外各器官的功能,以谋全体的适当发展;② 顺应儿童爱好活动的本性,发展其运动的能力,以养成日常生活及国防上所需的运动技能;③ 培养儿童为敏捷、勇敢、耐苦、诚实、公正、快乐、牺牲、服务、守法、合作、互助、爱国的公民,以作复兴民族、御侮抗敌的准备。小学体育课占到总学时的10%,初中体育课为十六学分(每周上课两学时为一学分)。① 此后,南京国民政府于1931年制定、1936年修订的《体育课程标准》基本也是以此为基础的,突出强调两个方面:其一,体育是促进儿童身心发育的途径;其二,体育是复兴民族、抵抗外辱的手段。

另外,还规定全国各级教育行政机关应有体育行政组织,即:教育部设体育委员会,主管体育科及主管体育之督学;各省教育厅及行政院直辖市教育局设省市体育委员会,主管体育股及主管体育之督学或指导员。体育设备,除各级学校应设体育场外,各省市体育场至少八十亩,各县市至少三十亩,并须设儿童游乐园,备儿童游戏器械及能引起儿童游乐兴趣之用具。②

依据这些政策措施,1932年,上海市教育局颁布《幼稚园儿童生活历》设计幼儿保育内容和方法,要求各幼稚园指导幼儿在活动中边做边学,将游戏、社会、自然等结合起来。上海市教育局规定小学教育应力求适应儿童之身心以启发其自动能力并培养民族精神,要求达到八项标准,其中第一条即是"培养儿童健康体格",最后一条为"养成儿童爱国爱群之观念"。为达成这样的目标,幼稚园开设音乐、故事、游戏、工作等课程,小学教学科目有公民训练、卫生、体育、国语、自然、算术、劳作、美术、音乐等。

从这些课程设置来看,儿童学习内容已经跃出传统纲常礼教的范畴,体现出解放儿童身体,以儿童为中心,为现实服务的教育理念,体育课程的开设既促进儿童健康成长,也顺应了当时的体育救国思潮。体育课程的设置并不仅仅反映在形式上,上海市教育局还定期去各幼稚园和小学进行视察,如1928年第二学期,对沪南、闸北两个区的42所市立小学,视察体育课45次③,及时发现问题并力求修补,西城

---

① 苏竞存:《中国近代学校体育史》,人民教育出版社1994年版,第99—101页。
② 姜书阁:《中国近代教育制度》,商务印书馆1935年版,第198页。
③ 上海特别市教育局:《上海特别市教育统计》,1928年版,第223页。

小学还订定体育实施纲要,对早操、体育课、课外活动等进行明确规定。这样,上海市幼稚园和小学体育课程的规章制度日趋完善,被合理纳入上海市教育的管辖范畴之内,并得到有效管理。

2. 上海儿童学校体育的繁盛

上海是当时全国文化中心,教育亦处于领先地位,尤其重视对初等教育的投入,1929年,上海的教育经费中,初等教育占到70%。相对充足的教育经费、繁荣的文化娱乐、先进的体育设施等使得儿童体育在幼稚园、各类小学中有声有色。

无论是幼稚园的游戏、功课,还是小学的体育课,都需要印行儿童体育教材。1920—1938年,上海出版了395种体育书籍,其中包括相当数量的小学体育读物。1933年,商务印书馆编印了复兴教科书系列,包括《体育教本》,其中有蔡雁宾、沈百英编写的复兴初级小学本,商务印书馆还出版了《儿童体育丛书》。1929年,《申报》体育记者马崇淦设立勤奋书局,专门出版体育教科书、体育参考书,依据新课程标准出版一套小学体育教本10册和教授书3册。自1933年10月至1937年7月还印行了4卷46期《勤奋体育月报》,这是近代颇负盛名的体育期刊,其中刊登了100多篇有关中小学体育教材的文章。

1934年商务印书馆印行的小学初级《常识课本》里面,涉及儿童体育的有两篇课文:一是《公共体育场》:"公共体育场,场地很大,天天有许多人,到那里去运动。"文字旁边附有插图,一群儿童在体育场内荡秋千、滑滑梯、玩跷跷板等[1];二是《童子军》:"我们学校里,有许多童子军,常常要操练,有时还要到野外去露营。"插图则是童子军练习搭帐篷和操练[2]。

注重实践是体育的课程特性,只有让儿童亲力亲为参加体育运动,才能实现解放儿童和强国强种的目标,这就需要保证儿童有从事体育运动的时间和地点,除了开设体育课程,还需要有体育场地。1928—1932年,上海6个简易体育场有5个设置在了小学校园之中,占地面积约从一亩、三亩、四亩到十七亩不等,资产约数共计16 270元。另据上海市政报告,1934年,上海市教育局在浦东的高桥小学设立第七简易体育场,在北新泾设立第八简易体育场,1935年,在龙华设立第九简易体育场。这些体育场也对市民开放,但"附设于学校者除例假全日开放外,每日在上午八时

---

[1] 王云五:《常识课本》,商务印书馆1934年版,第37—38页。
[2] 王云五:《常识课本》,商务印书馆1934年版,第39—40页。

图 4-4 公共体育场

图片来源:王云五:《常识课本》,商务印书馆1934年版,第37—38页。

后下午四时前不得入场运动免碍校课"①,首先是为了满足学校正常的体育教育。

自1928年11月至1937年5月,上海市政府举办了九届小学联合运动会,号召儿童进行体育运动,锻炼健康体格。参赛学校最少时有69所,最多时达到107所,西城幼稚园、万竹小学等学校成为优胜学校。体育可以帮助儿童身体发育和运动能力的发展,在体育运动中,还能帮助儿童树立自信心,建立良好的同伴关系,学会竞争等等。与传统体育倡导"和为贵""修身养性"等不同的是,西方现代体育更重视竞争,倡导以积极向上的精神状态获得更佳的运动成绩,乐于竞争,善于竞争。通过竞技,体育以其特有的方式培养儿童拼搏、奋进、坚韧、超越等多种优良品质。

---

① 《上海市立公共体育场规则》,载《上海市市政法规汇编》六集,上海市政府1933年版,第61—62页。

近代以来中国在同西方的竞争中屡次失败,受进化论"优胜劣汰"危机意识的影响,学校教育试图通过体育这样的方式来干预儿童的身体,实现"强种"的目标,最终完成国家解放的历史任务。

20世纪20—30年代,由于经济的发展和城市化的进行,上海的学前教育和初等教育处于全国领先的地位,据上海市社会局的调查,1936年,上海适龄儿童入学率为59%,远高于同期全国适龄儿童入学率的30.88%[①]。大多数上海儿童能够享受到学校体育设施,从事体育运动,41%的失学儿童则丧失了学校体育运动的机会,对于他们来说,可以通过各种社会体育方式和渠道来参与体育活动。

(二) 社会体育

1. 各阶层儿童广泛参与社会体育

随着上海城市工商业的繁荣,城市的各项功能日趋完善,建立了大型的运动场、游泳池等。由于经济收入和闲暇时间的增多,中上阶层的市民有物质经济基础和时间进行休闲运动、体育健身等,其日常生活的西化也表现在体育运动方面。在这些家庭中,无须刻意追求体育对教养儿童的积极作用,观看比赛、踢足球、拍网球、游泳等已经成为上层家庭儿童生活的重要组成部分了。

这些家庭能够为儿童购买玩具进行活动或锻炼,上海永和实业公司生产的永字牌橡胶皮球,在20世纪30年代行销全国,备受小学生喜爱。在《申报》《东方杂志》等报刊中还经常出现儿童运动器材、运动衣的广告也主要是针对中上层家庭的,如上海中国橡皮厂1931年在《申报》刊登的一组广告中,"××牌皮球,原料高尚制法精巧,故常为体育界所赞许,儿童所欢迎",旁边附有图画,一个健壮的儿童抱着皮球在玩耍[②]。

随着竞技体育逐渐为人们所熟知,上海经常举办或承办一些运动会,运动会门票价格适中,第六届全运会门票价格为:田径场普通券价2角、4角、6角、1元、2元,长期券价8元、15元。游泳普通券价6角、1元、1元半,长期券价6元。排球、棒球、网球券价均为6角,篮球初赛4角、决赛6角[③]。这样的价格对于中上阶层家庭

---

① 上海通志馆年鉴委员会:《民国二十六年上海市年鉴》,中华书局1937年版,教育L3页;中国文化建设协会:《十年来的中国》,商务印书馆1937年版,第565页。
② 《申报》1931年9月28日。
③ 《申报》1935年10月1日。

是愿意接受的。20世纪20年代中后期,上海足球运动处在第一个高峰期。上海有些儿童"花了两毛钱,买了最差的位子,挤在人堆里看了一场球",看到"亚洲球王"李惠堂的比赛,被场上气氛吸引,从此"每逢礼拜天,就向大人要一元钱,三毛乘三轮,两毛买门票,五毛吃点心,同小伙伴一起,要么踢球,要么观看比赛,不到天黑不回家"①。

上海还存在广大的工人群体,有些儿童本身就是童工,处在社会下层的儿童也有机会参与体育活动。在年收入最低的200—300元的上海工人家庭中,杂费开支达到70.45元,占到全部支出的20.9%,杂费中包含教育、娱乐、交通等,年收入200—300元是较低收入群体,即便如此,这些家庭仍有每年0.63元的文化娱乐支出,能够让四口之家的家庭成员每年每人逛一次大世界或听一次地方戏②,0.63元的文化娱乐支出也能够看一场运动比赛。为了促进儿童的健康成长,还提倡一些成本低廉的传统体育项目并举行比赛,如举行踢毽子比赛和儿童跳绳比赛③。

在儿童节和儿童年等重要节日期间,公园、儿童游乐场等免费向儿童开放,出版社免费向儿童尤其是社会下层儿童派发体育书籍,玩具厂也赠送玩具等,这些措施使得下层儿童也能够体验体育运动。对于学龄前儿童或者各种原因的失学儿童来说,体育是其接受教育的重要途径。学校体育和社会体育互为补充,体育馆、公园、游乐场等可以让儿童切实感触到体育的乐趣,并以此为契机接受教育,养成良好的行为方式、高尚的道德情操和团结进取的精神等。

此外,上海倡导童子军教育,1913年成立了上海中华童子军会,1915年第二届远东运动会在上海举行,400多名童子军参加表演和检阅、进行各种服务工作。1927年6月成立上海特别市童子军协会,1930年10月又改为中国童子军上海市理事会,会所就在南市的公共体育场。童子军训练中注重儿童体育的应用,"以儿童本位之教育"④为原则,男童子军学习"游泳",女童子军课程则包括"健身运动、远足"等。童子军经常进行检阅露营、课程比赛、野战等活动,1924年4月上海童子军

---

① 孙曜东、宋路霞:《浮世万象》,上海教育出版社2004年版,第13页。
② 忻平:《从上海发现历史——现代化进程中的上海人及其日常生活1927—1937(修订版)》,上海大学出版社2009年版,第266页。
③ 国家体委体育文史工作委员会、中国体育史学会:《中国近代体育史》,北京体育学院出版社1989年版,第287页。
④ 《申报》1933年10月8日。

比赛,个人组分为"游泳、划船、射击、攀登、风筝、音乐、娱乐、飞机模型、长距离自有车、无线电"①,共10项,体育项目占到了半数以上。上海童子军还经常与西侨童子军进行足球年赛、联合露营、野战等,1926年4月10日在徐家汇南洋大学操场上举行足球年赛,五与四之比,中国胜②。

2. 现代体育是一种对儿童的动员方式

体育不仅是一种教育手段,也是一种动员方式,既是对现代生活方式的一种动员,也是民族危机下的抗战动员,均能够承载这一时期的上海文化面貌。从功能上看,最早出现在上海的跑马、溜冰、足球等体育运动是为了满足外侨生活需要的,是西方人日常生活的重要内容。伴随着西方坚船利炮来到中国的西方体育,在当时还是先进生活方式的象征,这种生活方式代表着西方社会的强大与先进。20世纪20—30年代的上海"有物皆摩,无事不登",现代体育运动也成为一种"摩登"生活走入寻常百姓家。由于1927—1937年期间中日民族矛盾日益上升为中国社会的主要矛盾,对于儿童来说,体育还是民族危机之下的一种抗战动员方式。

上海民众广泛热情地参与到各种体育运动之中,使得体育能够成为动员的一种方式。据中华全国体育协进会的统计,1929年10月份上海各运动场的观众有6万多人,11月份有27 226人③。1931年4月19日上海市教育局主办第一次长程赛跑,观看者"男女老少当在十余万人以上"④。1934年在申园举行的埠际足球比赛,有观众15 000人⑤。1935年10月10日第六届全运会在上海开幕,当天中外参加人员计有10万人⑥。1930年7月至1931年6月,在上海第一公共体育场,第一、第二、第三、第四、第五简易公共体育场的活动人数中,儿童人数超过成年男子和成年女子活动人数之和⑦。

另外,据对上海市立第一公共体育场的调查,1930年7—12月妇孺部活动人数达115 845人,以儿童为主。1930年市立第一公共体育场的活动总数中,学界占34.2%,学界中儿童又占到70%。儿童还参与了一些大型运动会的表演项目,1933

---

① 《申报》1924年4月5日。
② 《申报》1926年4月10日。
③ 《申报》1929年11月1日、1929年12月5日。
④ 《申报》1931年4月20日。
⑤ 《申报》1934年2月19日。
⑥ 《申报》1935年10月11日。
⑦ 上海市地方协会:《上海市统计》,商务印书馆1933年版,教育第14页。

年,在南京全国运动会中,有 2 360 名儿童表演太极操;1934 年儿童节,在南京公共体育场,有 3 000 余名儿童表演太极操;1935 年在上海全国运动会上,有 3 000 名儿童表演太极操。游园也是上海儿童经常参与的体育活动之一,1929—1933 年,仅公共租界兆丰、虹口、外滩三个公园,儿童游览人数累计突破 55 万人次①。可以看出在日常生活中,上海儿童频繁出入各种体育场地进行体育活动,现代体育已成为儿童生活的一部分。

体育既是一种启蒙教育,又是一种抗战动员。体育增强体质、促进健康的功效是无可否认的,儿童体育的发展不仅代表着西方现代生活方式在中国的传播与兴起,还成为先进中国人向西方学习、探寻强兵救国之路的途径。现代体育是工业文明发展和社会进步的产物,上海儿童对体育的广泛参与,是上海工商业经济发展的结果,体现了人们从传统的农耕生活方式向西方现代生活方式的转变。现代体育不仅能够提升个人身体素质,还是救国救民的途径,1931 年九一八事变,1932 年一·二八事变,伴随着民族矛盾的激化,体育被赋予复兴国家的使命。1932 年刘长春代表中国参加洛杉矶奥运会,挫败日本要挟其代表伪满洲国参加奥运会的阴谋,其从上海出发,受到上海人民的热烈欢迎。儿童现代体育是儿童自觉地践行现代生活方式的体现,有利于突破传统生活方式的约束,实现儿童的解放,铸造健康体魄和养成现代人格,实现自我提升和解放,并为国家、民族的解放奠定基础。

现代儿童体育是一种遵循儿童生长发育规律和身体活动规律,通过身体锻炼、竞赛、游戏等方式达到以增强体质、丰富生活、满足儿童身心需要为目的的特殊社会实践活动,能够促进儿童身心成长,锻铸健康体魄和人格,包括儿童体育运动和体育游戏。1927—1937 年上海现代儿童体育的开展,对于儿童实现身心解放、灌输民族观念、改造生活方式等方面提供了积极的作用,儿童的解放为实现民族独立、国家解放提供生力军,国家解放的目标是时代的需求,为儿童的解放和儿童体育的发展提供精神动力,这是相辅相成的。现代儿童体育对于儿童解放和国家解放具有特殊意义,1927—1937 年上海城市关注儿童解放、国家解放、儿童体育,造就了适应时代需求的体育发展道路,在促进儿童成长的同时,儿童体育得到发展,儿童的身体、生活等日常琐事也在书写着民族解放和国家独立的宏大叙事。

---

① 上海市地方协会:《上海市统计》,商务印书馆 1933 年版,第 20 页。

第三节　休闲：从传统走向现代的儿童娱乐

爱玩是儿童的天性，"试看幼稚园，小学校中的儿童，一日中埋头用功的时间有几何？试看商店的学徒，一日中忙着生意的时间有几何？试看田野中的牧童，一日中为牛羊而劳苦工作的时间有几何？除了读几遍书，做几件事，牵两次牛，捉几根草以外，他们在学校中，店铺里，田野间，都只是闲玩而已"①。农耕社会中，"牛羊晚自归，儿童戏田野"②的场景昭示着人与自然的和谐，"十岁去踏青，芙蓉作裙钗"③表现了女孩子外出的娇羞，"登画舫，泛清波，采莲时唱采莲歌"④是江南小儿女们的必修课；当工厂践踏了田野，体育运动取代了踏青，轮船遭遇了清波，上海的儿童再难以回归农业社会娱乐的甜美惬意，都市给予他们的是另一番截然不同的娱乐方式和精神食粮，"都市为智识思想美术文艺及音乐之中心，各时代之有效事业得见于都市之构造、机关、博物馆、会馆及市场之中，时时有世界新闻、有绘画、建筑及艺术之展览，各种之娱乐适合各之阶级"⑤。儿童是未来城市建设主力军，掌握现代科技知识是他们难以推卸的时代使命，上海儿童的娱乐在身心上愉悦儿童，还可以寓教于乐，于嬉笑中向儿童展示现代社会，传授现代知识。

一、与时俱进的儿童图书

传统社会中儿童以《百家姓》《三字经》等为启蒙读物，难以满足儿童的精神需求，"中国向来以为儿童只应该念那经书的，此外并不给预备一点东西，让他们自己去挣扎，止那精神上的饥饿，机会好一点，偶然从文字堆中——正如在秽土堆中捡

---

① 丰子恺：《闲》，载《丰子恺文集》(5)，浙江文艺出版社、浙江教育出版社1992年版，第426页。
② 王贞白：《田舍曲》，载彭定求编：《全唐诗》第20册第701卷，中华书局2003年版，第8056页。
③ 李商隐：《无题二首》，载彭定求编：《全唐诗》第16册第539卷，中华书局2003年版，第6164页。
④ 李珣：《南乡子》，载彭定求编：《全唐诗》第25册第896卷，中华书局2003年版，第10118页。
⑤ 翟克：《中国农村问题之研究》，国立中山大学出版部1933年版，第36页。

煤核的一样一掘出一点什么来,聊以充腹,实在是很可怜的"①。近代以来,随着儿童地位的提升,人们对儿童关注的增多,开始出现近代儿童读物,中国近代儿童报刊有一定的发展分期:1875—1895年为中国近代儿童报刊的滥觞期,1896—1918年为中国近代儿童报刊的本土化时期,1919—1937年为中国近代儿童报刊的成熟与发展时期。②建立在"儿童本位论"基础上的现代儿童文学则是"用儿童本位的文字组成之文学,由儿童的感官可以直接诉于其精神的堂奥者。换言之,即明白浅近,饶有趣味,一方面投儿童心理之所好,一方面儿童可以自己欣赏的文学"③。

(一) 上海是儿童报刊发展的重要阵地

1875年,我国最早的儿童画报——《小孩月报》由上海教会学校出版,其宗旨在于"企图影响少年儿童的心灵",《小孩月报》宣讲基督教教义,也有不少启迪儿童思想与智慧的内容,在传播西方民主思想、科学知识等方面起到了积极的启蒙作用。其中传授科学文化知识的内容,包括天文方面的日蚀、月蚀、潮汐等现象以及各国游历的简介,形式活泼生动,有助于促进少年儿童科学意识的觉醒,培养儿童对科学的探索兴趣,提高儿童对于未知世界的认识;还刊登许多西方短小精悍的寓言,如《鸦狐》《蛇龟较胜》《农人救蛇》等,并发表少量的文学作品。1915年《小孩月报》易名《开风报》,共出版了近四十卷。它是中国近代历史最悠久的儿童刊物,深受当时小读者的喜爱,并被时人载以"启蒙第一报"之美誉,其在思想、文化乃至科学方面对儿童的启迪作用尤为可贵。

1903年4月上海南洋公学学生组织的爱国学社创办《童子世界》,这是革命派创办的以青少年为对象的报纸,也是我国最早的儿童报纸,内容分论说、时局、史地、物理、化学、博物、小说故事、诗歌、丛谈、专件、纪事等,文章短小,文字浅显。以"开通民智,疏导文明为宗旨",强调"广疏文明,萌芽培养国魂",同年6月,爱国学社被查封,《童子世界》停刊。其创刊号首版刊登钱瑞香的《论童子世界》,开宗明义地

---

① 周作人:《儿童的书》,载《自己的园地》,北新书局1923年版,转引自蒋风主编:《中国儿童文学大系·理论(一)》,希望出版社1988年版,第97页。
② 此处采纳傅宁:《中国近代儿童报刊的历史考察》的观点,载《新闻与传播研究》2006年第1期。
③ 周邦道:《儿童的文学之研究》,载《中华教育界》1922年第1卷第6期,转引自蒋风主编:《中国儿童文学大系·理论(一)》,希望出版社1988年版,第58页。

阐发了它旨于宣传革命的办报宗旨:"中国之人,莫不曰国将亡矣。国将亡矣,不闻有一人能兴之也,吾谓此责任尽在吾童子……振兴中国者,非十余岁之童子所能为也,必先求学问,学问既成,然后为之,何忧乎。然则二十世纪中国之存亡,实系于吾童子之乎矣。则虽谓二十世纪之世界为吾童子之世界也亦宜。"①

(二) 20 世纪 20—30 年代上海儿童图书的繁荣

1919 年以后,上海的儿童图书出版更如雨后春笋般繁茂,颇具规模,至 20 世纪 20—30 年代,儿童读物更是盛极一时,1927—1937 年间,上海儿童读物的发展阶程,又有如下划分:

1. 1927—1931 年,连环图书的盛行,儿童图书以报纸和期刊为主

连环画因其直观、有趣的图书叙事方式,特别受到儿童的青睐,并迅速风靡开来。《儿童世界》从第二卷(1922 年 4 月)起,刊载"图画故事",以多幅甚至上百幅图画组成连续性故事,开连环画连载之先河,之后,几乎所有儿童杂志都有类似连环画连载故事。有的连环画家兼任儿童刊物兼职画家,如曾在世界书局供职的早期连环画家陈丹旭,1927 年 3 月,世界书局出版由他所作的《连环图画三国志》,之后,世界书局有相继出版由其绘制的《水浒》《岳传》《西游记》《封神榜》等连环图画。

茅盾在 1932 年谈到这个时期的儿童读物时,这样说:"记得是五六年前罢,上海这些街头巷尾的小书摊上主要的还是些《时事苏滩》《时事五更调》之类的唱本;"连环图画小说"绝无仅有。到现在,则从前居于主要地位的唱本已经退居于一角,有些摊子上简直没有。这一变迁,也指出上海一般民众的阅读能力在这五六年来已经有了很大的进步;唱本不能满足他们,他们要求'散文'了!同时因为喜欢看连环图画小说的小学生竟有那么多,也指出现在供给儿童看的读物实在太贫乏。"②

"在上海,无论跑到哪一条马路上,总有许多小书摊,会呈现在我们眼帘。并且,热闹些的马路,隔离几十步,就有一个小书摊,这样密密地散布着。比报摊还要普遍而繁密,因为很多偏僻的地段,没有报摊,却有小书摊。而这些小书摊出租的书籍,几乎全部是连环图书,各式各样的陈列在简陋的木板书架上,由此可证上海

---

① 管林、钟贤培:《中国近代文学史》,中国文联出版公司 1991 年版,第 57 页。
② 茅盾著,孔海珠编:《茅盾和儿童文学》,少年儿童出版社 1990 年版,第 400 页。

的小市民和孩子们是多么的爱读这连环图书。我们不能因其取材的不好,而否认其存在的价值。"①

2. 1932—1935年,儿童图书和救亡主题的紧密结合

1931年的九一八事变和1932年的一·二八事变后,"儿童报刊的创办者怀着一种神圣的使命感从事创造性的劳动,他们把国家危亡的危机感和追求自由民主的紧迫感,通过报刊传播给儿童"②。同时也对儿童寄予厚望,期望儿童在不久的将来肩负起抵御外侮和建设祖国的责任,对儿童进行更加全面的现代化教育熏陶。当时上海现代的教育体制注重围绕儿童德智体美劳等方面,培养全面发展的现代新人,这几年的儿童读物也是将儿童成长发展与团结御侮紧密结合,儿童报刊将这一主旋律传播给新生的一代,如左联文研会创办的《中学生》《新少年》《现代儿童》等,还有在上海坚持出版近800期的《儿童日报》,都是成人从不同的角度给予儿童以救亡图存的号召,规划了对儿童的主张,希望他们成长为上海城市建设接班人和国家复兴的主力军。

3. 1935—1937年,儿童图书全方位渗透到上海儿童生活中

这一时期上海掀起儿童用书出版的高潮,王云五评价当时的儿童图书说:"最近几年,尤其是民国二十三年至二十五年间,儿童用书的出版最为热闹,商务印书馆有小学生文库五百册,幼童文库二百册,小学分年补充读本六百册;中华书局有小朋友文库四百五十册,小学各科副读本三百册;世界书局有儿童文库二百册;此外,儿童书局、北新书局等也都有类此的出版物。"③据生活书店1935年对总书目的一个分类索引可以看出,当时关于儿童少年的读物涉及语文、社会、公民、史地、自然、技术劳作、文艺(包括美术)、生理卫生、体育和童子军10大类,92个小类④。翻阅诸多的儿童图书,会发现书籍已和儿童的日常生活紧密相连,图书内容来自生活,反映着生活,又在生活中教育着孩童。

1935年以后,儿童读物与之前相比更加丰富,更加贴近儿童生活,更加突出了儿童的特点。据上海图书馆对近代图书所做的分类显示,这个时期出版的与儿童

---

① 公怀:《连环图书在上海》,载严独鹤主编《上海生活》第4卷第1期,联华广告出版部1930年版,第34页。
② 傅宁:《中国近代儿童报刊的历史考察》,载《新闻与传播研究》2006年第1期。
③ 张静庐辑注:《中国现代出版史料》(乙编),中华书局1955年版,第347页。
④ 生活书店编:《全国总书目》,生活书店1935年版。

有关的读物有儿童工艺丛书、儿童工作丛书、儿童万有文库、儿童卫生教育丛书、儿童艺术丛书、儿童文艺丛书、儿童文学丛书、儿童文学创作丛书、儿童文学名著译丛、儿童世界丛刊、儿童史地丛书、儿童丛画、儿童训育丛书、儿童圣经丛书、儿童百科丛书、儿童自然时令丛书、儿童自然科学丛书、儿童戏剧丛书、儿童报社丛书、儿童劳作小丛书、儿童体育丛书、儿童幸福丛书、儿童知识文库、儿童知识丛书、儿童学术丛书、儿童实际生活丛书、儿童故事丛书、儿童故事译丛、儿童科学丛书、儿童健康丛书、儿童读物丛书、儿童课余服务丛书、儿童理科丛书、儿童常识丛书、儿童博物丛书、儿童游艺丛书、儿童新史地丛书、儿童新音乐丛书,等等。而这些众多的儿童读物基本上都是在上海出版的,上海成为中国近代儿童读物出版的中心。当时出版儿童读物的出版社有商务印书馆、新华书局、中华书局、广益书局、儿童文艺杂志社、儿童书局、文光书局、世界书局、建国书店、作家书屋、小朋友书局、北新书局、华华书店、基本书局、正气书局、大众书局、狂飙出版部、广学会、良友图书印刷公司、蓓蕾出版社、大东书局、经纬书局、亚东图书馆、科学图书仪器公司、正中书局、儿童读物社,等等。众多出版社竞相投资出版儿童读物,不仅反映了社会和家庭对儿童以及子女教育的呼唤,同时也说明了其对儿童教育的关注开始走向儿童生活的各个层面,深入到儿童的生活世界[①]。在这些全方位反映儿童生活的图书中,绝大多数都是围绕教育儿童使之成为现代化建设接班人这一基本点展开的,1936年,在11个向上海市政府申请登记的刊物中,有关儿童的就有3个,占到了27%,分别是《儿童文艺画报》《儿童科学画报》《儿童时事画报》[②]。其意义在于,《儿童文艺画报》给儿童以文化艺术的熏陶;《儿童科学画报》是科普类画报,介绍自然科学、应用技术等,给儿童以先进科学的启迪;《儿童时事画报》让儿童关心时政,感触上海最前沿的动态。这都是在上海社会转型期间,成人为了适应社会需求,主动扩大和开辟儿童图书的内容,儿童图书反映了社会的进步和城市建设中儿童生活的变化,也是成人对儿童期盼成为现代化接班人的理想付诸实施的表现之一。

除了儿童图书出版的繁荣,还有专门的儿童图书馆供儿童阅读书报。

[①] 南钢:《上海家庭教育的近代转型研究》,博士学位论文,华东师范大学,2004年。
[②] 上海市政府秘书处:《上海市政府公报》1936年第172期。

表 4-14 20 世纪 20—30 年代上海主要儿童图书馆表　　单位：册

图书馆	地址	创办时间	藏书
少年宣讲团图书馆	中华路 1092 号	1919 年	5 400
上海市立民众教育馆儿童图书馆	文庙路	1931 年 8 月	2 358
敦义儿童图书馆	小东门康家弄	1932 年 7 月	1 000
第一儿童图书馆①	成都路和安小学	1934 年	250
市立第二儿童图书馆	蓬莱路	1934 年 9 月	3 856
中华慈幼协会图书馆	博物院路 131 号	1936 年 10 月	—

资料来源：据《上海通志·图书馆、文博、档案》，第 6194—6199 页，《1935 年、1936 年上海主要图书馆情况表》重新绘制。

必须看到，这一时期上海儿童图书的质量是良莠不齐的，"几年前，国难日亟，几个十二三岁的小学生，他们中了武侠连环图书的毒，竟不在正当的路途上干救国工作，反离家出走，要到峨眉山上去找寻剑仙。这件新闻，不是曾经轰动过上海社会吗？"②为此，上海市政府训令第七三二八号，为准内政部咨请饬属对于书贩小摊发行神怪淫秽之儿童及通俗书画刊物，切实查禁没收焚毁令仰遵办由，令公安局、教育局："兹查儿童及通俗书画刊物影响国家社会之治安、文化、风俗、思想只为重大，近查各埠书贩小摊每以神圣淫秽之词捏构故事，辑成小册，上幅为图，下幅叙以粗浅之文字，名之曰小人书画或通俗刊物，一般无知儿童及识字不多之人民多喜购阅，影响所及，堕落青年意志且有害国家民族之思想，……转饬公安机关张贴布告，俾众周知一面督饬所属，切实搜查，遇有上项小人书画及此类通俗刊物即予没收焚毁，以重法令而杜流传……"③

"书籍是人类进步的阶梯"，社会转型期的上海是一个充满活力的都市，都市中的儿童需要新思想和新知识的灌溉，此时期的儿童图书是上海成人为儿童准备的

---

① 由儿童幸福会、晨报社合设。
② 公怀：《连环图书在上海》，载《上海生活》第 4 卷第 1 期，联华广告公司出版部 1930 年版，第 35 页。
③ 上海市政府秘书处：《上海市政府公报》1933 年第 138 期。

合乎他们自身成长发展的精神食粮,成人用新的教育材料塑造着下一代,从而构建起一个新的城市,一个未来的城市。通过儿童接受新思想和新的价值体系,建立起新的理想儿童的形象,未来的城市现代化建设者的形象,这也是成人以行动掺杂着理想,规划着个人的希冀和群体的前途。上海儿童图书历史的回顾,上海儿童人口集体所属的文化环境和精神需求,可反映当时的社会文化思想可以从中发现上海城市对儿童精神世界的建构。

二、塑造新民的儿童玩具

衣俊卿指出:"游戏按其本质规定是指两个或两个以上主体所共同进行的非生产性的,即消遣性的交往活动。"[1]儿童玩具和游戏互相依赖,密不可分。玩具是游戏的物质载体,游戏是玩具实现其功用的途径,二者都是促进儿童体力和智力发展的重要媒介。然而,对于儿童玩具,中国古代素来有"玩物丧志"的说法,儿童启蒙的《三字经》里面有"勤有功,戏无益"的古训,教育儿童勤勉可以得到回报,终日戏耍则无益,在这些观点的作用下,中国历来忽视玩具和游戏对儿童成长的积极意义,玩具和游戏促进儿童体智发展的功效也较少得到体现。近代以来,随着西方物质文明的侵入,西方儿童玩具开始进入中国市场,蒋梦麟曾回忆说:"半世纪以前,这些轮船曾经把自来火、时辰钟、洋油灯、玩具,以及其他实用和巧妙的外国货带到中国。我童年时在安宁的乡村里就曾经玩过这些洋货。我们天真而不自觉地吸收这些新鲜的玩意儿,实际上正是一次大转变的开端,这次转变结果使中国步上现代化之途。"[2]

(一) 上海成为儿童玩具业中心

同衣服、食物等一样,晚清之际的上海,在外侨的示范下,开始接触到西方儿童游戏和玩具,并渐渐蔓延开来。19世纪80—90年代,浙江余姚乡下"好多人在上海做生意,从上海带回来很多好玩的东西:小洋刀、哨子、皮球、洋娃娃、气枪、手表等等,多不胜举"[3]。20世纪20—30年代,"玩具是儿童的恩物"已成为人们的共识,上

---

[1] 衣俊卿:《现代化与日常生活批评》,人民出版社2005年版,第154页。
[2] 蒋梦麟:《西潮》,辽宁教育出版社1997年版,第227页。
[3] 蒋梦麟:《西潮》,辽宁教育出版社1997年版,第34页。

海也是当时中国的儿童玩具生产中心。

1. 清末民初上海玩具制造业的萌芽(1910—1927 年)

清宣统二年(1910 年),姜俊彦留学日本归沪,开设大中华赛璐珞工场,用进口原料制作彩色乒乓球和洋囡囡、狮、象、牛、马等玩具。次年,范永盛五金工厂开办,利用铁皮边角和废旧马口铁饼干箱,生产口哨、摇铃、小鼓、小船等金属玩具。后来,魏顺记玩具工场,爱国玩具股份有限公司也有类似金属玩具的生产。

大公司的带动作用:1920 年,先施、永安等公司自设工场,仿制、销售英国货荡马、童车,并有配套生产金属零部件的厂、坊,如焦衡康、义兴昌、永义昌等配套作坊。1920 年 3 月,徐永顺铁铺业主许申祖创立大达玩具厂,为先施公司制作荡马的金属部件;不久许见有利可图便自行生产销售,时有从业人员 5 人,月产 30 辆,后来,又有焦衡康、义兴昌、永义昌等 7 家厂陆续开业生产荡马和童车,从业人员约 100 人。

一些现代儿童玩具依赖从国外进口,"上海总商会昨循新新公司之请,具呈江苏省公署,谓据新新公司函称,在美国兴裕洋行定购小儿玩具汽枪铅珠六千二百斤,刻欲提取,特备保证书,请求书及运输说明等到会,请均署转咨陆军部给予运输护照,以便赴关员领云云"[①]。

此时的儿童玩具材质以金属和木质为主,生产方式也以手工工场为主。

2. 1927—1937 年上海玩具制造业的繁盛

1927 年,商务印书馆员工陆杏初在虹口开办中国棋子玩具厂,雇工 10 余人。次年,江阴叶钟廷、叶翔廷兄弟在沪创办永和实业公司,生产永字牌橡胶皮球。1931 年,全市有玩具厂 43 家,从业人员近千人。1934 年,康元制罐厂设立玩具部,以印铁设备的优势,利用边角料生产金属玩具,雇工 100 多人,为全国规模最大的玩具制造厂。1935 年,卫生工业社成立,生产八音小提琴。1937 年,陈鹤琴开设民众工业社,自行设计系列幼教玩具。[②]

20 世纪 30 年代前期,是上海玩具民族工业兴盛时期,这和当时的反帝爱国运动以及提倡国货的历史背景有关。整个行业形成了金属、赛璐珞、木制、橡胶、布

---

① 《新新公司请给运输护照》,载《申报》1926 年 1 月 23 日。
② 上海通志网: https://www.shtong.gov.cn/difangzhi-front/book/detailNew?oneId=1&bookId=2247&parentNodeId=79360&nodeId=104189&type=-1.

制、纸制和童车 7 大类。此时，除了金属玩具中有少量使用发条能够产生简单机械动作的产品外，大部分是静态、低档玩具。

表 4-15　1910—1937 年上海主要玩具制造厂表

厂　名	创办时间	创办人	产品	备注
大中华赛璐珞工场	1910 年	姜俊彦	彩色乒乓球和洋囡囡、狮象牛马等	最早的玩具工场
范永盛五金工厂	1911 年	—	口哨、摇铃、小鼓、小船	最早的金属玩具工场
先施公司玩具部	1920 年	—	仿制、销售英国货荡马、童车	—
永安公司玩具部	1920 年	—	仿制、销售英国货荡马、童车	—
大达玩具厂	1920 年	许申祖	荡马	—
焦衡康玩具厂	1924 年	—	扁铁三轮童车	—
中国棋子玩具厂	1927 年	陆杏初	军棋、象棋等	—
永和实业公司	1928 年	叶钟廷　叶翔廷	永字牌橡胶皮球	30 年代行销全国，备受小学生喜爱
中国工业社	1932 年	张协明　徐文杰	六面画、积木等	—
康元制罐厂玩具部	1934 年	项康元	发条机械铁皮玩具跳鸡、跳鸭、跳蛙等	雇工 100 多人，为全国规模最大的玩具制造厂
卫生工业社	1935 年	周学潮	八音小提琴	—
民众工业社	1937 年	陈鹤琴	幼教玩具	—
三达兄弟工业社	1937 年	沈士康　蔡翠宝	布绒玩具	—

资料来源：上海通志网，https：// www. shtong. gov. cn/ difangzhi-front/ book/ detailNew？ oneId＝1＆bookId＝2247＆parentNodeId＝79360＆nodeId＝104189＆type＝-1.

国民政府还在上海举办全国儿童教育玩具展览,目的在于:① 唤起社会人士对于教具玩具注意;② 鼓励教具玩具的仿制和创制;③ 谋教具玩具的改进。① 于是1936 年在上海的儿童年的中外玩具展上,儿童们看到了各式各样中外玩具,有的还附以文字:小花狗(无锡泥制品)——有点像吴稚老,不倒翁(上海胶制品)——有点像孔财长,金财神(美国铅制品)——有点像宋先生。②

八一三事变后,有的儿童玩具厂如康元制罐厂被日军炸毁,多数儿童玩具制造厂停业,一批中小玩具厂也先后倒闭。

(二) 儿童玩具特点分析

玩耍和游戏是儿童日常生活的主要组成部分,"在儿童生活中,游戏是一种精神的体现,游戏是儿童理解、体验、超越生活的方式"③。游戏对于儿童自然天性的发展具有重要作用,与儿童游戏相伴而生的儿童玩具对于儿童的感官、兴趣等的发展也具有促进作用,游戏和玩具是引导儿童自由发展的催化剂,"只要儿童尚未在日常生活中达到充分推论后果的阶段,主观自由在他们的世界中就必然比在成年人世界中起更大的作用。对他们而言,游戏是'自然'的生活方式,是对生活不自觉的准备"④。在 1927—1937 年间,由于上海特殊的社会转型背景,整个城市发生着由传统到现代的转变,儿童游戏和儿童玩具具备了一定程度的现代特征,成人对儿童的期望也倾注在儿童玩具之上。

1. 玩具和游戏凸显爱国主义情怀

上海爱国玩具厂于 20 世纪 20 年代生产的铁皮鼓,印有"勿忘国耻"字样。爱国玩具厂诞生于 1919 年,以"赤心爱国牌"作为商标,专门制作铁皮机动玩具。当时多家上海玩具厂所生产的铁皮玩具,都带有浓厚的政治色彩,鼓励国人购买以表达爱国之心。周乐山曾对儿童用品和玩具提出五原则:"① 用纯粹国货原料制作的;② 不完全因袭欧美的;③ 有向上性的;④ 有民族性的;⑤ 有美感性的。"⑤黄寄萍也认为儿童玩具要注重能激发儿童爱国观念。在上海,民族解放和现代化运动是相

---

① 《全国儿童教具玩具展览,明年 4 月 4 日起举行》,载《申报》1935 年 8 月 8 日。
② 上海市档案馆,D2-0-2748-313。
③ 朱自强:《中国儿童文学与现代化进程》,浙江少年儿童出版社 2000 年版,第 241 页。
④ [匈] 阿格妮丝·赫勒:《日常生活》,重庆出版社 1990 年版,第 248 页。
⑤ 邵鸣九:《今日之儿童用品及玩具》,载中国儿童文化协会编:《今日之儿童》,生活书店 1936 年版,第 220 页。

伴而生密切相关的，由于民族矛盾的尖锐，民族独立和解放一直是上海现代化运动目的和动力之一，期盼国家的富强以获得城市和国家的自由发展，然而，在上海现代化建设进行期间，深受西方殖民主义的欺凌，1932年日本掀起的一·二八事变给上海人带来的创伤是巨大的，有的年纪小的孩子由于不明白西洋人和日本人的不同，在游玩时，四岁的孩子见到了西洋小孩，也要骂"小东洋鬼子"①。黄炎培也曾经回忆说：

> 那时小孩子们最爱玩一种集体戏，倒是对当时国内和国际情况有充分代表性的。怎样游戏？三个指头：拇指代表"官"，小指代表"百姓"，中指代表"外国人"。百姓怕官，官怕外国人，外国人怕百姓。甲乙丙三孩，各就三指中同时伸出一指，假如甲伸拇指，乙伸小指，丙伸中指。这就是：甲"官"对乙"百姓"是赢；而对丙"外国人"是输；乙"百姓"对丙"外国人"是赢，而对甲"官"是输；丙"外国人"对甲"官"是赢，而对乙"百姓"是输。赢的对于输的拍一记手掌。②

由此可见，上海社会转型期间，成人在塑造现代新人之时，首要的任务就是让儿童具备反帝反侵略的爱国意识，爱国玩具充当了良好的爱国主义教材，也是上海儿童玩具所具备的时代特色。

2. 强调现代科技知识在玩具和游戏中的运用

西方现代社会给人冲击最大的莫过于汽车轮船、声光电化的物质文明，转型期上海把基础的现代科学应用于儿童玩具之中，将西方物质文明以娱乐的形式移植于孩童的脑海中，于儿童精神之内渲染科技在日常生活中的应用，教诲儿童"师夷长技"，努力学习和掌握现代知识。

中国历来视西方科技为"奇技淫巧"，认为玩具和游戏导致儿童不思进取，道德沦丧，因此"西方的音乐盒在传入中国之前，中国是没有人知道的，中国人对能张嘴能眨眼的玩具娃娃一无所知，尽管这一原理十分简单。中国至今没有生产出那种把神秘的发条装在内部自动驱动的玩具，因为，他们确实不知道如

---

① 《劳工幼儿为新教育探险之新纪录》，儿童书局1935年版，第97页。
② 黄炎培：《八十年来》，文史资料出版社1982年版，第18—19页。

何制造发条"①。那么中国惯常以何种方式教导童幼呢？每当小孩子无法按照大人们的意愿来行事时，成人习惯于吓唬孩童，告诉他们说有会吃掉小孩子或者抓走小孩子的鬼，以此来逼迫儿童处处顺着成人的意愿，针对这样的教育方式，有人提出"不对小孩说鬼！"②的口号，注重科技对儿童的思想启蒙是势不可挡的历史趋势，上海身处欧风美雨沐浴的最前沿，以现代科技基础知识为原理制造的儿童科学玩具也率先进入上海儿童的日常生活之中。

1932年，儿童书局出版《儿童科学玩具》一书，书中都是一些富于兴趣的儿童科学玩具，并大都经作者亲自动手做过。书中不但叙述做的方法、玩的方法，并说明做的原理，所以是一部有思想、有动作、能够产生新价值的、合于教育上最新原理的书本③。书中介绍了小照相机、电话机、热空气球、魔术箱、纸飞艇等25种新式玩具的做法及原理。其中大多涉及了西方现代科学中的物理和化学知识，运用浅显易懂的热学、光学、力学、声学等知识向儿童灌输现代科技在日常生活中的运用。如小照相机就运用小孔成像的原理，在废旧牛乳罐上扎一小孔，再做一个稍小的纸罐，一端开口，一端糊上半透明的纸，在野外把纸罐插入牛乳罐中，人在开口一端望过去，便可在另一端纸幕上看到清楚的倒像。这是"因为光是以直线进行的缘故，所以当物体的反射光向四方射出来的时候，只有和我们的那个牛乳罐上小孔成直线的光，才能穿过来，其余的都不能进来。物体各点所反射出来的光，经过小孔达到纸幕时，便在纸幕上现出一个倒像来"④。

儿童玩具注重训练儿童自己动手的能力，借此让儿童学会创造新生活。要建设现代都市，创造美好的城市生活，"最重要的工作在解放儿童的头脑与双手"，有歌谣倡导，"人生两个宝，双手与大脑。用脑不用手，快要被打倒。用手不用脑，饭也吃不饱"⑤。"把儿童解放出来，特别是解放他们的手和脑，来创造新的儿童世界"⑥。上海视儿童为城市建设接班人，这要求教养儿童要面向社会，不仅仅是现实

---

① [美]泰勒·何德兰、[英]坎贝尔·布朗士：《孩提时代——两个传教士眼中的中国儿童生活》，群言出版社2000年版，第92页。
② 《儿童节标语一束》，载戴自俺、孙铭勋：《儿童节教学做》，儿童书局1934年版，第256页。
③ 白桃：《儿童科学玩具》，儿童书局1932年版，序。
④ 白桃：《儿童科学玩具》，儿童书局1932年版，第4页。
⑤ 中国儿童文化协会编：《今日之儿童》，生活书店1936年版，第5页。
⑥ 《本市各界明日庆祝儿童节》，载《申报》1935年4月3日。

社会,更应该面向未来社会的发展。社会和家庭传授给学生的知识不仅是当前生产生活领域的实用知识,更应该是儿童未来学习和发展所需要的基础知识和基本技能,为儿童未来的学习和发展奠定基础。现代科技知识是教养儿童必不可少的一环,儿童要自己动手来使用这些知识:"小朋友!咱们除读书学习之外,还应该自己动手,创造些东西出来!不但觉得十分有趣,而且足以发现咱们小朋友的聪明智慧呢。现在便利交通的汽船火车,不是先有了瓦特小时候壶盖掀动的发明,才有了后来的发明吗?现在功用万能的电,不是先有了富兰克林小时候放风筝的发明,才有了后来的发明吗?小朋友,咱们快来发明吧!"①玩具中科技知识的应用给儿童以启迪的作用,目的仍是上海乃至整个中国的现代化建设,即"小孩子们在新的教育制度影响之下,大家都能拿起纸折飞机抛在空中滑翔。他们制造小小的抽水机,也能做玩具汽车。他们开始养成研究机械的习惯,这对国家的未来工业化运动是个良好的基础"②。

图 4-5 中的图画游戏在儿童节当天刊登,均为简笔画,即用简笔便可勾勒出图中所示飞机、火车、轮船、飞艇,这些又均以现代机械学、力学等专业知识为基础,强调在游戏中向儿童灌输现代科技知识。

图 4-5 图画游戏

资料来源:《申报》1934 年 4 月 4 日。

3. 强调儿童玩具的卫生,注重发挥体育在儿童玩具和游戏中的作用

上海一直在寻求强健的未来城市接班人,在儿童衣食住行等方面以科学卫生的方法养育儿童,儿童玩具也体现出人们期盼儿童健康强健的愿望。1936

---

① 徐宝章:《暑月的玩具》,载《申报》1935 年 8 月 4 日,原文略有改动。
② 蒋梦麟:《西潮》,辽宁教育出版社 1997 年版,第 159 页。

年中华慈幼协会在民众体育馆主办儿童卫生玩具指导,参加民众近千人。对家庭中的儿童玩具提出以下要求:① 玩具不可太大,不可太小,以防危害身体;② 玩具要易于洗涤,免为疾病媒介;③ 不可用玻璃制品;④ 颜色不要有毒。①生活中民众也时常清理儿童玩具,许多家庭还将儿童玩具蒸煮以高温消毒之后再拿给儿童玩耍。

随着西方体育的传入,竞技体育逐渐为人们所熟知,上海掀起体育运动的高潮,足球、篮球等也开始走进儿童生活,成为儿童玩具的重要组成部分,加强了儿童身体的活动和锻炼,上海永和实业公司生产的永字牌橡胶皮球,20世纪30年代行销全国,备受小学生喜爱。

前文述及的儿童玩具特点都旨在儿童智育的培养,而强调卫生和将体育融入玩具中则是对儿童身强体健的要求,这也是上海城市建设接班人的必备素质。

4. 传统玩具依旧盛行

尽管在上海社会转型期,儿童玩具也发生了由传统到现代的转变,旨在塑造现代化建设新人,但当时的上海,仍有许多为儿童们所喜欢的传统玩具,诸如哨子、娃娃、陀螺、拨浪鼓、战士玩具、铁叉、大刀、玩具车等。

1915年2月《妇女杂志》上刊登凌蕊珠的文章《儿童玩具浅释》,对20种儿童玩具的制作和原理进行说明,涉及的儿童玩具有不倒翁、毽子、铁环、陀螺、空钟、皮人、木鱼、摇古董、劈拍、洋泡泡、口琴、传声器、气枪、射水竹管、皮球、纸鸢、气球、肥皂泡、万花筒、雪灯等,可以看出,其中半数玩具还属于传统玩具。而这些传统玩具也是富有趣味,深得孩童喜爱的:"春天的景色渐见浓厚。老上海的孩子们,忙着放起纸鸢来了。到了夜里,纸鸢上挂起了灯,其中还有飞炮流星百寿灯等,有光有声,煞是有趣。"②1936年元旦上海县闵行民众教育馆举行儿童运动会,甲组项目有踢毽子、跳绳、投篮、射箭、滚铁环、障碍竞走、气枪打靶七项;乙组有踢毽子、跳绳、射箭、滚铁环四项③,大多是中国儿童的传统玩具和

---

① 《十五届卫运指导儿童玩具》,载《申报》1936年6月17日。
② 蒯世勋:《老上海十二个月的行事》,载余之编:《旧上海风情录》(上),文汇出版社1998年版,第341页。
③ 巴玲:《儿童运动会参观记》,载申报儿童专刊社:《儿童之友》(第二集),申报馆1936年版,第352—353页。

比赛项目。

尤其在传统节日时,自古流传的玩具更受儿童青睐,如元宵节"儿女争看走马灯"①;过年时候鞭炮是儿童必不可少的玩具,"爆竹原来挂柳梢,小儿摘向手中抛。一声霹雳惊邻居,告诉爷娘先要敲"②。在社会下层家庭中,幼龄儿童无法享用到现代的儿童玩具,捡起洋房或汽车之外的废旧玩具,即便如此,这些玩具依旧能给他们带来欢乐。茅盾在上海大年夜中就曾看到过这样一幕:"一座很神气的洋房门前鞭炮的碎红足有半寸厚。阳台上似乎还有一面国旗迎风飘扬。一两个肮脏的孩子蹲在地下捡寻还没放出的鞭炮。"③

三、应运而生的儿童电影

电影是现代社会的产物,儿童是早期电影的重要表现对象,也是早期电影的重要观众之一,儿童与电影之间有浓厚的生命联系。"从电影诞生的时候起,儿童观众就是这门新艺术的最热烈的崇拜者。从美国那两百间的'五分钱造币影院',到俄罗斯那众多座所谓'幻影院'和'电气影院';从中国大陆遍及大都市的'茶楼影院',到印度简而陋的'大棚放映'……在那众多的电影观众群中,竟有足足一半的观众是少年儿童"④。随着中西文化交流的繁荣,电影也传入中国,灯红酒绿的上海,霓虹灯之外也有儿童娱乐的舞台,儿童电影作为儿童娱乐的主要形式在时代呼唤下应运而生。

电影自登陆中国,就广受欢迎。1915 年上海的《进步》⑤杂志刊载大可的《电光影戏与儿童关系之商榷》一文,提到民国初年我国电光影戏(早年对电影的俗称)的盛行如"春潮日涨",并且"夫活动电光影戏之范围日见推广,若教堂、学校、青年会、体育会及工厂莫不利用之"。为数众多的电影观众中有相当多的孩童,"年龄不同

---

① 葛其龙:《申江元夜踏灯词》,载顾炳权编:《上海洋场竹枝词》,上海书店出版社 1996 年版,第 376 页。
② 海上钓侣:《过年竹枝词》,载顾炳权编:《上海洋场竹枝词》,上海书店出版社 1996 年版,第 402 页。
③ 茅盾:《鞭炮声中》,载《茅盾散文速写集》(上册),人民文学出版社 1980 年版,第 244 页。
④ 《回顾与展望——纪念中国电影一百周年国际论坛》,国家广播电视总局 2005 年版,第 104—105 页。
⑤ 中华基督教青年会于 1911 年创办,以青年为主要受众,传播基督教义。

之儿童夹杂在成人之中,同坐在黑暗与不通风的大厅中"。电影以其独特的魅力给儿童呈现一个个虚幻的世界和动听的故事,"电影对于城市中的儿童,就是炉边讲故事的代替物"①。20 世纪 20—30 年代,"上海,不单是全国的工商、金融集中的大都市,对于娱乐事业也是全国的汇合场所"②。随着上海现代化运动的日益深化,城市精神文化领域发展迅猛,"城市人口的增加,不仅使实物商品市场扩大,服务业、娱乐业等非实物商品市场也同时扩大"③。1930 年上海已有 23 家电影公司、37 家电影院,到 1933 年,电影院的数量增为 45 家④,电影也成为塑造儿童为现代新人的途径之一。

(一) 教育影片塑造现代化接班人

1918 年起,商务印书馆开始自行制作影片,主要有五大类:"风景""时事""教育""新剧""古剧",且多是短片。风景片主要录制了中国的名胜古迹,借以反映中国的悠久文化历史,驳斥中国落后,引起观众爱国主义情感,有的还联系时政,如《济南风景》里说明日本帝国主义攻占青岛等;时事片多数记录上海的社会生活;教育片是为了配合当时的学校教育和社会教育而摄制,在内容上往往与该馆出版的教科书相呼应,而且影片的放映,也常常是配合某些演讲、宣传和报告来进行。如《驱灭蚊蝇》记录了当时的东南大学附设的昆虫局在当时所创造的一种消灭蚊蝇的方法,为配合卫生讲演而放映;再如《盲童教育》记录上海的外国人办的盲童学校的情况,并配合盲人记忆表演映出,配以字幕:"希望中国人力行此种事业。"商务印书馆自行制作了约 20 多部教育电影,但是一·二八事变中这些影像资料全部被毁。影片除了在放映的时候实现对广大群众和学生的直观教育外,还辅以书籍等文字教学资料和教员的口头讲解以达到最佳的教育效果,这些影片都受到观众尤其是青少年的喜爱。

---

① Marianna Hoffman:《电影与儿童》,晓萍译,载中国教育电影协会年鉴编撰委员会:《中国电影年鉴》,中国教育电影协会 1934 年编印。
② 屠诗聘:《上海市大观》(下),中国图书馆志 1948 年版,第 66 页。
③ 樊卫国:《激活与增长——上海现代经济兴起之若干分析(1870—1941)》,上海人民出版社 2002 年版,第 71 页。
④ 熊月之:《上海通史·民国社会》,上海人民出版社 1999 年版,第 169 页。

表4-16　20世纪20—30年代商务印书馆摄制的主要短片表

风景片	《南京名胜》《长江名胜》《普陀风景》《上海龙华》《西湖风景》《浙江潮》《庐山风景》《北京风景》《济南风景》《曲阜风景》《泰山风景》等
时事片	《欧战祝胜游行》《东方六大学运动会》《约翰南洋比赛足球》《第五次远东运动会》《军舰下水》《国民大会》等
教育片	《盲童教育》《养真幼稚园》《慈善教育》《女子体育观》《技击大观》《养蚕》《陆军教练》《驱灭蚊蝇》等
古剧片	梅兰芳主演的《春香闹学》《天女散花》
新剧片	《憨大捉贼》《呆婿祝寿》《得头彩》《死好赌》《李大少》《拾遗记》《车中盗》《清虚梦》等

资料来源：程季华：《中国电影发展史》（第一卷），中国电影出版社1981年版，第31—36页。

中华书局1937年出版的《教育电影》一书将教育电影分为三类：社会教育电影、学校电影、儿童电影。① 实际上，这三种类型电影的观众绝大多数都是儿童。上海是电影事业发达的城市，市民对电影的需求多，电影对儿童的教育启蒙也颇有功效，教育电影的推广工作在全国来说是占领先机的。1933年秋，在一些热心教育电影的人士集资筹办下，在上海设立"全国教育电影推广处"②，位于当时的博物院路19号，有教育影片约180部，免费供应给各地学校、教育行政机构和社教机构，是供应各地教育电影的枢纽③。中国教育电影协会上海分会也积极向学校等机构推广教育电影，是早期民间组织进行教育电影放映的代表，在资金缺乏、片源不足的情况下，中国教育电影协会上海分会仍然组织了流动放映队到上海各中小学放映，使成千上万的孩童获益。自1932年10月投入工作以来，每月放映的学校以及参观人数递增颇快，统计如下（见表4-17）：

---

① 谷剑尘：《教育电影》，上海中华书局1937年版，第103页。
② 卢莳白：《一年来之电影教育》，载《一九三三年之上海教育》，上海新闻社1934年版，E1页。
③ 宗秉薪：《中国电影教育的"昨""今""明"》，载《教育杂志》第24卷第3期，1934年11月。

表 4-17 1932 年 10—12 月上海流动放映队工作效果表

时间	1932 年 10 月	1932 年 11 月	1932 年 12 月
放映场次(次)	150	153	351
学校(所)	80	137	200
参观人数(人)	50 000	72 350	145 476

资料来源:陈洪杰:《中国近代科普教育:社团、场馆和技术》,硕士学位论文,华东师范大学,2006 年。

此外,1934 年设立"儿童电影日",1935 年上海市儿童幸福委员会也开办儿童电影院,免费放映教育电影,"上海市儿童幸福委员会主办之儿童电影院,已于本年元旦上午九时,假南市尚文路尚文小学,举行开幕典礼,由教育局局长潘公展主席,胡叔异委员等参加致词,到小学生二千数百人。是日放映三次,其时间为上午十时至十二时,下午三时至七时连映两场,并不收费。此后每逢星期必开映影片,随时调换云"①。并在当天上午放映影片《华盛顿之一生》。1935 年 3 月 27 日成立儿童电影委员会,该委员会联合月光大戏院设立儿童电影日,每周五下午五时及每周日上午十时"专映适合儿童需要并具有教育意味之影片"②。1936 年 2 月 6 日上海还成立上海市儿童电影推行委员会,"设立东西南北中五区推行分会,并指定由东海、西海、荣金、东南、世界、金城六影戏院于每星期日上午十时开映经本会特许之有益儿童教育影片,每人座价只收五分"③。众多机构对儿童电影事业的关心使得上海儿童可以享受到城市的现代化娱乐,"儿童是国家未来的主人翁,有了教育影片的培养,儿童身心,能不健全吗?"④寓教于乐,在欢歌笑语中体会现代城市丰富多彩的生活,在大屏幕中学习做一个合格的现代人,在上海新型娱乐设施之中接受现代知识的洗礼以成为未来上海城市建设的主力军。

(二) 电影传达儿童日常生活讯息

随着上海城市社会转型的深化和现代化建设的完善以及民族矛盾的加深,现

---
① 《儿童幸福情报》,载《现代父母》第 3 卷第 1 期,中华慈幼协会 1935 年发行,第 81 页。
② 《儿童电影日特请吴市长揭幕》,载《申报》1935 年 4 月 2 日。
③ 《上海市儿童年闭幕典礼特刊》,载《申报》1937 年 7 月 31 日。
④ 皇玉居:《电影教育与儿童》,载《现代父母》第 3 卷第 8 期,中华慈幼协会 1935 年发行,第 11 页。

实主义观念、生存危机感成为当时社会的主流意识,儿童电影的主要社会功效也是塑造城市建设接班人,这从电影工作者制作电影的出发点可以窥见一斑:"我们对于儿童电影之制作,不妨概要地提出如下的要点:① 儿童电影,必须题材的大众化与表现的通俗化;② 彻底铲除恶劣的封建意识;③ 反资本主义的奢侈淫靡;④ 提倡刻苦耐劳,鼓励集团生活,发扬儿童为人类为社会服务的精神;⑤ 在影片中强调自然科学或医学常识;⑥ 更主要的,反帝抗争,御侮自卫,应当作为儿童电影主要的内容,为了中华民族的救亡图存,为了中国彻底的自由独立解放,从儿童教育着手,真是电影作家们重要的任务了。"①可见电影的主要目的还在于将成人世界的价值体系传输给儿童,让儿童了解并形成符合时代需求的价值观和人生观,进而成为上海城市未来建设的主力军。

电影来源于生活,取材于生活,又终将融入生活。20世纪20—30年代上海的儿童电影多了对社会的深度反思和对儿童的温情关怀,借此来传达城市发展和社会需要的儿童形象,电影中塑造的儿童主人翁多为普通儿童,在这样平民化的儿童电影世界里,传统的英雄、伟人和侠客没有出场,功勋、业绩与梦想亦属缺席。这些电影执着于平凡的人生与平凡的世界,为社会中下层儿童的努力而歌唱;展示小主人公为平常而琐碎的世俗生活与世俗理想而努力,而奋斗,而痛苦,而欣悦,展现他们在人生的种种磨难面前迸发出的生命力量,他们的成功与失落,亦是上海儿童的真实写照,与儿童的日常生活极为贴切。联华公司在1935年儿童年贡献的三部儿童影片都是这样体现儿童生活,又指导儿童生活的影片。

表4-18 1935年联华公司三部儿童电影表

电 影	主 要 内 容
《小天使》	如何在社会环境和封建势力下,塑造理想的、健全的儿童
《迷途的羔羊》	在残酷的现实环境中,流浪儿童的挣扎与奋斗,"为社会提出一个严重的大问题"
《幼年中国》	在整个民族求生的背景下,儿童如何训练和使用他们自己的力量,来为新中国制造一线曙光

资料来源:《联华对儿童年之三大贡献》,载《申报》1935年8月11日。

---

① 凌鹤:《今日之儿童电影》,载中国儿童文化协会编:《今日之儿童》,生活书店1936年版,第234页。

联华公司出品的三部影片都是极具现实意义的儿童影片,是上海城市发展中儿童生活的真实写照,反映了社会转型期上海城市对现代人才的渴求,以及社会转型期城市底层儿童试图改变生活的抗争。

民国时期产生最大轰动的儿童影片莫过于《三毛流浪记》,1949年上海昆仑影业公司摄制的影片《三毛流浪记》走上大银幕,影片改编自漫画家张乐平创作的连续性漫画《三毛》。张乐平,1910年出生于浙江省海盐县,从小喜欢绘画,迫于生计,其于1925年小学毕业后到上海郊区的一家木行做学徒,后来又在印刷厂当练习生,在广告公司绘制广告画,在三友实业社当绘图员。三毛的形象早在1935年就问世了,也就是说《三毛流浪记》能够反映20世纪30年代上海儿童的悲喜生活。抗战胜利后,三毛漫画在上海的《大公报》连载,三毛形象在上海家喻户晓,并成为上海社会转型期多数中国穷苦儿童命运的象征,有较强的社会讽喻和批判意义。夏衍曾在《三毛流浪记选本》序言中指出:"三毛是上海市民最熟悉的一个人物,不仅孩子们熟悉他、欢喜他、同情他,连孩子们的家长、老师,提起三毛也似乎已经不是一个艺术家笔下塑造出来的假想人物,而真像一个实际存在的惹人同情和欢喜的苦孩子了。"张乐平以机智的笔触,精心地构造了一组一组的笑中带泪的画幅,描写了削瘦矮小的三毛怎样做报贩、擦皮鞋、当学徒……将这个流浪儿童被奴役、被欺负、被凌辱、被践踏的悲惨遭遇表现得淋漓尽致,而这些又都是20—30年代上海底层儿童的真实境遇。影片的片尾曲:嘴里是苦,心里是辣,眼中的泪水谁给擦?霓虹灯陪着高楼大厦,黄包车拉一朵花,小巷真小,大街真大,无数的弄堂哪是家?三根毛迎着风吹雨打,上海滩印一双小脚丫,太阳是爸,月亮是妈,天大地大哪是家?床铺是砖,枕头是瓦,身上盖的是晚霞。它揭露了城市中的冷酷、残忍、丑恶与欺诈,强烈地控诉着社会转型期都市儿童待遇的不公正!三毛也成为中国穷苦儿童的象征。

生活于社会底层的"三毛们"虽然是电影的素材,可是他们却无缘欣赏电影,"失学的儿童没有经常跑进电影院的机会,正和他们被摒弃于学校或图书馆之外一样,贫穷决定了他们只会在电影院门外徘徊。在都市中,他们大多数是被残酷地役使在工厂的机器旁边,或者被饥饿驱逐在街头巷尾的垃圾筒旁,或者是跟着绅士淑女后面哭喊着老爷太太,高大的电影院对于他们当然是绝缘了的,只有高贵的小少爷小姐们,才能够坐着汽车从小学校或幼稚园中回来,然后又藏在父母的怀里,在微明的电影院里吃巧克力或冰激凌"①。这些儿童是何其不幸,他们在社会底层蹒跚而行,以稚嫩的双肩挑起城市建设的重任,却难以在城市中一展欢颜;他们又是何其幸运,生活在现代化的城市中,时代赋予他们建设现代城市的机遇,可以肯定的是,即便难以享受现代生活乐趣,他们也正在或终将成为城市建设主力军,成就自己哪怕是卑微但对城市来说却不可或缺的事业。

(三) 影院扩展儿童公共生活空间

1. 影院扩展儿童公共生活空间,增强儿童社会交往能力

20世纪20—30年代,声光电化是城市的象征,电影作为一种市场化的休闲和公共休闲方式,成为城乡生活差异性的显著代表,使得城市居民日益脱离传统农业社会休闲方式,而农村不具备电影的播放条件,如电力尚未普及,农民"日落而息"时,"不夜城"上海华灯初上,影院人头攒动。电影增强了城市的吸引力和优越性,并产生一定的示范效应,吸引其他地区的人们尝试和仿效。

电影是人类进入电气时代之后的新生大众娱乐形式,以超越时空的影像使人产生身临其境的感觉,"一部电影作品,可以开映在千百万的广大的儿童之前。仅就这一点来说,已经说明它有着伟大的效能,这绝不是课堂里的教本或图书馆里的儿童图书所可比拟"②。上海电影业发达,20世纪30年代"影戏院多至三十余家,有声、无声皆备,营业发达"③。还有露天电影场,影院之间竞争激烈,票价降低,社会下层民众也有观看电影的机会。影院是一种公共休闲娱乐场所,相对于传统家庭和村社的以家庭成员和熟人为主体的小群体娱乐场所,影院转移到大众的以陌生人群为主体的公共娱乐空间,需要遵守公共场所的规则,如遵照电影放映时间"凭票入场、对号入座",禁止喧哗,保持卫生、遵守秩序、注重公德等,从这个意义上讲,不仅仅电影,影院同样是教育儿童的工具。

中国电影协会上海分会于1933年7月成立,同年10月在各级学校、社会场所

---

① 凌鹤:《今日之儿童电影》,载中国儿童文化协会编:《今日之儿童》,生活书店1936年版,第232页。
② 凌鹤:《今日之儿童电影》,载中国儿童文化协会编:《今日之儿童》,生活书店1936年版,第231—232页。
③ 余槐青:《上海竹枝词》(1936年刊),载顾炳权编:《上海洋场竹枝词》,上海书店出版社1996年版,第272页。

推行教育电影,在1 842所小学中放映2 048次电影,有观众882 208人①,在校小学生都可接受电影教育。1936年儿童年期间教育影片的票价"成人二角,儿童一角",且在周日上午放映,票价低廉,在学校和工厂休息日放映,这就为社会各个阶层儿童观影提供了可能。无论是在电影院,还是在露天电影场,或者学校操场观看电影,都是儿童在公共场所参与的公共活动,扩大儿童的社会交流机会。不同的是,传统儿童交际活动多在亲属、邻居或宗族村落进行,以血缘和地缘关系居多,观看电影作为一种儿童娱乐社交多在同学之间、朋友之间或者陌生人之间进行,以学缘、业缘关系居多,是现代人际关系的交流,能够增强儿童的社会交往能力。

2. 影院成为一种公共信息传播媒介

当时有相当多数的电影来自国外,自然而然传播西方风土人情和国外新鲜事物,对人们形成感官的冲击,开阔眼界,成为一种传播文明、启蒙思想的娱乐形式。儿童卫生运动时期经常放映卫生电影,"参观者五千余人,肩摩踵接,水泄不通。凉台上,篱笆上,窗棂上,树枝上,均人影幢幢"②,儿童和大众对电影的好奇与热爱可见一斑,尽管露天影院的放映条件简陋,但通过电影传播的卫生知识能为儿童留下深刻印象。

影院是信息传播的重要方式,上海拐卖小孩子的拐子很多,许多儿童被拐骗,"在上海,大人做人难,小孩子做人也难,因为:有拐子。……拐匪在上海有一个总机关,里面的组织很严密,有领袖,头目,和小伙计等分别。……这种拐匪数目,约有一百多个。除了设有总机关,另外在全市各里弄内,租有藏人的空屋"③。公安局在捕获拐匪营救出儿童之后,还运用报纸和电影的方式来招领儿童:"上海市公安局,因鉴于近来迷拐案件,日有多起,其中俱系幼年儿童,或出来沪地,而不能自述其家属住址者,颇具多数,……向系一面拍照招领,一面转送各慈善机关领养。兹为增进查访效率起见,除一面商定《申报》《大公报》两报特开招领专栏,……并一面致函中华电影协会上海分会,转请中央、东海、蓬莱、西海、世界各电影院,与预告片时,随时宣传招领。"④"迷拐妇孺查获地点在沪东者,则将妇孺照片制成幻灯影片,

---

① 《各国对于儿童电影片之重视》,载《申报》1939年4月13日。
② 《儿童卫生运动昨提灯游行》,载《申报》1931年6月20日。
③ 霓虹:《拐匪在上海的活动》,载《现代父母》第4卷第9期,中华慈幼协会1936年发行,第36页。
④ 《公安局规定招领迷拐妇孺办法》,载《现代父母》第4卷第9期,中华慈幼协会1936年发行,第42—43页。

送请东海大戏院演放。南市由蓬莱大戏院演放。沪西由西海大戏院演放。闸北由世界大戏院演放。中区由中央大戏院演放。并规定每片映放两天"①。这种招领儿童的方式体现科技带给现代社会信息流通的方便迅捷,也是影院对儿童的一大贡献。

---

① 《公安局规定招领迷拐妇孺办法》,载《现代父母》第4卷第9期,中华慈幼协会1936年发行,第43页。

第五章　梦想照进现实：走在前列的上海儿童幸福事业

上海城市围绕社会需求来教养儿童,剧烈的社会变革导致人才培养之针对性、自觉性和紧迫性。上海在全国首倡并积极实施儿童节与儿童年,政府、社会和家庭采取一系列举措,以期让儿童享用到上海发展的文明成果,将儿童培养为未来城市的建设者。对于这样的一种时代诉求,上海儿童对之积极响应,他们积极投身于各种儿童事业,立志抵御外侮、建设祖国、服务社会。经济危机中的儿童节与儿童年,不但有利于上海儿童对城市现代文明成果的享用,同时也为经济危机之后的上海城市现代化建设积聚了新生力量。

第一节　上海率先设立儿童节与儿童年

1927—1937年,上海处于从传统社会到现代社会的高速转型期,致力于依照现代社会的需求教养儿童,始于1929年的世界经济危机对上海城市发展产生一定的消极影响,对新式人才和熟练工人的渴求使得上海愈加重视儿童的成长。"童年的情形,便是将来的命运"[①]。上海儿童在这一时期的成长历程,不仅象征着一种与传统中国背道而驰的生活方式,也预示了危机中中国未来的出路。

---

① 鲁迅:《上海的儿童》,载《鲁迅全集》(第四卷),人民文学出版社1981年版,第566页。

一、经济危机中的上海对现代人才的呼唤

1929年,美国股市崩盘,世界性经济危机爆发,造成20世纪持续时间最长、影响最广、强度最大的经济衰退,被称作大萧条。1929—1931年,当世界各国产生经济危机的时候,由于中国是"银本位制",在一定时间内避免了世界范围内的通货紧缩。但西方国家为恢复本国经济,纷纷放弃"金本位制",令货币贬值,导致中国的货币对外汇的汇率大幅上升,中国出口商品丧失价格优势。1934年美国出台《白银购买法案》,国际白银价格提升,中国陷入严重的通货紧缩,农民破产,农村购买力下降,城市工商业陷入危机。

1931年9月,日本发动九一八事变侵占东三省,对中国经济造成巨大冲击。1932年1月日本又制造一·二八事变袭击上海市闸北区,大量工厂停工甚或被兼并,最具代表性的是棉纺织业,1933年上半年上海几乎一半纺织厂停工,危机对中国、对上海的负面影响日益明显。

1927—1937年间上海的现代化水平已经达到一个历史的顶峰时期,就现代性而言,无论与历史上还是全国其他城市相对比参照,都堪称最为成熟,最为典型。1929年开始的资本主义世界经济大萧条给上海经济发展造成一定的干扰,上海城市在社会转型和经济危机的双重作用下亟须现代人才,儿童是未来城市建设的主力军,关注儿童成长成为刻不容缓的任务。

1. 社会转型和经济危机导致人才需求之紧迫性

从社会结构看,转型意味着打破原有经济、政治、文化格局,进行社会结构与重组。上海社会转型是在长期积累的落后状态与当时世界的发达状态的巨大落差中进行的,作为帝国主义国家的半殖民地,上海城市属于后发型现代化模式,后发型意味着上海现代化建设可以和当时世界最先进的文明形态相接轨,面对西方现代知识、现代经济、现代生活的冲击,城市自身是有其发展的内生动力的,这便是推动城市发展与社会变革的力量——现代人才,还有一代又一代上海人对生存与生活寄予的美好梦想,以及对实现城市、民族解放和国家独立的时代愿望。

而在当时的中国,作为未来现代人才的儿童的处境却不尽人意,即使在上海这样的现代化文明程度较高,且儿童数量超过任何中国其他城市的大都市中,"儿童

一向是被遗忘掉了,他们是大人的附属品,是大人的玩物,他们没有自由,没有教养,大人所给他们的一是打,二是骗,三是教他们完全屈服做奴隶,有钱的公子小姐,在家里享福,做玩物,有一些在书堆里做书呆子,没钱的在人家放牛做工,荡马路做小叫花子,再不然给父母们卖了或丢弃了……"①同时由于经济危机和天灾战乱的侵袭,内地省份的灾童也涌入上海以谋取生存。《申报》记载,据不完全统计,从1929年10月31日至11月27日不到一个月的时间内,上海接收陕西、河南、甘肃等地灾民(大部分为灾童)千余人,"灾童自十岁至十五岁者,达十分之九"②。这样,一方面是上海社会对现代人才的渴求,另一方面儿童的状况却不尽如人意,经济危机的侵扰带来新的忧患,新旧社会两个极端造就转型期上海社会的加速磨合,社会转型和经济危机导致现代人才培养的紧迫性。在这样的背景下,上海社会各界格外关注作为未来城市建设者的儿童,意识到城市的持续发展在于对儿童的培育,也随之发出了"希望全上海的儿童,一致努力上进,将来为全国各省市儿童的领导者"③的呐喊与期望。

现代产业中高素质的劳动力可以节约劳动成本,创造更多价值,但早期上海的工人主要来自城市下层或贫苦的农村移民,教育文化素质极低,这也制约了城市化的进程。1931年4月,荣宗敬就中国纺织、面粉行业与日本、英国、加拿大等国企业竞争处于被动提出方策时疾呼:"推其原因……原料品质不佳,工厂管理不合科学方法,实最为重要。挽救之策,端在改良棉产,减轻捐税及运费,并厉行科学管理数端。"④康元印刷制罐厂1933年9月改组为股份有限公司,1933年出版的《中国实业志》称赞其"有严密的组织管理系统""科学管理,著称国内"。科学管理需要现代人才,上海工商界对新式人才的渴求远远得不到满足,荣宗敬称"人才缺乏,尤时时引以为虑"。

劳工务必需要一个适应工厂、接受教育和培训、成为熟练工的过程,这样方可推动社会现代化转型的加速。作为未来的社会建设者,上海儿童因此受到社会格外关注,要想社会有可持续发展,教养下一代的任务刻不容缓。在这种社会气氛的

---

① 《本市各界明日庆祝儿童节》,载《申报》1935年4月3日。
② 《红会头批灾童乘新铭轮抵沪》,载《申报》1929年10月31日。
③ 上海市儿童年实施委员会:《告全市儿童书》,载《申报》1935年8月1日。
④ 《茂新、福新、申新系统荣家企业史料》,上海人民出版社1980年版,第260页。

熏陶下,儿童自身也对城市发展进步寄予厚望,一位"机器迷"小朋友希望"新中国的建设,一步一步的快快完成!"①

2. 社会转型的资本主义性质和经济危机导致人才培养之针对性

从经济因素来看,从传统走向现代要求上海在内外合力的推动下,融入世界资本主义市场,以现代方式来运营社会经济。然而当时的上海作为远东和世界的金融中心,又不可避免地受到世界经济大萧条的影响。社会的现代化关键在于人的现代化,要提升经济实力,在世界范围内的竞争中立足和摆脱危机的影响,就务必要培养适应现代城市发展,具备现代科技知识的实用人才。

从当时上海人口的职业构成来看,上海产业结构中,第二、三产业占据绝对优势,其对人力资源的需求也主要集中在第二、三产业,即对工业、商业和专门技术人员以及服务业人员的需求较大,因此上海城市对儿童的培养和教育也侧重在这些方面。上海的儿童杂志《现代儿童》的广告词为:"本刊是个现代新式的儿童读物,我们这里没有王子、公主、国王等的腐化人物,有的都是小军人、小工人等现代儿童的科学建设生活。小学中高级的小朋友读本刊,不但能得到课本上得不到的知识,并且还能使你成为一个现代儿童。"②

上海人何以在这种资本主义市场中发生从传统到现代的质的变化呢?一是上海自身的社会现代化对人的作用,二是国外文化因素的作用,即外侨和留学生等的示范作用,这两大方面叠加在一起使上海人的现代化呈加速状态,同时又务求适应现代社会的发展,具备现代科技知识,成为社会转型中的实用人才。"从前的知识分子,只需要讲道德、说仁义、诵读史书,把自己变成神秘的宝贝一样……现代的知识分子,则须有专门的知识和技能,始能作资本家的良好工具,始能尽维持资本主义社会的责任"③。在社会转型中,上海社会深切体会到现代人才的重要性,而现代人才的标准不是附庸风雅的文人雅士,也不是看似满腹经纶实则虚无缥缈的传统知识分子,而是适合社会发展,能促进城市建设的各种技术人员和熟练工人等实用型人才。上海的商业发达,不仅仅是指华丽的百货大楼和综合性商店,更具代表性的是各式小商小贩密布在上海的大街小巷。这类商业工人面向都市居民生活,带

---

① 王金镐:《机器迷》,载叶圣陶编:《新少年》,开明书店1936年版,第82—83页。
② 《请读〈现代文学〉,做个现代儿童》,载《申报》1934年4月4日。
③ 周谷城:《中国社会之变化》,新生命书局1931年版,第161页。

有浓厚的满足城市居民日常生活的实用主义色彩,据统计,从事生活供应类商业的人数占65.53%,货品贩卖类17.66%,经纪介绍类16.81%。商业工人从事的行业较多的有:旅业(18.17%)、理发业(16.54%)、热水店业(7.44%)、煤业(4.69%)、包饭业(3.98%)、鲜肉业(3.96%)、国药业(3.24%)、水果地货业(3.14%)。① 在这样的条件下,儿童易形成现代功利主义价值观,以功利价值取代伦理价值的商品经济精神,重商崇商。适当设置相应的工业、手工业生产技术等专业及课程,造就和培养出一批有文化、懂技术、善经营、会管理的新型市民,提高他们的市场竞争力,为新型劳动者阶层的扩大和城市现代化的发展奠定基础。

很多纺织工厂使用女工、童工代替成年男工,因女工、童工的工资低且他们易于指挥,在纺织工厂中往往能看到十二三岁的女童工挑着一大堆棉花或棉纱,在之前这种工作是由成年男工来完成的。为了提高竞争力重视技术改造和设备更新,采用新式纺织机器,申新、永安等大型纱厂还设立一些教育培训机构培养人才,申新九厂1930年创办中国纺织染工业专科学校,1932年申新三厂创办女工养成所,招收15—20岁的女工为"养成工",对其加以培训并逐步取代原有工人。

3. 社会转型的特殊性和经济危机导致对人才培养之自觉性

由于特定的历史环境和时代背景,20世纪20—30年代上海的城市现代化建设和社会救亡主题始终是相伴而行的,大萧条时期西方列强利用各种方式加紧对中国进行经济侵略,借此转嫁危机。时人观察到:"白银出口数堪惊,如此中华弱更贫,纽约市肥上海瘦,可怜百业尽凋零。"②

国家独立与经济发展是相辅相成的,国民政府赋予上海特别的重要性,有意将这座中国的大都市建设成为"城市的典范和国家现代化的橱窗"③。城市的内外环境都发生了巨大变化,"外交的应付、新军的编制、财政的改革、新闻的勃起、法院和律师的设置、新法的起草、学校的创立,种种迫于资本主义的必要和效法资本主义的设施"④等,这些都需要具有专门知识和技能的人才。政府注重在日常生活中培

---

① 熊月之:《上海通史·民国社会》,上海人民出版社1999年版,第139页。
② 心真:《洋泾浜新竹枝词》,载顾炳权编著:《上海洋场竹枝词》,上海书店出版社1996年版,第436页。
③ [法]白吉尔:《上海史:走向现代之路》,王菊、赵念国译,上海社会科学出版社2005年版,第179页。
④ 陶希圣:《中国社会之史的分析》,辽宁教育出版社1998年版,第7页。

养人的现代性,培育儿童为城市建设接班人,采取政治行为对城市生活进行干预,1934年蒋介石亲自发起"新生活运动",改造国民"衣食住行",在日常生活中贯彻传统的礼义廉耻和培养西方的生活文明,效法外国守时守序,衣冠整洁等生活习惯。

为了给更多的儿童谋取利益,上海市政府自觉地自上而下颁布法令法规,对儿童给予法律的保护并为之提供各种便利,在整个上海城市达成培养现代人才的共识和默契;荣氏企业不仅投资创办多所公益小学、女子小学,还开办职业学校,既为自己的企业,也为社会培养技术人才。经济危机中,上海的孤儿院也注重向儿童传授生存技能,以期为以后儿童自立和城市建设打下基础,在《上海孤儿院章程》中明确指出其宗旨为"收养无依靠贫苦男女孤儿,为之抚养,授以普通学识及相当技能以冀日后成人得以自立"①。

儿童是属于家庭的,更是属于国家、社会、民族的;相较于封建社会养儿防老的观念,现代社会打破这种私有儿童的意识:"现在的儿童,不再是父母的私有物,而是社会中的一员。儿童的养育,绝不是一家的私事,而是社会的公事。……今日开明的父母,对于儿童之所期望者,也就和从前迥异了。在从前,是期望儿童当一个'孝子'或'家族的功臣';而在今日呢,则是期望儿童当一个光明正大的人,去为社会效命,去为国家努力。"②这种新的伦理观念和儿童培养理念是上海社会转型的体现,而教养儿童服从社会需求的标准,以现代化建设所需人才为蓝本,既能够促进儿童自身全面发展,又将势必推动上海的社会转型。"儿童在早年时期,我们应该指导他独立自主。让儿童自己吃饭,自己穿鞋袜,自己沐浴,发展儿童的力量,愈早愈好。让儿童自己玩他的玩意儿,他用小木块砌轮船,砌房屋,让他自己干去,你不要扰他"③。在新的伦理观念和新的儿童培养目标指导下,家庭教养儿童的诸多观念都发生变化,为满足上海社会建设的需要,自觉培养儿童独立自主的意识。

二、经济危机中的儿童节与儿童年的诞生

20世纪20—30年代的上海是一个思想活跃的城市,在经历了提倡以个体为本

---

① 上海市档案馆,Q114-1-9。
② 陈征帆:《中国父母之路》,载《教育杂志》第25卷第12期,商务印书馆1935年版,第9页。
③ 董菲海:《家庭生活漫谈》,光明书局1948年版,第144页。

位的"五四"文化氛围后,儿童作为生命主体的地位被发现和关注,随着儿童本位论的传播,慈幼观念的变化,人们意识到有什么样的儿童,就会衍生出什么样的民族未来。适逢多事之秋,内忧外患不断,经济危机的袭击对原本不尽如人意的社会更是雪上加霜,为摆脱困境,人们寄希望于未来,对儿童事业格外关注,这种关心下一代的意识弥足珍贵,首先倡导设立儿童节和儿童年的是中华慈幼协会。

(一)儿童节和儿童年是西俗东渐的舶来品

1931年3月7日,中华慈幼协会致函上海市社会局,指出"儿童为国家未来之主人翁,亦即文化转移之中心,各国注意儿童事业,故有儿童法院、儿童法律、儿童事务局等等之设备,日内瓦且有保障儿童权利之宣言,美国更以六月之第二星期日为儿童节①,日本则以三月三日为女童节,五月五日为男童节"。建议政府"仿照邻国办法,呈请转呈,准予规定四月四日为儿童节,并通令全国各机关各学校遵于是日举行各处演讲关于维护儿童权利之种种办法",以期"使人人有慈幼思想,负慈幼责任,并可使儿童自知所处之地位,庶扩大慈幼范围,树强国强种之基"②。社会局于3月16日下午邀集公安局、教育局、卫生局、上海慈善团体联合会和中华慈幼协会的代表召开联席会议,市政府将儿童节的提案转呈国民政府批示,国民政府通过了提案,将举办儿童节的办法交由教育部社会教育局司,教育局又将此任务转交给中华慈幼协会,协会很快提交了儿童节纪念办法文书,在此基础上,国民政府1932年颁布儿童节纪念办法,通令全国执行。中华慈幼协会"为唤起全国民众注意儿童事业起见",又于1934年呈请定1934年为儿童年,后经国民政府教育部复议,改民1935年为儿童年③。在实际施行过程中,1935年8月1日儿童年开幕,至1936年7月31日闭幕。在这一效法西方关爱儿童的过程中,中华慈幼协会是儿童节与儿童年的倡导者,上海是儿童节与儿童年的先行者和引领者,全国各地日渐掀起庆祝儿童节和儿童年的高潮。

可以说,儿童节是上海现代化转型期引进西方先进文化的产物,时人对于西方社会中儿童的保护,儿童在西方国家中的地位等进行了仔细的考量,吴铁城曾对于各国儿童保护的法律给予关注:"近世各国政治革新之趋势,……而于儿童生活,儿

---

① 当时美国的儿童节应为五月一日,此处可能是中华慈幼协会弄错日期。
② 上海市档案馆,Q114-1-26。
③ 上海市政府秘书处:《上海市政府公报》1934年第142期。

童权利,且予以宪法的保障。如战后德国新宪,其显例也,德宪第一二二条规定曰:'对于儿童之过劳,以及道德上,精神上,身体上之怠弃,当加以保护,联邦,邦,公共团体,对此当为必要之指导。'其次如一一九条及一二〇条,又有关于家庭卫生,以及义务教育之规定。至于各国劳动法典,对于儿童之保护,更为周密,如工作年龄,工作时间,教育程度,身体康健诸项,莫不于法律为严密而特别的限制与爱护。"①孔祥熙也将德国未统一前的历史对比中国当时的境遇,得出儿童对于国家尤为重要的结论:"当普法战后,德军之凯旋也,俾士麦克顾其曹曰,吾人今日之成功,胥拜历年小学教师之赐,盖谓彼忠勇克敌之战士,皆自其少日陶镕而来也,夫德人当日困屈于拿翁战蹄之下,正与我人之困于暴日相同,今我举国上下,虽奋力以为抵抗,而胜负之局,则仍未可臆断,幸而胜也,固将翼我未来者发扬之光大之,设不幸而败,尤不得不望其他日之洗耻雪恨,是今日之儿童与我国家之关系,盖匪浅少也。"②

尽管同期西方各国处于世界经济大萧条之下,依然举办儿童节来关爱儿童。1931 年美国庆祝儿童节时,"胡佛总统除了在那天召集白宫会议,讨论儿童幸福事宜外,并且全日开放白宫,欢迎全国的儿童入内游览,自由晋谒总统与总统夫人。在临走的时候,胡氏夫妇对儿童特别赏光,还赐给他们每人糖果一包,小书一册"③。继任的罗斯福总统同样重视儿童的成长,在 1935 年举行儿童节纪念活动时,"罗斯福夫妇接见儿童,整天的和小朋友握手,在每个儿童退出白宫的时候,都赠与一包糖果和书籍"④。美国也有儿童年活动:"美国之儿童年运动系由政府劳工部儿童局主持其事,而以国防协会之妇女部任推行之实,参加活动之妇女为数达一千一百万人,除妇女外,尚有无数之大学教授、教会牧师、社会实业家以及图书馆人员等加以协助。其集合全国人民之力量,以谋儿童幸福之增创,实足吾人之效法也,对其儿童,则利用全国一切之机会,所有之设备,以增进其智识,成人之文化设施,在某一时间内供儿童使用,剧场电影院俱在上午为儿童特别使用,工人俱乐部得由儿童利用,此又足供吾人思考者也。"⑤

而此时中国的儿童状况也令人担忧"在这不景气的年头,各国都从经济的萧条

---

① 吴铁城:《儿童运动与民族前途》,载《申报》1933 年 4 月 4 日。
② 孔祥熙:《儿童节日之感想》,载《申报》1933 年 4 月 4 日。
③ 戴自俺、孙铭勋:《儿童节教学做》,儿童书局 1934 年版,第 66 页。
④ 君朋:《世界各国的儿童节》,载《申报》1937 年 4 月 4 日。
⑤ 幼稚:《对于儿童节之希望》,载《申报》1935 年 4 月 4 日。

中产生着大批的难妇和苦儿。至于我国,则因内战,外患灾荒的循环不息,直接打击到一般人民的生活,灾难妇女儿童的数目尤其多过于他国"①。"在上海这种表面繁荣的地方,妇女和儿童的遭遇也极多不幸"②。这样,一方面是上海儿童状况的不如人意,另一方面是上海城市对未来现代人才的塑造和呼唤,关爱儿童,塑造现代人才成为上海人刻不容缓的使命,儿童节和儿童年在上海率先出现也就在情理之中了。

(二)儿童节和儿童年是上海呼唤现代人才的时代最强音

"如果一个国家的人民缺乏一种能赋予这些制度以真实生命力的广泛的现代心理基础,如果执行和运用着这些现代制度的人,自身还没有从心理、思想、态度和行为方式上都经历一个向现代化的转变,失败和畸形发展的悲剧结局是不可避免的。再完美的现代制度和管理方式,再先进的技术工艺,也会在一群传统人们的手中变成废纸一堆"③。1929年的经济危机没有终止上海的现代化过程,现代化以一种新的模式楔入上海市民的日常生活,彼时的上海,不仅象征着一种与传统中国完全背道而驰的生活方式,也代表了中国未来的出路。社会现代化的关键在于人的现代化,处于社会转型期的上海对现代人才的要求在经济危机到来之际显得尤为迫切,为摆脱危机,为上海现代化事业开辟出路,上海城市寄希望于未来,力求培养儿童为城市现代化的接班人,因此,他们需要儿童掌握现代生产生活技能、养成现代价值观念、具备现代人格。

1927—1937的十年间,对上海而言,是不平凡的十年,经历了资本主义世界经济危机、一·二八事变、新生活运动等海内外大事,每届儿童节不仅为儿童谋福利,也都赋予儿童具体的时代使命。庆幸的是孩子们也意识到儿童节的举办"无疑的是来提高我们的地位,增加了我们的幸福,这种厚意,我们自然应当十二分的感谢,不过这么一来,无疑的是增加了我们的责任"④。

经济危机期间,外患频仍,对上海而言最严重的莫过于一·二八事变了,这期间救国的声音不绝于耳,人们意识到"人民的强弱和国家的消长,有密切的关系,而

---

① 金仲华:《妇女儿童保护问题》,商务印书馆1933年版,第1—2页。
② 金仲华:《妇女儿童保护问题》,商务印书馆1933年版,第4页。
③ [美]阿历克斯·英格尔斯:《人的现代化》,殷陆君等译,四川人民出版社1980年版,第4页。
④ 白继兰:《纪念儿童节要明了我们儿童的责任》,载《儿童节纪念册》,儿童书局1936年版,第33—34页。

人民的强弱与儿童之健康与否,便成正比例"①,因此国难中对于儿童的期望,首先是"想使中国的儿童,他日能成为一个健全的国民,以便为社会、国家、民族谋福利"。其次是要求儿童爱用国货,1934 年以后,经济危机更深刻地影响到上海经济,市政府提倡使用国货,并出台国货年政策,1934 年儿童节庆祝活动时就要求各招待员须"衣服朴素(国货原料)"②,1935 年既是儿童年开幕年,又是学生国货年,对儿童提出使用国货的要求。参加儿童年开幕典礼的工作人员,也被要求"一律穿国货中装,给儿童以服用国货之良好印象"③。

  新生活运动时,改造儿童生活成为主旋律。上海市市长吴铁城倡导市民"共体蒋委员长所倡导的新生活运动之要旨,认识新生活运动之重要对象,儿童对于今后儿童教育,儿童思想,儿童习惯,儿童道德,儿童身体,加以切实的训导与锻炼,彻底改造其生活,充分发扬共优性,则数十年后,此辈优良种子之成长,即我中华民族生命之再造,亦即我民族复兴之时机也"④。随后,上海市教育局于 1934 年 5 月 19 日发出训令:"查学校对于学生,非仅学术之传授,知识之灌输,其陶镕品性,培养道德,养成健全国民,实属同等重要。蒋委员长倡导新生活运动,即在使国民生活合乎礼义廉耻。各校以此训练学生,教职员身体力行,斯学生之智育德育可望并进。本局为各校普遍实行新生活运动起见,订定《上海市中小学实行新生活办法大纲》。各校应即依照大纲自订实施细目,切实照行。"⑤

  无论国内外是怎样的风云变化,上海在这十年中处于社会转型的高速期,倍感儿童对现代化建设的重要,意识到"教养子女为国家社会是远大的,专为'防老'是自私的"⑥,基于对现代人才的渴求,对儿童提出的历史使命便是努力成长为具有现代素质的人,以便将来保卫祖国,建设祖国:"我们希望全上海的儿童,一致努力上进,将来为全国各省市儿童的领导者!"⑦

---

① 《儿童年与儿童福利》,载《申报》1935 年 8 月 1 日。
② 《上海市工务局有关儿童节文书》,上海市档案馆,Q215-1-6118。
③ 《本市各机关今日庆祝儿童年》,载《申报》1935 年 8 月 1 日。
④ 吴铁城:《新生活运动中之儿童问题——二十三年儿童节感言》,载《申报》1934 年 4 月 4 日。
⑤ 《上海市中小学实行新生活办法大纲》,上海市档案馆,Q235-1-323。
⑥ 《上海生活》第 3 卷第 11 期,联华广告出版部 1930 年版,第 43 页。
⑦ 上海市儿童年实施委员会:《告全市儿童书》,载《申报》1935 年 8 月 1 日。

第二节 庆 祝 活 动

儿童节诞生于经济危机中,其影响和实施却一直延续到经济危机之后。中华慈幼协会是儿童节和儿童年的倡导者和发起者,孔祥熙曾对其职能做了精准的总结:"领导全国慈幼机关及团体追随政府之后,促成全国慈幼事业,求国人之指导批评与协助。"[①]1935年8月1日儿童年开幕前夕,教育部代表马宗英在中央广播讲话指出,"鼓励家庭、社会和国家三方面分工合作起来,从事儿童福利事业的建设"[②],儿童的教养需要政府、社会和家庭的共同努力,由于上海城市自身发展造成对现代人才的诉求,政府、社会和家庭举行一系列庆祝活动以促使儿童自身素质的提升,儿童节与儿童年亦随之为培养儿童成长成才提供平台和契机。

一、政府的倡导

1. 成立儿童幸福委员会

1933年,上海市公安局、社会局、教育局、卫生局和慈善机关组织成立儿童幸福委员会,"以为上海市主持儿童事业,促进儿童幸福之总机关"[③],"本会为促进社会,重视儿童地位,发展儿童事业,以谋全市儿童幸福为宗旨"[④]。由市长任会长,下设儿童保障部、儿童健康部、儿童研究部、儿童事业部。上海市儿童幸福委员会有以下附属事业,见表5-1。

这些机构的设置为儿童提供了现代生活的便利,尤其在经济危机中,更使得贫苦家庭的孩子不受经济条件的限制享受到现代文明的成果。劳动托儿所照顾工人家庭的儿童,儿童图书馆和电影院使儿童多方位学习现代知识,体验现代生活乐趣,构建儿童现代知识体系,为其成年后从事城市建设奠定基础。

---

① 《孔祥熙告国人》,载《申报》1935年8月1日。
② 《儿童年与儿童福利》,载《申报》1935年8月1日。
③ 《上海市儿童幸福委员会概况》,载《申报》1935年4月4日。
④ 《上海市儿童幸福委员会概况》,载《申报》1935年4月4日。

表 5-1　上海市儿童幸福委员会附属事业表

名　称	地　点	职　能
劳动托儿所	蓬莱路近泮坊	收劳动工人子女,日夜均可寄托
儿童图书馆	一所在蓬莱路近泮坊	与儿童晨报社合办,藏书250册,用于儿童阅读①
	一所在新闸路北成都路和安小学	
儿童电影院	沪南区在文庙路民众教育馆	每星期二、五、日为儿童电影日,专映儿童教育影片,优待儿童观赏
	闸北区在新闸路北成都路和安小学	

资料来源:《上海市儿童幸福委员会概况》,载《申报》1935年4月4日。

在儿童年闭幕后,上海市儿童幸福委员会又举行会议,颁定章程,明确规定其为"上海市办理儿童幸福事业之永久机关,以唤起全市民众注意儿童教养,保障儿童身心健康,及图谋儿童福利,以促进儿童之身体精神,及社会的能力为目的"②。

儿童年"以唤起全国民众,注意儿童教养,保障儿童身心健康,及图谋儿童福利,使完成儿童之肉体精神及社会的能力为目的"③。1935年4月,南京国民政府成立全国儿童年实施委员会,随后全国各省市相继成立儿童年实施委员会以确保儿童年的顺利进行。

2. 订定各种规章制度,有效组织庆祝活动

每年的儿童节都有数以千计甚至万计的儿童云集庆祝会场,如何既能维持会场秩序,又不失庆祝会的乐趣无疑成为一大难题。上海市政府、儿童幸福委员会等组织准备充分,每年都提前公布会场秩序和各职能机关的任务,如1934年,规定招待员须于儿童节上午八时半齐集市政府大礼堂;教育局招待学校儿童,社会局招待工厂儿童,公安局、卫生局招待普通儿童,中华慈幼协会、妇女国货年运动会招待善团儿童,土地局、公务局招待来宾及机关代表④。1936年儿童节前夕,4月1日在《申报》刊登《四四儿童节学校儿童参加法》并由教育局通告各相关学校,第二天又

---

① 《上海通志》(第42卷),上海人民出版社2005年版,第6198页。
② 《现代父母》第4卷第9期,中华慈幼协会1936年发行,第41页。
③ 全国儿童年实施委员会:《全国儿童年实施委员会总报告》,编者1936年印,第2页。
④ 上海市档案馆,Q215-1-6118。

图 5-1 四位小朋友隆重庆祝儿童年

图片来源：申报儿童周刊社：《儿童之友》（第一集），申报馆 1935 年。

登出《热烈筹备儿童节，工厂童工酌情参加》，交代工厂儿童参加方法，庆祝活动得以有条不紊地成功举办。

1935 年 7 月儿童年开幕前，全国儿童年实施委员会组织 4 次筹备会议商讨开幕典礼各项事宜；儿童年期间在南京举办的"全国儿童读物展览会"召开 10 次筹备会议，"全国儿童教具玩具展览会"召开 8 次筹备会议，在上海举办的"全国儿童绘画展览会"等均组织多次筹备会议确保展览会顺利举办。值得一提的是，从儿童节到儿童年，从上海到南京，从开幕式拜谒中山陵到闭幕式唱国民党党歌，国民政府逐步强化对儿童的政治宣传，深化政府对儿童的影响，由于国民党意志的介入，儿童节、儿童年庆祝活动成为规训儿童的政党教育。同时由于 30 年代的中日民族矛盾日益上升为中国社会的主要矛盾，经济危机造成中国经济的雪上加霜，儿童年又是国货年等因素，这一时期的儿童节和儿童年庆祝活动还是政府对儿童的一种国难教育，一种救国救民的动员方式。

3. 举办各种比赛，培养儿童竞争意识

政府组织各种儿童节比赛，涉及健康、卫生、演讲、音乐、广播等儿童生活的各个方面。儿童年期间，1936 年"九月二十五日举办儿童演讲竞赛会，初赛参加者共二百余人，假民众教育馆尚文小学举行，结果录取三十人。九月二十六日儿童演讲

第五章　梦想照进现实：走在前列的上海儿童幸福事业　　227

竞赛会决赛在民众教育馆举行,评判结果录取达等十人,由蒋委员建白当场给奖"。1937 年"六月二十七日举办儿童卫生演讲竞赛会,初赛报名参加者一百余人,在民众教育馆举行,取二十人。六月二十八日儿童卫生演讲竞赛会决赛,取张蟾芬等十人,由卫生局沈科长诰给奖。六月二十九日儿童健康比赛,初赛及格者三十人,本日在民众教育馆决赛计分,六个月至一岁组,一岁至二岁组,二岁至三岁组,三岁至四岁组,四岁至五岁组,每组共取三名,每组第一名为上海市健康儿童"①。

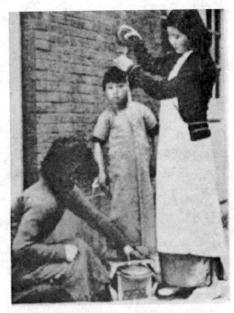

图 5-2　上海于儿童节进行健康检查
图片来源:《中国学生》1935 年第 14 期。

1936 年儿童节还举办母教比赛,"家有 5—10 岁儿童的母亲参加,体格 30 分,清洁 20 分,礼貌 25 分,应对 25 分,满分 100 分,90 分以上者奖励,纪念品、儿童玩具、读物、糖果等"②。这些比赛一方面能让社会和家庭及儿童自身注意到身体健康的重要性,使儿童成为体格健壮的现代新人,利于将来从事现代化建设;另一方面于无形中向儿童传输了竞争的现代观念,竞争是传统以和为贵思想的对立面,是现代人生存发展的必备素质,无论是在儿童生存生活的优胜劣汰的上海社会,还是在当时中国所处的弱肉强食世界环境中,唯有竞争才能成为"适者"而"生存",其重大意义都是不言而喻的。

4. 对儿童教育的格外关注

孔祥熙曾在危机严重时访问欧美各国,他把危机中中西方各国国内团结的原因归结为儿童教育的普及,"祥熙此次周历各国,正值世界经济恐慌之时","欧美列强,俱处危困,工商凋敝,各地皆然,平时虽各党意见分歧,而遭遇艰难,莫不牺牲团结,共支危局,此固由其政党之能持大体,然亦赖其国民一致之促成,推厥主因,实

---

① 《上海市儿童年闭幕典礼特刊》,载《申报》1936 年 7 月 31 日。
② 《申报》1936 年 4 月 4 日。

系于儿童教育之普及,固人民于国家之观念及己身之责任,认识甚真也"①。行政院训令注重儿童幸福"行政院十一日训令内政部云,查儿童幸福不止一端,尤其要者,厥惟儿童教育及儿童健康"②。

在儿童节推广之际,上海市政府认同"教育儿童以谋百年树人之计",加强普及初等学校教育,1927年上海新增小学47所,1928年新增179所,1930年新增184所,1931年新增186所,1932年新增184所,1933年新增188所,1934年新增190所。到1935年,上海的小学总数已突破1 000所,接受初等教育的学生超过18万人。③

1935年全国年实施委员会"尊奉总理遗教国民党政纲第十三条"主张推行"儿童本位教育",引发儿童本位教育宣传册5 000册分发各省市儿童年实施委员会④,1935年还是义务教育开始年。这一年上海市初等学校共1 033所,其中市立学校311所,占30.19%,可见在经济危机中尤其是1935年儿童年时期,上海市政府重视儿童教育,初等学校教育有了长足发展。当时上海市适龄儿童参加教育的状况在全国是名列前茅的,1936年7月底儿童年闭幕,据10月份上海市社会局的一项调查,当时上海适龄儿童的入学率为50%,而同期全国的适龄儿童入学率是30.88%。现代社会中,没有任何一种个人属性比他所受到的教育更能一贯地、强有力地预言他的态度、价值和行为。在学校里,人们不仅学到了科学知识以及阅读、写字所需的技能,而且也学到了新的态度和价值,发展了新的行为倾向,它们的全部重要意义直到成年之后才会明显地表现出来⑤。上海领先于全国的儿童入学率必将使这些儿童成年后显现出强大的后续力量。

二、社会的推崇

1. 为儿童提供各种现代城市生活体验,让儿童切实感受到现代生活的便利

名园开放:历届儿童节,儿童的名园游艺都是庆祝活动中必不可少的一部分。

---

① 孔祥熙:《儿童节日之感想》,载《申报》1933年4月4日。
② 《行政院训令注重儿童幸福》,载《现代父母》第4卷第9期,中华慈幼协会1936年发行,第39页。
③ 熊月之:《上海通史》(第10卷),商务印书馆1999年版,第134页。
④ 全国儿童年实施委员会:《全国儿童年实施委员会总报告》,编者1936年印,第171页。
⑤ [美]英克尔斯、史密斯:《从传统人到现代人——六个发展中国家中的个人变化》,顾昕译,中国人民大学出版社1992年版,第197、205页。

上海著名公园大多于儿童节时向儿童免费开放,以 1933 年儿童节为例,"本市半淞园,已规定于今日向儿童开放,凡儿童之配有学校襟章者,均可免费入内游览,至于公共租界及法租界之公园,如兆丰公园、虹口公园、外滩公园、汇山公园、法国公园等,亦均定于今日向儿童开放,凡儿童团体之由成人陪伴前往者,均可免费入内游览"①。这一举措既愉悦儿童身心,又增长见闻,开阔视野,同时,作为西方文化地标的公园具有极强的公共性,儿童身处其间,也能意识到维系公共秩序、维持公共卫生等的重要性。

商店免费为儿童提供礼物或赠品:1935 年 4 月 3 日儿童节前夕,许多厂商就将礼物送交庆祝儿童节联合筹备会,"有上海国货公司之马头车,五和织造厂之儿童衫,大中华赛璐厂之玩具,儿童书局之书报,梁新记及一心牙刷厂之牙刷,中西药房之幸福券……"②儿童年开幕时"马利工艺厂赠颜料二千件"③。这些赠品大多为工厂手工业和机器大生产的产物,凝聚着现代工业的智慧,在被作为礼品赠予儿童时,也向儿童传递了现代社会物质生产的信息。

儿童年中"上海各大书店,如商务书馆、中华书局、儿童书局、北新书局等,均订定儿童书减价办法"④。北新书局儿童读物 6 折,新中国书局 470 多种儿童读物 7 折,儿童书局发放儿童年纪念券 400 张,凭券 9 折,神州国光社儿童读物 5 折出售,中学生书局儿童读物五折……⑤各大报馆杂志出版儿童特刊或周刊,教育期刊出版关于儿童卫生、家庭教育、贫苦儿童救济、儿童玩具等内容的专号。

儿童节在学校、公园、体育场等公共活动区域张贴标语如"从前世界属大人,今后世界属儿童!""让小孩子先上车!把座位让给小孩子坐!""儿童是民国的小主人!"等,这反映社会对儿童的认可、关爱和期望。儿童节给予儿童诸多优惠政策,"华界各车辆,业由公用局通饬,减价优待儿童,公共汽车一律半价,电车在八分以上半价"⑥。此外医院还于这一天免费接种,电影院免费放映儿童电影等活动。儿童节期间的这些优惠政策和儿童的衣食住行以及学习娱乐密切相关,使儿童直观

---

① 《儿童节特刊》,载《申报》1933 年 4 月 4 日。
② 《本市各界明日庆祝儿童节》,载《申报》1935 年 4 月 3 日。
③ 《本市各机关今日庆祝儿童年开幕》,载《申报》1935 年 8 月 1 日。
④ 《儿童节特刊》,载《申报》1933 年 4 月 4 日。
⑤ 全国儿童年实施委员会:《全国儿童年实施委员会总报告》,编者 1936 年印,第 172 页。
⑥ 《申报》1936 年 4 月 4 日。

地认识到西方工业文明和现代科技在日常生活中的应用,为他们接受科学知识进行启蒙。这些措施对于经济危机之中的中下层家庭来说,可谓雪中送炭,不花钱或者花比平时少得多的钱,就可使孩子们享受到现代生活的乐趣和便利,也激励孩子们去创造更美好的未来。

2. 商店因势利导,提倡儿童国货,激发儿童爱国信念

为摆脱经济危机的困扰,振兴民族经济,国民政府规定1933年为国货年,1934年为妇女国货年,1935年定为学生国货年。全国儿童年实施委员会制定"小学儿童服用国货办法"16条,"儿童服用国货奖励办法"9条,指出"全国小学生,不论吃的,用的,穿的,玩的东西"都应使用国货,"国货以国产原料并由本国制造为标准"①,并给出"调查国货儿童用品目录"②,其中上海赛璐珞公司、儿童生活社生产的玩具、大中华公司生产的球类、大华铅笔厂生产的铅笔、中华书局、商务印书馆生产的文具等均在国货用品目录中。

上海受经济危机影响较大,也是国货运动的中心,各商家也通过向儿童积极推销国货来获得利润和激发儿童爱国信念。"上海国货公司为发展儿童爱国精神起见,特在该公园划出一部分地位,布置国货儿童物品,定名为儿童园地"③,儿童园地"搜集关于儿童应用的各种国货物品,以供儿童采购,以为儿童们服务,用劝导儿童爱用国货的方法,来鼓励儿童爱国,来建树提倡国货的基础力量"④。

中国国货公司⑤在二楼布置了"儿童游乐市",展销各种儿童用品。"儿童游乐市"的市长为林康侯16岁的公子林之福,还有两名副市长,分别为黄炎培和潘仰尧的女公子,10岁的黄素回和9岁的潘世维。"儿童游乐市"由两条"大道"和五条"大路"组成,大道名为"中山""国货",是救国和建国的象征;"大路"名为"喔喔""天真""活泼""跑跑""跳跳",代表儿童活泼好动的天性,旨在推崇"健康儿童";在"喔喔路"路口摆设一只大公鸡,还附以文字说明:"老公鸡,喔喔啼,小朋友,早早起,振精神,健身体。"⑥意在鼓励儿童强健身体,复兴民族。"跑跑路"陈列了各种造型新颖而又

---

① 全国儿童年实施委员会:《全国儿童年实施委员会总报告》,编者1936年印,第301页。
② 全国儿童年实施委员会:《全国儿童年实施委员会总报告》,编者1936年印,第305—311页。
③ 《儿童节特刊》,载《申报》1933年4月4日。
④ 《上海国货公司儿童乐园开幕》,载《申报》1933年4月4日。
⑤ 上海国货公司成立于1931年11月,中国国货公司成立于1932年2月,二者不是同一公司。
⑥ 柯定盦:《中国国货公司举办的儿童游乐市一瞥》(上),载《申报》1933年4月6日。

贴近现实的儿童食品,有个孩子对坦克车式样的糖果爱不释手,并说:"我要用它将来去打我们的对敌。"孩子的父亲给他买了两个,同时教育孩子说:"但你不要糖果吃完就忘记。"①

三、家庭的呼应

1. 珍惜社会资源,带领儿童参加各种活动

"儿童年应是普遍的,而不是部分的。社会要教养儿童,我们(父母——笔者注)也不能忽略。这才是中国儿童的幸福,亦才是今年政府举行儿童年的真意义"②。家庭是孩子幸福成长的港湾,父母是儿童关系最密切的人,政府社会的各种活动要有父母的配合才行。父母们珍视政府社会为儿童开拓的成长之路,携儿童踊跃参加政府与社会组织的各种庆祝活动,1937年儿童节,"市立动物园为优待儿童起见,特免收门票,欢迎儿童前往参观,惟成人仍照收,但参观者极为踊跃,由上午九时至下午五时半止,所收门票已有一万余张,打破平日记录(平日最盛时七八千张)"③。平时包括儿童在内的门票最多七八千张,儿童节当天仅成人的门票就达一万多张,可以看出父母们带领孩子参观动物园的热情高涨。儿童年期间,1935年12月28日,上海市立西城小学举行父母会成立大会,旨在"联络学生家庭感情,涵养父母智德,研究及实施儿童教养方法,以增进儿童幸福","此举尚系沪上创举。……到校教职员及学生父母来宾共一千余人,由校长柴子飞主持,行礼如仪后,并由教育局代表张春冰致辞,旋由儿童教育专家沈伯英、盛幼宣相继演说,并由学生父母代表俞济凡和叶华女士致辞。……该会事业如讲习会、恳亲会、讨论会、旅行团等,皆将行办"④。西城小学父母会调集了教育局、学校、儿童教育专家和父母的合力,由此也可看出政府、社会和家庭在教养儿童方面的一致性和父母对谋求儿童幸福的积极响应。

对于儿童节的家庭庆祝活动,对儿童来说,他们往往在节日时给父母要钱

---

① 柯定盦:《中国国货公司举办的儿童游乐市一瞥》(下),载《申报》1933年4月13日。
② 梦若:《写在儿童年开幕日》,载《申报》1935年8月1日增刊。
③ 《本市各界昨日热烈庆祝儿童节》,载《申报》1937年4月5日。
④ 《上海市西城小学成立父母会》,载《时事新报》1935年12月29日。

买自己喜爱的东西,一个徽商后代回忆童年时期在上海过儿童节时找父母要钱的情景,"扯着他(父亲——笔者注)要钱买东西,他就给了",而他的母亲"不会给,而且还会揍我们一顿"[1]。这种庆祝方式虽满足了孩子的购物欲,但教育意义不大,在经济危机之下的中下层家庭也鲜有孩子们的零钱,如何在家庭中让儿童度过难忘且有意义的儿童节呢?有人提议:"举行家庭同乐会,举行母亲会、母姊会、父母会、家庭教育研究会等",还可以"举行家庭游戏、赠儿童以恩物、制作糕饼等"[2]。

2. 家长努力成为现代父母

"社会的现代化,不是排斥家庭的,而是和家庭的现代化一起实现的"[3]。随着上海社会对现代儿童期望的日趋增加,对现代父母的呼声也不断高涨,"有现代之儿童,不可无现代之父母,有现代之父母,而后始有现代之儿童也"[4]。做现代父母,不能把孩子看作家庭的私有物,要把孩子看作国家民族的财富,"父母不当视子女为私有物,而当尊重其合法之权利固矣。……必须以民族观念与爱育子女之观念相融合,然后家族主义乃能扩展而为国族主义,而有裨于民族复兴"[5]。这种新的伦理观念是家庭现代化的表现,也将推动社会现代化的进程,"父母之为子女,鞠躬尽瘁,而不望报,其伟大精神,实为民族繁衍与国家隆盛之所由寄。新的伦理观念之确立,其足为社会改造和国家建设之一助乎!"[6]

做现代父母,要教养子女成为适应现代社会的有用之人。1936年儿童节的标语之一就是"儿童的变好变坏,责任在父母和教师"[7],父母对儿童的教养责无旁贷,一方面,父母要改善儿童的身体状况,"我们未来的父母们,请负担起你们的重担,去改良恶劣的环境,养成儿童良好的习惯,锻炼儿童强健的身体,领导着你们的子

---

[1] 俞昌泰口述,何建木、张启祥整理:《一个徽商后代的回忆》,载《史林》2006年增刊。
[2] 秦波:《在儿童节应该做些什么事》,载《现代父母》第2卷第1期,中华慈幼协会1934年发行,第11页。
[3] [法]安德烈·比尔基埃:《家庭史》(第2卷),生活·读书·新知三联书店1998年版,第754页。
[4] 张秉辉:《现代父母对于儿童应负之责任》,载《申报》1936年7月31日。
[5] 吴铁城:《儿童年开幕日告全国之父母》,载《现代父母》第3卷第6期,中华慈幼协会1935年发行,第23页。
[6] 吴铁城:《儿童年开幕日告全国之父母》,载《现代父母》第3卷第6期,中华慈幼协会1935年发行,第23页。
[7] 《申报》1936年4月4日。

女在一条战线上努力着;那么,我们国家的未来,就一定可以复兴了"①。另一方面,要注重儿童学习,"对于儿童方面,父母要负责施与预备式教育和补习式教育;对于自身方面,应明了儿童心理,应明了社会状况",也就是"对于现代社会所需要,目前生存所迫切诸问题,亦应有相当之了解,如此,则使儿童造成有用之成人,有益于人类之成人,能适应现代社会之主人矣"②!

从实施主体来看,家庭、社会、政府对1927—1937年间上海儿童的成长发展均具有无可替代的作用,他们的合力造就未来现代化建设接班人。政府是各种儿童政策的制订者,给儿童养育以法律的保护和政策的指导;家庭是儿童栖息和成长的港湾,家庭对儿童成长的影响反映在日常生活的方方面面,社会转型期的上海家庭生活模式的现代转型为培养现代儿童提供了良好的氛围;儿童教养必须借助社会的力量,社会资源是丰富的,儿童需从社会吸纳更多的、直接的支持和资助,借助社会的力量对其发展提供智力的、物质的、经济的、策略的支持和帮助,适应社会、服务社会,在社会中寻求发展的空间、资源、机遇等,促进自身快速成长成才。

从实施效果看,1927—1937年间上海儿童的现代化和社会的现代化是交相渗透,互为因果的。社会和人的现代化是相伴而生的,转型中的上海城市塑造正在成长中的现代儿童,正在成长中的儿童又将以未来城市建设者的身份创造正在形成中的现代上海城市。20世纪20—30年代上海社会建立了立体的全方位的现代生活体系,在物质、精神、人际交往等方面诠释儿童的现代社会成长经历,政府职能和城市功能也随之向现代化方向转变。

从实施内容看,社会环境和思想观念是不断变化的,导致人才培养的目标也随之变化,但是有一点没有改变:社会发展需要的人,就是儿童未来发展的方向。随着资产阶级政权的建立和民族资本主义经济的发展,上海社会发展急需能够在更多领域发挥作用、承担更多责任的现代人才,也正是在此基础上培育儿童为城市建设接班人。教养儿童应准确地把握社会需要和未来社会的需要,依据社会经济文化的发展水平,合理确立儿童教养的目标理念。

---

① 文君:《我国家庭教育的昨日、今日和明日》,载《现代父母》第3卷第4期,中华慈幼协会1935年发行,第2页。
② 张秉辉:《现代父母对于儿童应负之责任》,载《申报》1936年7月31日。

第三节 社会效应

一、带动其他城市的儿童节和儿童年庆祝活动

上海的儿童政策辐射到周边和内陆城市。据中华基督教会 1933 年的统计，1932—1933 年，上海、南京、北平等全国二十余省市进行儿童节庆祝活动，总计各地举行参加之小学校职员约 12 500 余人，到会之儿童 105 000 余人①。1935 年就已经形成"举国庆祝儿童节，举行竞技演讲及游艺会，党政机关欢迎儿童参观"②的局面。到 1937 年，全国各主要城市均于儿童节这天举行具有教育意义的纪念会，如汉口于"是日上午九时，在中山公园体育馆举行盛大纪念会，同时举行春季童军大检阅"。1935 年 8 月 1 日，贵州省儿童年开幕典礼"到会小学生两千余人"③。

同时社会团体举行各种谋求儿童幸福的事业，天津青年会"特定于国定儿童节——四月四日至四月八日——举行儿童生活运动大会，其间罗致有儿童营养及教育诸方面之读物、衣饰、玩具、食品、药品等，做一有系统展览，并分日参观助产学校、育婴堂、南开小学，借知社会对儿童教养之设施，而供参考，同时对于本市儿童教育、训练及卫生素有研究之学者，莅会演讲，俾使为家长者得知儿童时期之重要，而提高儿童之待遇标准，且积极灌输儿童民族意识，俾其即长，可做国家之干城焉"④。此外还有"儿童健美比赛""儿童游艺会"等活动。

除了在儿童节当天举行各种庆祝活动外，一些城市在日常生活中也从自身实际出发，举办各种儿童活动。1935 年中国科学化运动会杭州分会举办儿童科学化玩具展览会，"一月十三日上午十时，假杭州新民路民众教育馆实验学校大礼堂举行开幕典礼，是日上午天虽大雨，而参与儿童并不因之减少，……参与开幕礼及参

---

① 陈铁生：《民国二十一年度之工作》，载《中华基督教会年鉴》1934 年版，第 162 页。
② 《申报》1935 年 4 月 5 日。
③ 贵州省儿童年实施委员会：《贵州省儿童年实施委员会报告》，编者 1936 年印，第 1 页。
④ 王子英：《天津青年会举行儿童生活运动大会记》，载《现代父母》第 2 卷第 4 期，中华慈幼协会 1934 年发行，第 33 页。

观展览品者,不下四千余人,以儿童为最多"①。儿童年期间举办儿童读物巡回展览会的路线为:南京—湖北—江西—福建—浙江—江苏—山东—北平—南京,在全国八个省市进行儿童读物的巡展。

浙江省政府曾向各小学校颁发《儿童节儿童歌》:"我是小盘古,我不怕吃苦。我要开天辟地,看我手中双斧。我是小孙文,我有革命精神。我要打倒帝国主义,像个球儿打滚。我是小牛顿,让人说我笨。我要用我的头脑,向大自然追问。我是小工人,我有双手万能。我要造富的社会,不造富的个人。"②这本是陶行知1931年所作《儿童工歌》的一部分内容,重视儿童日常生活的实践,赵元任为此歌谱曲。1935年全国儿童年实施委员会又颁发吴研因作词,赵元任作曲的《儿童年歌》:"这是儿童年,是我们全国儿童的努力年。我们的人格要完全,立身在天地间;我们的手脑要精练,事物能创建。我们的身体要强硬,为国多贡献。"以此来激发儿童的革命精神、科学精神和创造精神,也表达对儿童的期望。

二、受惠儿童分析

1. 儿童节和儿童年活动在入学儿童中普及

当时有人观察到:"一年一度的四月四日一天,各地都闹得喧天轰地,来举行纪念为儿童祝福,儿童在这一天也很欢乐的来享受。像看啊,吃啊,喝啊,玩啊……都给有特殊待遇使他们欣赏,这种优先权,当然是应该尽量为他们身心上求愉快,可是把眼光扩大起来看,此种现象,也不过仅能限于我国茫茫大地之一隅(片面的说,就是大都市及较大城镇)也可以说一般踏入能够受教育的儿童所能享受。"③1936年,上海适龄儿童入学率为59%,中上层家庭中的孩子们都能享受到儿童节带来的欢乐,不仅是因为他们有充足的经济条件,更是由于上海各学校在儿童节之际都举行一定的庆祝活动,使孩子们熟悉并了解儿童节。

不仅是上海,对于全国绝大多数省市来说,儿童节和儿童年能够在入学儿童中普及。贵州省儿童年实施委员会"一年来工作的对象多属于在学儿童,对于学校以

---

① 《儿童幸福情报》,载《现代父母》第3卷第1期,中华慈幼协会1935年发行,第81页。
② 《儿童节儿童歌》,载申报儿童专刊社:《儿童之友》(第二集),申报馆1935年版,第225页。
③ 程惠彬:《儿童节为贫苦儿童说话》,载《申报》1937年4月4日。

外的儿童——社会上一般的儿童——惭愧得很,没有多大的贡献"①。

2. 上海政府在儿童节对贫困儿童给予特别关爱

经济危机造成社会的加速分化,社会下层家庭所占有的社会资源甚至难以维系温饱,上海市政府切实注意到贫苦家庭中儿童的艰辛生活,在各种庆祝活动中突出和强调了社会下层儿童的参与。"成立儿童节的意义……绝对是想来为大众儿童造福的,绝对是想把一般贫苦的儿童从危险的门槛引入光明之途来成立儿童节以提醒大众的,否则如每年在这一日为极少数有幸运的儿童来做空洞的纪念,那未免太狭义了"②。上海市政府在各种庆祝活动中着实突出和强调了社会下层儿童的参与。儿童年开幕典礼,"参加儿童预计学生五百人,苦儿三百人,童工二百人,合计一千"③,接受教育的儿童和未接受教育儿童比例相当,各占50%,社会下层儿童参与庆典集会的人数并不少。对于征集到各厂商捐赠的二千件赠品,"其中一千分发给现场儿童,另外一千由吴铁城等视察慈幼机关时赠给留养儿童"④。儿童年中"即对贫苦儿童,也有流浪儿童工学团的设立,而且四四那天,他们也到大场去举行过盛大的集会,至于各商店的廉价发卖童装或赠送玩具,更是不可胜计"⑤,上海市政府专门组织苦儿游艺,1936年"十月二十七日举办苦儿旅行团,由本市各慈幼机关选送男女苦儿共四百五十人于上午八时齐集北站,乘车赴昆山旅行,由昆地党政机关在昆山公园招待,并由本会各委员领导游览各名胜,至晚八时返抵上海"⑥。可以说,上海市政府还是特别关注贫苦儿童成长的,儿童节和儿童年并未把社会下层儿童排除在外。

3. 儿童节未能在下层儿童中普及

受客观条件尤其是经济条件限制,依旧有许多下层家庭中的儿童无法享受到儿童节与儿童年的福利与乐趣。曾有剧本哭诉了在儿童节的贫困家庭中,孩子食不果腹,母亲却被迫到富裕家庭做奶妈的悲惨境遇:"人人羡慕儿童节,我家宝宝哭不歇。张家新生小少爷,雇个奶妈好过节。媳妇做了奶妈去,奶变张家少爷血。张

---

① 贵州省儿童年实施委员会:《贵州省儿童年实施委员会报告》,编者1936年印,第2页。
② 程惠彬:《儿童节为贫苦儿童说话》,载《申报》1937年4月4日。
③ 《本市各机关今日庆祝儿童年开幕》,载《申报》1935年8月1日。
④ 《本市各机关今日庆祝儿童年开幕》,载《申报》1935年8月1日。
⑤ 《儿童年闭幕》,载《申报》1936年7月31日增刊。
⑥ 《上海市儿童年闭幕典礼特刊》,载《申报》1936年7月31日增刊。

家少爷白又胖,胖如冬瓜白如雪。人人羡慕儿童节,我家宝宝哭不歇。老奶给他尝一尝,无奈奶头久已瘪。清水米汤吃不饱,小儿苦恼向谁说?红红绿绿争点缀,问是谁的儿童节。"①这种贫困家庭的孩子很多在六七岁时便做了童工或学徒,童工和学徒的儿童节同样在悲凉凄惨中度过,某工厂的学徒"早上汽笛一响,便发动机器去做工,终日得不到一些休息",在儿童节前夜"头有些发疼,便懒洋洋的伏在窗栏上",马上被工头鞭打,"只觉眼前发黑,脚发软,完全失去了知觉",被工头驱逐出厂,第二天早上醒来时,别人正在庆祝儿童节,他却只能在街头痛哭②。对他们来说,衣食住行的生活底线没有保障,幸福和快乐更是无从谈起,他们关注的不是儿童节,而是怎样吃饱和穿暖,先生存而后生活。"那求乞,孤单,到处漂泊,生命无保障的贫苦儿童,终日为吃、穿、住的奔逐,以及待人教的问题未解决。他们哪里想到这喧天轰地的儿童节是应欢乐的一天呢?根本可以说他们不知儿童节是哪一天?有没有幸福来降临?"③

尽管在儿童节和儿童年期间,社会和政府已经注意到贫苦儿童的悲惨生活,努力为他们谋求福利,但往往特定时间的儿童节与儿童年一过去,贫苦儿童的生活又回到了原点,他们的生存和生活并未发生实质性的改观。现代化是一个社会整体的运动,但同时它并不是一个各阶层齐头并进的社会运动。儿童节与儿童年没有在社会下层儿童中普及,这说明经济危机下,劳苦大众生活窘迫,暴露出上海社会分配的不公正,反映社会体制的不完善,也是转型期上海发展过程中的无奈。

三、儿童的回应

儿童具有极强的可塑性,"作为未来的现代人,他们已经开始准备并乐于接受他们未经历过的新的生活经验、新的思想观念和新的行为方式对于社会的变革,他们不会觉得不理解和难以接受,他们的世界观、人生观、是非观、价值观等思想体系正处于形成过程中。随着年龄的增长,他们将向各个群体转变,成为推动社会现代

---

① 陶行知:《儿童的世界》,载中国儿童文化协会编:《今日之儿童》,生活书店1936年版,第6—8页。
② 陈尚絅:《儿童节的早上》,载《儿童节纪念册》,儿童书局1932年版,第40—41页。
③ 程惠彬:《儿童节为贫苦儿童说话》,载《申报》1937年4月4日。

化进程的力量"①。上海的儿童们意识到"我们小朋友是未来国家的基础,未来世界上的主人翁",也深知儿童节除了幸福快乐之外,还有责任,六年级十二岁男生饶毓菩说:"四月四日为中国儿童节,全国的小朋友欢天喜地的游戏、运动、唱歌,非常快乐。我希望从本年儿童节起,做为我国儿童的奋发,努力的开始年,将来替国家服务争光,才不辜负这可爱的儿童节呢!"②对于上海社会对之提出的要求,儿童们心领神会,立志强身健体、建设祖国、抵御外侮、成长为上海现代化事业的接班人。

1. 健康与生存是一切梦想的起点

健康与生存不仅是个人实现梦想的起点,也是国家实现梦想的根基。孔祥熙十分看重儿童的健康问题,他曾谈道:"健康是造就儿童的资本,有健康的身体,才有灵敏的脑筋,若是身体羸弱,虽有超群出众的智慧,也无从发展使用的。"③童工等社会下层儿童的健康与生存状况堪忧,杨树浦的棉纱厂中"工人为机器所伤,有残废者,有毙命者。据杨树浦工业医院报告,残废最多者为女工,次童工,次男工。毙命最多者为童工,次男工"④。纱厂、化学厂童工患肺病、呼吸病,火柴厂童工面临火灾与磷毒的危险,这些都严重危害儿童的生存与健康。

上海儿童对于强身健体对个人和国家的重要性有深刻的认知。仁智勇女中附小的许学文在自己的文章中写到一个叫杰的儿童:"杰近来学会了阅报。他从报纸里看出自己所处的国家,是怎样的弱……这国家所渴望着的是强健的儿童,将来长大了会为祖国打仗的儿童。"⑤在1933年儿童节庆祝大会上,尚文小学儿童代表十二岁的学生伊儒珍演说,号召儿童强健身体:"今天是儿童节,我们该知道现在在这国难当儿,更应当谋救国家的方案,虽然有所谓实业救国,然而总没有健康救国来得切实,因为有了强壮的体魄,不怕没有强壮的国家,这是积极的具体的良好办法,然而应该自己反省一下,欲谋国家健康,须努力与人民康健。"⑥儿童意识到中国国力衰弱,在国际间备受欺凌,强健的儿童长大能够为国家打仗,强壮的国家需要儿

---

① 李萍、钟明华等著:《人的现代化——开放地区人的现代化系列研究报告》,人民出版社2007年版,第310页。
② 饶毓菩:《二十世纪是儿童的世纪》,载《儿童节纪念册》,儿童书局1932年版,第52页。
③ 《慈幼运动大会宣言》,载《慈幼月刊》,上海市档案馆,U133-0-136。
④ 《上海童工之状况》,载曾作忠:《儿童学》泰存室1926年版,第16页。
⑤ 许学文:《战士的梦》,载《申报》1934年4月4日。
⑥ 《第三届儿童纪念节昨在蓬莱剧院开幕,千余儿童热烈参加担负将来重大责任》,载《申报》1933年4月5日。

童强壮的体魄,儿童积极投身于各种体育锻炼、卫生宣传之中,从自身做起,在日常生活中锻炼强健的体质。

2. 在现实生活中实现个人梦想

"要在儿童时代奋斗,才能得到将来的幸福"。上海儿童在享受现代社会所带给他们的生活便利时,也乐意回报社会,为建设祖国做出贡献。一名四年级的11岁女生说:"'儿童节'的意义,就是希望我们儿童,胜过父母,长大了,成一个好国民。将来在社会上,更能作一些伟大的事业。最好我们把过去贪图享福的少爷小姐的习气打倒才好。"六年级14岁男生李宏铎提议小朋友"协助社会事业的发展",还提出"要宝贵我们的儿童时代,要努力读书和运动。要推广我们的教育,使我们国家复兴,民族复兴"①。受到陶行知倡议"小先生制"的影响,儿童年中有人提议"在这举国上下提倡儿童年的当儿,我们便应尽我们的力量,鼓励识字,不辜负了国家创立儿童年的一番好意。我们不该畏缩,不该贪懒,将我们所认识的字,再教给不识字的人,这不是你一个人读书,大家也跟了你读书吗?儿童们,大家起来吧"②。儿童将自己认识的字和学到的文化教给无法受教育的人,这也是陶行知生活即教育思想的一种重要组织形式,儿童在日常生活中充当"小先生",自身既进行了社会实践,又使知识得以推广,儿童成为普及教育的一股重要社会力量。

石库门弄堂里,报童一天来两次,早晨七八点,他们是最早的商贩之一,下午又贩卖当天的晚报③,他们的愿望是多卖出一些报纸;在儿童节的早上遭受工头鞭打驱逐的童工,他的愿望是逃离工厂④;因家庭贫苦无法上学的张家11岁女儿,她的愿望是去学校读书⑤;虽然梦想不尽相同,但都是为了改善生存环境,提升生活质量。

儿童年期间,1936年6月21日,上海3 000名男女童子军劳动服务,自上午八时至下午五时,在市中心区筑路三条,分别命名为"智仁勇路""行善路"和"服务路",在这"大上海建设史上,又留下光荣之一页"。儿童不仅是现代化成果的享用

---

① 李宏铎:《从今年儿童节起》,载《儿童节纪念册》,儿童书局1932年版,第31页。
② 《儿童年中儿童所应造的伟绩》,载申报儿童专刊社:《儿童节之友》(第二集),申报馆1935年版,第10页。
③ 徐大风:《弄堂特写》,载《上海生活》1939年第4期,第9页。
④ 陈尚絅:《儿童节的早上》,载《儿童节纪念册》,儿童书局1932年版,第40页。
⑤ 李淑琴:《一个穷苦的小朋友》,载《儿童节纪念册》,儿童书局1932年版,第40页。

者,也成为城市的建设者。通过仪式性的动员凝聚儿童向心力,一系列的生产活动成为一种庄重的、仪式性的政治活动,儿童的生产、生活和城市建设密切联系在一起,塑造和强化了儿童的服务意识和劳动观念,重构了儿童的精神世界,激励其在现实生活中实现个人梦想。

3. 个人梦想统一于国家梦想之中

抵御外侮、救国图强是贯穿近现代中国社会的主题主线,在切身体会和所受的教育宣传中,上海儿童意识到"强邻威迫,国家多难",也希望为国家尽一份力,一·二八事变上海遭受日军空袭后,有人发出航空救国的号召,小学生也闻风而动,"航空救国声中,本市有小学生数人,致函吴市长,发起募捐儿童号飞机,各地儿童闻风响应"①。可以看出上海儿童忧国忧民,乐意为保卫祖国尽一己之力。叶圣陶主编的《新少年》中几位"机器迷"儿童认为"为着民族的生存,为着国家的复兴,我们老师要尽心竭力教养我们少年学生,使我们有坚强的体格,有远大的志愿,有丰富的现代知能,让我们成为适应时代的国民。个个身体健壮,精神饱满,本事高,学识足,新中国的建设,就可以在我们新少年培成的新国民手里完成了!"

儿童对国家提出期望:"我们希望,新中国的建设,一步一步的快快完成! 我国所有的矿产,都在开采;并且有很大的炼钢厂和机械厂。到处有制造肥料的工厂,和育种农场。全国各县都有公路,铁路和运河,四通八达,旅行和运输,都很便利……"②20世纪30年代日本加深对上海和中国的侵略,再加上经济危机的影响,上海很多工厂停产停工。儿童体会到个人前途和国家命运息息相关,儿童节与儿童年时期同样也是"国货年"时期,儿童意识到:"中国所以不强,就因为我国的工业不发达,没有多量的生产,一切的用品,都买外国的,以致中国的金钱都流入外国去,中国哪有复兴的希望呢?"③1933年上海诞生中国国货公司,提倡"爱用国货",有小学生以"国货"之名给"洋货"写信:"洋货,自从你侵入中国,我们的地位便一落千丈了,人民处于水深火热之中,现在我们觉悟了,尽量增加我们的生产,准备和你们做最后的决斗。"在内忧外患的处境下,上海儿童也投入救国救民的时代潮流之中。

---

① 《爪哇华侨小学生汇款捐助儿童号飞机》,载《申报》1933年4月7日。
② 叶圣陶:《新少年》,开明书店1936年版,第82—83页。
③ 朱佩兰:《我要做一个生产的人》,载《儿童节纪念册》,儿童书局1932年版,第48页。

据统计,1933—1936年上海市劳资纠纷牵涉职工中,男工占42.1%,女工占48.4%,童工占9.5%①;同期上海工人的构成中,以1934年为例,男工占42.8%,女工占51.0%,童工占6.2%②。可以看出,尽管女工在上海工人中占据多数,但是在劳资纠纷中,她们参加劳工活动的比例少于其占工人总数比例约3个百分点,男工参与比例约等于男工所占工人总数比例,童工涉及劳资纠纷的比例约高于童工占工人总数比例3个百分点。在涉及劳资纠纷的劳工活动中,相对于成人男女工,童工更具有革命的热情,儿童节时期还有"取消工厂里的童工"等口号和标语;呼吁"儿童世界是大众的儿童世界,绝不是少数的儿童的世界,也不是顾到这个儿童而忘了那个儿童的儿童世界"③。这种观点保护下层儿童,呼吁儿童平等,表达下层儿童个人的解放上升到阶层、阶级的解放。

1934年4月4日,新生活运动中儿童节庆祝大会上,儿童代表还提倡儿童"厉行新生活运动,提倡礼义廉耻,要实行非礼勿视,非礼勿动,养成守纪律,养秩序的习惯,以复兴民族"④。儿童期尤其是7—14岁是少年儿童人生观、世界观、价值观逐步形成时期,开始表现出对自己国家和民族成员的偏爱,能够形成国家和民族的认同意识。上海儿童将个人价值的实现和渴望国家强盛的理想相统一,把个人奋斗融入国家和民族解放事业,个人梦想从而具有更深刻的价值和意义。

无可否认,在上海社会转型和儿童成长的过程中,还有许多问题相伴相随,这无疑滞缓了其城市现代化的进程,降低了现代化的水平,同时也造成各阶层儿童发展的不平衡性。从传统到现代的过渡过程复杂曲折,社会中不同阶层的儿童享受到的待遇不尽相同,这是与当时上海社会的大环境息息相关的,皆是任重而道远的社会任务。

转型时期上海的社会存在和社会意识已发生变化,经济危机也意味着原有的社会制度和社会观念有待进一步改进,市民儿童观念的变化和各种政策措施的实施,符合上海社会转型的趋势,也预示着克服危机的出路,使危机中的上海充满希望。1900年,瑞典女教育家爱伦·凯发表《儿童的世纪》一书,指出20世纪是儿童

---

① 国民政府主计处统计局编:《中华民国统计提要(民国二十九年辑)》,编者1940年印,第91页。
② 国民政府主计处统计局编:《中华民国统计提要(民国二十九年辑)》,编者1940年印,第70页。
③ 中国儿童文化协会编:《今日之儿童》,生活书店1936年版,第6页。
④ 《上海市举行儿童节庆祝大会记》,载《现代父母》第2卷第2期,中华慈幼协会1934年发行,第41页。

的世纪,引起极大轰动,在之后的岁月中,各国政府都加强了儿童权益的保护,这种思想随西学东渐之势传入中国。20世纪30年代,当上海现代化建设风生水起之时,经济危机来袭,城市采取各种措施来保障儿童对城市现代文明成果的享用,其用意是在现代文明氛围中教养儿童,在经济危机中为寻求城市发展而独辟蹊径,为民族独立发展培养具备现代学识的新人,为经济危机之后的城市建设积聚资源和沉淀力量。

第六章　追梦而去：1927—1937 年上海儿童的群体生活与人格养成

　　人类社会的存在和发展通过个体生命的延续来实现，而个体的生存和发展离不开群体，这是由人的社会本质决定的。现代社会的一大特征就是人口高频率的运动与密集型的人际信息交流，以现代化邮政、电讯和现代交通为核心的互动系统，既让人们的群体生活变得相对丰富，又"带来了城市人口的习俗、情感和品格的变化"[①]。人创造了城市，又为城市所创造。城市是根据现代人群的发展需要而设计出来的人类新聚集地。它一旦诞生必然改造旧人类，创造新人群。现代社会是各种种族、各种文化、各种人格类型相互混合、相互作用的大熔炉，经由这个大熔炉的融汇、调适与整合最终形成一种具有共同语言、民俗、心理特征、价值取向与行为方式的新型人格的城市人。从这个意义上说，"城市改造着人性"[②]，"城市环境的最终产物，表现为它培养成的各种新型人格"[③]。上海儿童身处其间，被上海城市化进程塑造着其新式人格，并鼓舞其为实现个人价值和社会价值的统一，实现个人梦想和国家梦想的统一而努力生存、认真生活，这正是上海城市前进和发展的内生动力。

第一节　儿童的群体生活

　　马克思和恩格斯在《德意志意识形态》说，"一个人的发展取决于和他直接和间

---

① R.E.帕克：《城市社会学》，宋俊岭等译，华夏出版社 1987 年版，第 23 页。
② R.E.帕克：《城市社会学》，宋俊岭等译，华夏出版社 1987 年版，第 265 页。
③ R.E.帕克：《城市社会学》，宋俊岭等译，华夏出版社 1987 年版，第 273 页。

接进行交往的其他一切人的发展"①。在上海大量不同文化背景的人口密集居住在一起,形成市场文化主导下的日常交往体系,这是一种符合现代工业文明的全新的生存方式和活动模式,对传统日常生活结构的冲击,认可追求利益的目的性,鼓励以竞争和参与为特征的现代生活方式和价值观念,打破传统农业文明下形成的封闭的日常生活方式。

个体生活在群体之中,群体由个体组成,好群是儿童的天性,学习是儿童的主要社会行为之一,这两者的结合就是儿童在团体中学习,不断充实自我,掌握现代知识,实现个体社会价值的过程。在 20 世纪 20—30 年代的上海,由于现代生产的专业化、社会分工的具体化、合作的广泛性和与世界其他地方生产的联系性倾向日益凸显,交换和技术上的相互依赖和合作也随之深化,儿童要担负未来城市建设的重任,就需学习现代社会的交往原则和技巧。另外对于移民来沪的儿童来说,由于上海人看不起外地人的奇怪心理,也须学习日常生活中交往的应对之策,"在上海过生活的人,第一要先明了上海人的心理,学习一切艺术化的做人手段,方可到处不致使人轻视"②。无论是本土上海儿童还是移民儿童,为了在城市生存和建设城市,都有必要学习城市的人际交往技能。

一、童子军

(一) 童子军在上海的创办与管理

1. 童子军在上海的创办与发展

童子军是 20 世纪初由英国军人贝登堡将军创办的一种儿童组织,目的在于培养儿童公民道德、勇敢精神以及野外生存技能。中国首个正式童子军组织是严家麟于 1912 年在武昌文华书院创办的,之后上海华童学校也开始组织童子军。

"上海童子军之历史始于西童,后由华童公学监院康普极力提倡始推及于华童"③,1911 年沪上西童组成的"上海贝登堡童子军",1913 年上海圣约翰、沪江、青年会等学校相继组建童子军,成立上海童子军会,1916 年在上海成立中华童子军协

---

① 中共中央马克思恩格斯列宁斯大林著作编译局:《马克思恩格斯全集》(第 3 卷),人民出版社 1960 年版,第 515 页。
② 志钦:《上海的风气》,载《上海报》1935 年 1 月 26 日。
③ 《上海之童子军》,载《申报》1916 年 3 月 4 日。

第六章 追梦而去：1927—1937年上海儿童的群体生活与人格养成

会,1927年春成立上海童子军协进会。上海还是较早成立女童子军组织的城市,1921年上海中国女子体育学校与爱国女校组织女童军,1925年上海女童子军组织"木兰团"。此外1921年上海的中华武术会举办了社会童子军即罗浮童子军①。

1927年国民党中央党部设立童子军司令部领导全国童子军,童子军开始"党化"。1927年3月29日上海临时特别市政府成立,1927年6月成立上海特别市童子军协会,之后童子军加上了"中国国民党"的字样,开始简称为"党童子军"②。1929年春,上海国民党童子军促进会正式成立。1934年11月1日成立中国童子军总会,蒋介石任会长,各地童子军需经过中国童子军总会审查登记,《中国童子军登记规程》第六条规定:"童子军登记,经中国童子军总会审查合格办法证书证章后,方得称为中国童子军。"③童子军成为中国国民党领导下的组织。同时国民党政府教育部明文规定:"全国中小学校的学生一律必须参加童子军训练,童子军课程列入必修科。"④之后全国中小学开始普遍成立童子军组织。

1930年7月上海特别市改称上海市,10月中国童子军上海市理事会成立。30年代是上海童子军发展迅速时期,1930年上海市童军核准登记者共17团,团员1662人⑤,1932年6月份第一次全市童子军总登记时,"童子军达三千余人,团部五十余团,其数量之发达,为各地之冠"⑥。1936年6月全市童军约一万余人⑦。由于童子军成员的主要来源是学生,故上海童子军大多来自城市中上层家庭。这一时期上海还出版一系列童子军图书,如中国童子军联环社1932年发行杂志《童子军生活》⑧、商务印书馆1934年出版《童子军与青年运动》、1935年出版《女童子军教育法》、黎明书局1935年出版《童子军全书》等⑨。开设童子军用品服务社,如童子军上海市理事会理事汪刚开设童子军少年用品服务社,理事会秘书罗烈开设童子军图书用品服务社等。

---

① 18岁以上的称为罗浮童子军。
② 于喜敏:《上海童子军研究》,硕士学位论文,上海师范大学,2006年,第12页。
③ 《中国童子军登记规程》,载《青岛教育》1935年第2卷第7、8合期,第7页。
④ 忻平、胡正豪、李学昌:《民国社会大观》,福建人民出版社1991年版,第644—645页。
⑤ 《本市童子军概况》,载《申报》1930年7月23日。
⑥ 《市童军理事会举办全市童军总登记》,载《申报》1933年7月21日。
⑦ 《本市童子军今晨举行大检阅》,载《申报》1936年6月7日。
⑧ 中国童子军联欢社:《童子军生活》1932年8月第1期。
⑨ 吴耀麟:《童子军教育概论》,商务印书馆1936年版,第240页。

2. 童子军的管理

按照年龄童子军主要分为四类：

> 童子军：凡中华民国儿童年满12岁，志愿接受童子军训练，而得家长许可者，均得加入为中国童子军；
>
> 女童子军：凡中华民国女童，年满12岁以上，18岁以下，愿受女童军训练，得家长许可者，均得加入中国女童军；
>
> 幼童子军：凡满8岁至12岁的幼童，愿受童子军训练，得家长许可，志愿加入童军组织者；
>
> 青年童子军：凡年满18岁以上之国民，愿接受童子军训练或继续服务的童子军，均得加入青年童子军。①

1927年后童子军的政治色彩日益浓厚，童子军军歌第一句是"中国童子军，我们是三民主义的少年兵"，最后一句是"大家团结向前进，青天高，白日明"，誓词为：① 遵奉总理遗嘱完成国民革命；② 扶助农工及一切被压迫民族；③ 服从纪律。② 党化是童子军的重要特征之一，要求童子军思想和行动上对国民党的绝对服从，蒋介石把童子军看作"一种革命队伍的后备军，他的使命是完成国民革命的大事业"③。

1933年9月28日，国民党第四届中央执行委员会第九十次常务会议通过《中国童子军总章》，规定"发展儿童做事能力，养成良好习惯、使其人格高尚，常识丰富、体魄健全，成为智仁勇兼备之青年，以建设三民主义国家，而臻世界之大同"④。童子军编制有甲乙两种，上海童子军多采用甲种编制：童子军6—9人为一小队，设正副小队长各一人；2—3小队组成一中队，设正副中队长各1人；2个中队以上组成童子军团，设团长和副团长领导。⑤ 童子军团是童子军的最基层组织单位。童子军训练主要运用荣誉制、徽章制及小队制，可以培养激励儿童的上进心，满足儿童的

---

① 吴耀麟：《童子军教育概论》，商务印书馆1936年版，第33—34页。
② 《中国童子军誓词及军歌》，载《申报》1931年3月21日。
③ 《申报》1930年4月19日。
④ 吴耀麟：《童子军教育概论》，商务印书馆1936年版，第243页。
⑤ 《中国童子军总章》，载《申报》1933年10月28日。

第六章 追梦而去:1927—1937年上海儿童的群体生活与人格养成

荣誉感,提升儿童的团体归属感和责任感。

上海特别市童子军协会曾制定上海童子军训练方针,首先是发展儿童做事能力,养成良好习惯使其人格高尚、常识丰富、体魄健全、成为智、仁、勇兼备之青年。然后是培养爱国家、爱民族、爱人民之精神,目的在于和平建国而臻世界之大同,这些与《中国童子军总章》规定一致。接着提出以儿童为本位教育主张,用近代科学方法,根据儿童生活、生理及心理实施训练,以养成服务民族国家以及社会所需要之基本能力等方针①。这主要是由于受到杜威"儿童中心论"影响,20世纪20—30年代上海很长一段时间谈及教育"言必称杜威"。同时注意到儿童参加团体活动利于其发展,"好群的

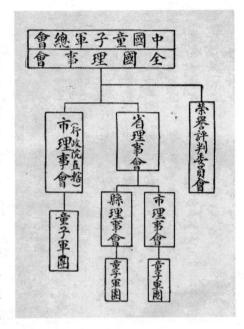

图6-1 童子军组织系统

资料来源:吴耀麟:《童子军教育概论》,商务印书馆1936年版,第32页。

本能,也是儿童天赋的本能,如果叫一个儿童孤独坐在一间屋里,他必定是感觉到寂寞、苦闷、烦恼……到儿童多的地方,他就快乐了,就不缠大人了。做父母的应当注意发展儿童的本能,尽量指导儿童参加团体的游戏活动,俾儿童天赋得以发展"②。童子军为儿童之间的交往提供了平台,是儿童进行团体活动的重要方式。

童子军训练采取干部训练与团部训练、小队训练与个别训练相结合的方式,在内容上有品性、知识与技能、观察、健康、公民等训练。童子军训练课程分为初级、中级、高级三种。《申报》曾详细介绍过课程合格标准,上海童子军还经常利用周末或假期进行野外生活,磨炼意志并获取生存技巧。

---

① 金大陆:《上海青年志》,第四篇"青年社会教育"中的第一章"青年政治教育",上海社会科学院出版社2002年版。
② 杜尧庆:《怎样发展儿童的本能》,载《家庭星期》第2卷第15期,家庭职务社1937年发行,第229页。

表 6-1　中国童子军专科训练表

科学类	自然科学	电学、无线电、应用化学、电报、星象、昆虫、气象、动物、植物、剥制标本
	社会科学	新闻、文书、翻译
职业类	艺术	音乐、戏剧、雕塑、绘画、摄影
	农业	捕鱼、畜牧、造林、园艺、农事、养蜂、养蚕、兽医
	工业	建筑、汽车、飞机、机械、矿工、印刷
	手工	木工、修理、皮工、金工、泥工、洗染、裁缝、编织、漆工、绳工、装订、纸工、瓷陶工
	商业	商业、簿记、珠算
野外活动类		斥候工程、讯号、测量、烹饪、游猎、向导、露营、旅行、航海
体育卫生类		公共卫生、自由车、卫生、国术、游泳、骑术、攀登、溜冰
服务实习类		公民、看护、救护、消防、救生、慈善、邮务
军事常识类		军事训练、射击、防毒、防空、号角

资料来源：吴耀麟：《童子军教育概论》，商务印书馆 1936 年版，第 78—79 页。

童子军是儿童进行社会交往和社团实践的重要场所，这些训练涉及农业、工业、商业、军事、科学、服务、卫生等各个方面，儿童通过训练不仅获取现代知识经验，也积极投身于各种社会活动之中，积累人脉和群体生活技能。童子军训练也是儿童进行生活经验交流的途径，儿童为传达或获得某种知识性、规范性的生活信息和生活要求而展开日常交往活动，对于儿童获取生存和生活常识具有积极作用。

童子军训练还促进儿童之间的协作，"独立做事自困难，分工合作便容易；还要记好一句话，助人就是助自己"①，日常协作可以提高日常生活的劳动效率，完成单靠个人或一个单独的家庭无法完成的事情，也能使个体获得安全感。儿童通过游戏、歌曲、比赛等感受结成团队的快乐："我们来结个小团体。做工同做工，游戏同

---

① 陆静山：《新儿童生活歌曲》，上海乐华图书公司 1938 年版，第 52 页。

图 6-2 童子军野外操练

图片来源：王云五:《常识课本》,商务印书馆 1934 年版,第 39—40 页。

游戏。爱合群,爱整齐,欢欢喜喜不分离,要欢欢喜喜不分离。"①儿童在与同伴的默契配合中学会在公平公正的前提下正确处理个人与集体、集体之间及同伴之间的关系,学到一些基本行为准则,提高其社会交往能力,满足对于合作的心理需要,促进他们人际关系的发展。

(二) 童子军参与上海城市建设与抵抗外侮

童子军有三大铭言,分别是"准备、日行一善、人生以服务为目的",其中人生以服务为目的"本为总理遗教,谓人人应以服务为目的,不以夺取为目的"②,目的在于锻炼童子军品性,尽心尽力为人民、为社会、为国家服务。童子军对于服务训练有着较高的要求,对社会服务有着专门的教学,也有一整套的规范流程,社会服务围绕着观察、讲述、阅读、讨论、表演、工作、比赛等多种方式展开。

---

① 陆静山:《新儿童生活歌曲》,上海乐华图书公司 1938 年版,第 51 页。
② 吴耀麟:《童子军教育概论》,商务印书馆 1936 年版,第 64 页。

1. 童子军参与上海城市建设

上海被誉为远东第一大都市,公共事业发达,利于举办国际赛事或展览会。1915 年第二届远东运动会、1928 年第八届远东运动会均在上海举办,数百名童子军参与维持会场秩序和服务工作,并参加团体操表演。1928 年 11 月中华国货展览会在上海开幕,"各校童子军帮同军警维持会场秩序"①,彰显服务精神。1931 年 7—9 月,全国多地连降大雨,出现水患,长江中下游省份受灾严重。中国童子军上海市理事会开展赈灾工作,组织灾地救生队分往各地救生②,并成立了上海市童子军水灾募赈委员会,在华界和租界进行募捐,"捐款共计洋六千三百二十七元六角,当即全数交与各省水灾急赈会"③。童子军在 1934 年、1935 年、1937 年多次进行募捐活动,同时在灾民中开展卫生防疫的宣传等工作。1932—1933 年,上海童子军广泛募捐航空救国基金,1933 年 9 月通过募捐资金捐助"沪童军号"飞机。印证童子军"随时随地扶助他人,服务公众"誓言。

通过不同类型的社会服务实践,使上海儿童对于社会服务有比较深的认识和理解,提高个人素质,从而进一步提高服务的质量与效果,提高服务社会的实用价值。通过切实的工作与实验,在实践中深化知识的学习,能够将知识切实运用,为城市发展做出贡献。

2. 童子军参与抗日战争

(1) 一·二八事变中的童子军

1932 年一·二八事变爆发,上海各界同仇敌忾,上海市童子军理事会组织战地服务团,前后累计参与达 600 多人,在前线服务的 150 多人④。童子军抢救和安置难民,开办 13 个难民服务所,并服务于医院救治伤兵,上海邮务工会童子军 60 余人自 2 月 7 日到 3 月 10 日共从战地救出难民伤兵 2 000 多人⑤。童子军组织"前方传讯队"到前线传递重要公文,还有三批团员赴苏州、松江、正义、昆山、无锡、南翔、真如、句容、南京以及沪宁沪杭路一带,担任筑路、监工、架桥、侦察、运输、招待、通讯

---

① 《中华国货展览会今日开幕》,载《申报》1928 年 11 月 1 日。
② 《市童军努力赈灾工作》,载《申报》1931 年 8 月 29 日。
③ 《市童军募捐昨举行简记》,载《申报》1931 年 9 月 14 日。
④ 《童子军从前线陆续返沪》,载《申报》1932 年 5 月 10 日。
⑤ 《童子军最近工作统计》,载《申报》1932 年 3 月 10 日。

各事①。上海商会社会童子军团四位团员在战区救护难民途中被日军劫持,最终遇难:罗云祥,救护组组长,良晨好友社排印部主任,牺牲时21岁;鲍正武,营业税征收处文书股员,牺牲时18岁;毛征祥,毛志祥牙医诊所助诊,牺牲时19岁;应文达,英商亚细亚火油公司职员,牺牲时21岁。②

上海市童子军战地服务团的杰出贡献和英勇牺牲获得一致赞誉,中国童子军司令部发来嘉奖电报:"童子军理事会暨战地服务团全体团员鉴,此次沪变发生,淞沪糜烂,该理事会自动组织战地服务团,罔顾艰危,工作数月,灾民赖以救济,军事赖以扶助,忠勇坚毅,成绩斐然,使我童子军之服务精神,充分表现,于社会至堪嘉尚,除由本部另定褒奖办法,以示勉励外,特电驰慰。"

(2) 八一三抗战中的童子军

抗战全面爆发后,1937年7月17日蒋介石发表《抗战宣言》:"战端一开,那就是地无分南北、年无分老幼,无论何人,皆有守土抗战之责任,皆应抱定牺牲一切之决心。"上海童子军向全国50万童子军发出号召,指出我们生死所系的民族全面抗战开始……现在正是我们民族的点,是我们童子军为国努力的良辰,我们爱好和平,我们更爱好为和平而抗战的斗争,号召全国的童子军一致起来抗战③,上海市童子军组织全国第一个童子军战时服务团。

自"八一三东战场战事爆发后,中国童子军战时服务团第一团——上海市童军乃应运而生"④,抗战中上海市童子军战时服务团积极从事各种工作,上海市少年团童子军提出"今天,少年们的血,应该融入斗争的洪炉中里去"⑤。童子军在各医院及难民所担任警卫维持治安,协助看护和担架工作,在难民收容所里教难民识字唱歌,为前方将士和难民募集衣物食品,还有一些童子军在前线传令、运输、救护及建筑防御工事等⑥。上海市商会童子军在后方伤兵医院及几处难民收容所服务,协助市后援会调度车辆、清理和运送慰劳品上前线,募集棉背心等,还曾向四行仓库的

---

① 《一·二八后的上海教育事业》,载《申报》1932年5月19日。
② 中共上海市委党史资料委员会:《上海市商会社会童子军团与绿营联谊社简史》,编者1992年印行,第9页。
③ 游征帆:《抗战中的中国童子军》,载《中国童子军第一七七团年刊》,1947年。
④ 中国童子军总会:《十年来的中国童子军总会》,编者1944年印行,第67页。
⑤ 《抗战日报》1938年6月6日。
⑥ 《沪战开始后童军服务精神》,载《申报》1937年9月17日。

官兵运送物资,"上海童子军向四行仓库八百壮士接济粮物、敬献国旗,震噪中外"①。童子军的战时服务受到广泛称赞,"八一三淞沪抗战的时候,在战地服务最出力的是童子军……由于敌人的残暴,童子军牺牲了不少,但这些十四五岁的孩子,他们不但不怕,而且愈来愈多,人数由百余人增加到2000人"②。

从事战时服务工作较多的是16岁以上的童子军,如一·二八抗战中牺牲的四位童军平均年龄19岁,八一三抗战中向四行仓库敬献国旗的女童军杨慧敏当时22岁,但也有不到16岁的儿童少年进行战时服务,为抗战贡献自己的力量。对于年龄稍长的童子军来说,他们大多在上海有过童年期的经历,接受童子军训练,并把学习到的运输、救护、架桥、侦察、通讯、野外生存等技能加以实践,这得益于童子军内容丰富的训练科目,推进童子军个人发展,提高童子军整体质量,凝聚认同感和向心力,使其投入到中华民族实现民族解放的大潮中,为抗战贡献了力量。

上海沦陷后,随军退出的上海童子军本着为国服务的精神,在各个战区前线担任救护、运输、宣传等工作,足迹遍及苏、浙、皖、赣、湘、鄂、川、黔、粤、桂、滇、豫、陕、甘等省,在南京城外抢渡、徐州突围、开封洪流、武汉破毁、广州失陷、湘垣大火等事件中进行救护,还曾赴甘肃、陕西农村服务,在1938年12月重庆大游行和桂林空袭时参与宣传防护工作,并得到国民政府好评③,为抗日救亡贡献力量。

二、孩子剧团

(一) 成立过程

孩子剧团是中国共产党领导下的一支儿童抗日宣传团队。抗战全面爆发后,一些上海战区的小学生逃到租界,"有的是难民的儿女,有的是大家庭小家庭的宝贝心肝,还有的呢,是工人们的子弟。为了不愿意跟着大人逃难,坐在收容所里白吃饭;为了不愿意在温暖的父母怀中享福;为了要从打走敌人中来求得自己的生路,这群中华民族的小儿女们集合在一起,组织在一起,向着他们共同的目标:抗敌

---

① 中国童子军总会:《十年来的中国童子军总会》,编者1944年印行,第68页。
② 《救亡日报》1938年4月8日。
③ 《本市三百余童军服务内地颇著功绩》,载《申报》1939年12月25日。

救亡,走去"①。他们来到租界的恩派亚电影院,在共产党地下党员的帮助下,以临青小学部分学生为基础,1937 年 9 月 3 日成立了由 30 多人组成的孩子剧团,吴新稼为团长。"这是一个孩子们自己组织的团体,他们的团员最小的是九岁,最大的是十九岁"②,自行组织管理,进行宣传、讲演、演剧、歌唱等,以自己的方式从事抗战活动,挽救民族危亡。

图 6-3 年龄较小的孩子剧团成员　　　图 6-4 孩子剧团全体成员

资料来源:孩子剧团编:《孩子剧团从上海到武汉》,大路书店 1938 年版。

他们发布《孩子剧团宣言》③,在上海难童难民中教唱《义勇军进行曲》《救亡进行曲》《保卫大上海》《牺牲已到最后关头》等歌曲,他们的行为打动很多成年人,"年纪这么小,都要出来救国救亡,我们中国不会忘啊"!④ 茅盾称之为"抗战的血泊中产生的一朵奇花""日本帝国主义残杀了我们民族千万的男女,然而我们民族复兴的后备军已在战火中成长!"⑤《孩子剧团宣言》中这样说:

我们是一群流浪儿。

我们是一群没有跟着爸爸妈妈逃难的孩子。

在从前,我们就相信抗日战争一定要爆发,我们曾经发过誓:不逃,不躲,要同日本鬼子拼。现在抗日战争真的开始了,我们虽然没有了爸妈,没有了家

---

① 孩子剧团编:《孩子剧团从上海到武汉》,大路书店 1938 年版,第 122 页。
② 孩子剧团编:《孩子剧团从上海到武汉》,大路书店 1938 年版,第 1—2 页。
③ 孩子剧团编:《孩子剧团从上海到武汉》,大路书店 1938 年版,第 111 页。
④ 孩子剧团团史编辑组:《孩子剧团》,四川少年儿童出版社 1981 年版,第 62 页。
⑤ 孩子剧团团史编辑组:《孩子剧团》,四川少年儿童出版社 1981 年版,第 9 页。

庭，成为流离无靠的孤儿，但是我们没有哭，没有伤心，相反的，只有怒恨，只有振作。

我们大部分是沪东战区里的孩子，爱演剧，爱唱歌，过去也曾经演过一些戏，唱过一些歌，在抗日战争开始了的时候，我们知道我们不能上前线去和鬼子拼，不能做大规模的事情，我们只有以我们所有的力量，团结起来，以过去所爱好的工作来为国家服务，为民族尽力。

我们愿意永远演戏，愿意上前线去演，愿意到内地去演，也愿意到受难的同胞里面去演。

我们的力量是很薄弱的，我们的戏同歌是很幼稚的，经济也是很困难的，我们诚恳的希望社会上各界先生同戏剧界前辈先生指教、帮忙。

表6-2 上海市孩子剧团成员一览表

姓 名	年龄(岁)	籍 贯	抗战全面爆发前居住地	教育情况
傅承谟	15	江苏吴兴	上海杨树浦	读书六年，高小毕业
张永明	18	上海	上海	读书四年，14岁退学
王世英	14	辽宁潘阳	1932年到上海	小学六年级毕业
丰道清	13	湖北浠水	汉口	小学五年级
许玉珍	10	江苏江阴	5岁到上海	5岁起在上海叔父家读书
吴培尼	9	安徽	随父母迁到上海	小学
吴正波	10	上海	上海杨树浦	就读于临青小学
孙杰	17	湖北黄陂	上海	读书五年，后当学徒
郭实祥	17	江苏南京	上海杨树浦	就读于临青小学，后当学徒、小贩、卖报、做小生意等
许立朋	15	江苏	上海杨树浦	就读于临青小学
曹大庆	15	江苏扬州	上海沪东区	就读于临青小学

第六章 追梦而去:1927—1937年上海儿童的群体生活与人格养成 255

续 表

姓　名	年龄(岁)	籍　贯	抗战全面爆发前居住地	教　育　情　况
奚立德	16	安徽芜湖	上海杨树浦	就读于临青中小学
张宗元	17	安徽巢县	12岁到上海	读书五年
徐祥仙	15	上海	上海乡下	9岁入小学,山海工学团
强云秋	14	江苏东台	上海	就读于临青学校
徐　晴	12	江苏镇江	上海	就读于余日章小学
林犁田	16	福建	1937年至上海	就读于山海工学团
张　莺	16	江苏镇江	上海	学校被烧
罗真理	15	江西南昌	上海	读书五年
吴新嫁	19	湖北宜昌	上海	初中三年级
吴克强	14	江苏靖浦	上海	读书五年
徐治平	15	江苏宝山	上海	就读于山海工学团
陈在川	13	广东	上海	喜欢音乐
张浣青	18	江苏江阴	上海	读书两年半,后为女工

资料来源:孩子剧团编:《孩子剧团从上海到武汉》,大路书店1938年版,第63—84页。

从孩子剧团成员的基本情况,我们可以得出以下结论:① 孩子剧团成员的籍贯以非上海籍为多,上海籍的成员在总数的24人中仅有3人,只占到八分之一,大多数孩子随父母迁居上海。1927—1937年是孩子剧团成员的童年期,他们绝大多数人在上海度过其童年;② 在这期间,大多数儿童在上海现代城市氛围熏陶之下,接受了初步的现代教育,具备了一定的工作经验和社会经验,八一三抗战前他们在上海或为在校学生,或为工厂工人,均具备一定的现代社会生存技能和生活经验,正在或即将为上海现代化建设贡献自己的青春和童年;③ 抗战全面爆发后,这些儿童意识到上海社会民族矛盾的爆发,并很快投身于抗战洪流之中,这也是社会转型期上海为之提出的主要任务之一,他们运用自己在童年期积累的知识为抗战尽一己之力。可以说,1927—1937 年是他们人生的重要阶段,在上海的生活和所受的教育使他们已经成长为合格的现代化建设接班人,在上海现代化建设遭受重创,为外力所阻断之际,他们毫不犹豫且奋不顾身地组成社团,力图以集体的力量来维护上海的现代化建设成果,为上海早日恢复现代化建设贡献他们本应该充满欢笑和积累知识的宝贵童年,拳拳赤子之心让诸多成人为之动容和自愧不如。

(二) 管理方式

《孩子剧团公约》①

① 遵守生活秩序表及公约;② 互相亲爱,互相帮助;③ 不吵架,不打架;④ 不偷懒,不骄傲;⑤ 服从大家的意见;⑥ 接受团体的分工;⑦ 虚心接受大人先生和小朋友的指教批评;⑧ 有话当着大众提出来;⑨ 每天一定要看报做日记,运动;⑩ 本公约由督促管理部值日生督促执行。

《怎样管理我们自己》②

孩子剧团,是一群小孩子在做的,那么,诸位先生一定要问:小孩子在一起不是常常打架,吵闹吗?打架,吵闹事情怎么做的好?……

原来我们孩子剧团的组织,除了剧务部,事务部以外,还有一个生活管理部,生活管理部负责管理大家的……

(一) 每天的生活秩序表(生活管理部制定)

6:30 起身,6:30—7:00 整洁,7:00—7:30 练音,7:30—8:00 早操,8:00—8:30 早饭,8:30—8:40 休息,8:40—11:20 工作自修,11:20—11:30 休息,11:30—12:00 午饭,12:00—13:00 休息,13:00—16:30 工作自修,16:30—17:20 运动,17:20—17:30 休息,17:30—18:00 晚饭,18:00—19:00 休息,19:00—19:30 晚会,19:30—19:45 读报,19:45—20:35 日记,20:35—21:00 自由活动,21:00 睡觉。

我们每天照着生活秩序表做着,在工作自修的时候,我们演排戏、音乐、国语、基本问题讲解、演讲会、读书会、图画、作文等工作,这都是灵活的课程。晚

---

① 孩子剧团编:《孩子剧团从上海到武汉》,大路书店 1938 年版,第 4 页。
② 孩子剧团编:《孩子剧团从上海到武汉》,大路书店 1938 年版,第 11—14 页。

第六章 追梦而去：1927—1937年上海儿童的群体生活与人格养成

会是每天晚上举行的，在这简单的会上，各部各股报告大家需要知道的事情，有问题（纠纷）提出来大家解决。

除了生活秩序表以外，我们有大家议决的公约，也是由生活管理部监督执行，大家照着做。

（二）分组管理同值日生

分五组管理，每组5人，每组有一组长，……组长负责考查每个组员的卫生（衣、鞋、袜、身体、病、痛……），自修（日记、读书、看报……）……值日生每天有两个，大家轮流担任的，要扫地，揩台子，招待来访的客人，记团体日记，召集人开会，执行公约等，值日生是每天做事最多的……

（三）各股做的事情

第一，健身股——天天备好开水给大家吃，算是日常补品，天天早上早操，锻炼我们的身体，督促个人的清洁，管理每人的健康。

第二，图书股——每星期三下午十二时到一时开放，由组长和图书股借书，同时保管图书，搜集图书、杂志给大家读。

第三，读书股——分甲乙两组，天天上课，看个人读书能力，分配他读的书，以及督促每人自修，讨论读书方法。

第四，演讲股——每星期开一次演讲会，练习每人演讲技能，同时分配演讲人在出演时演讲。

第五，读报股——编成甲乙两组，甲组会读报的，每天晚会后轮流读报，分析，然后大家补充，分配甲组人数不会读报的人，读报组每天记时事笔记，以及保管报纸，主持时事讨论会。

第六，行李股——这是旅行的时候需要的，要把行李登记，编号，捆扎，分配各人拿的东西等。

可以发现，孩子剧团有成熟严密的组织管理方式，从他们的生活秩序表中我们得知，孩子们度过的每一天都很有意义，他们按时作息，三餐饭有规律，每天有50分钟的运动和25分钟的自由活动时间，这样的安排利于孩子们身体的成长，而身体健康正是现代化建设和抵抗侵略最需要的；这些孩子抗战前或为学生，或有工作，都为城市现代化建设积蓄了力量，日本的入侵打断了上海的现代化进程，也使孩子们的主要任务由建设城市更换为抵御外侮;此外,还有半小时开会、15分钟读报、50分钟记日记的时间,每天开会和读报。

儿童在团体中可以正确进行自我认识,认识自己在环境中的地位以及与周围人的社会关系,学习在社会关系中怎样与他人相处;学习各种科学文化知识,进入广阔的知识领域。在学习与人交往中,不可避免地触及社团中的互相协作,日常协作是人们围绕物质生活资料的获取和消费而展开的共同协作、互相帮助的日常交往活动,是日常生活中必不可少的基础性交往活动。孩子剧团秉承民主、科学、公开的精神,执行全体成员议决的公约,并接受督促管理部的监督,分组管理,组长对组员负责;还设有健身股、图书股、读书股、演讲股、读报股、行李股六个股,分管日常生活的各项工作,各司其职,每天晚上开会讨论各股的工作,遇有问题或纠纷也在会上解决。

正是有了健全组织管理方式,孩子剧团才在一群孩子的带领下充满了朝气和活力,他们为维护城市建设成果和国家独立,从上海到武汉到郑州等地,宣传抗日,得到成人的赞扬。孩子剧团1938年1月抵达武汉,1939年1月迁往重庆,足迹遍布江苏、安徽、河南、湖南、湖北、广西、贵州、四川等省份,以戏剧歌舞为武器,调动民众和少年儿童抗日的热情,进行积极有效地抗战动员,为抗日救亡作出积极贡献。

1938年1月24日《新华日报》评论孩子剧团为"新人类":"大时代的孩子们在苦难中成长起来,和艰苦地建设社会主义苏联一样,在争取民族的自由解放战争中,我们的祖国也生长了新的人类。"①正是有了诸多像孩子剧团成员一样地接受现代生活、从事现代职业,可以担当建设现代城市重任的"新人类",上海乃至全中国的未来才充满了希望。

如果说童子军大多为在校学生,主要来自社会中上层家庭中,那么孩子剧团则大多为社会下层的贫苦儿童,来自劳工集中的沪东尤其是杨树浦地区,有些成员本身就做过童工或学徒。但他们都在民族生死存亡的紧要关头勇于担当社会责任,投入抗战洪流中。民族复兴始终是中国近现代历史的主流主线,这些儿童将"小我"融入"大我",诠释"年无分老幼"的"守土抗战之责"和"牺牲一切之决心",为促进

---

① 孩子剧团编:《孩子剧团从上海到武汉》,大路书店1938年版,第123页。

图 6-5 1937年9月—1942年9月孩子剧团活动路线图

图片来源：孩子剧团史编辑组：《孩子剧团》，四川少年儿童出版社1981年版，第232页。

上海城市的发展，推动中国历史的进展作出应有的贡献。

三、儿童群体生活的特点

（一）突出儿童的中心地位

现代交往更大地发展了儿童的主体性、能动性、创造性、自主性等，在日常生活中确认儿童的主体性，彰显儿童的主体性，充分调动儿童个体的主体性。上海社会转型期间，市场经济的价值规律和竞争机制否定和破除了儿童的依赖性，唤醒了儿童的主体意识，培养了儿童的主体精神，锤炼了儿童的主体能力，上海的儿童由依附于成人和社会的个体走向具有独立人格的个体。儿童主体地位的呈现与现代化进程互为因果，相互促进。

无论是家庭中亲子的交往,还是儿童社团中儿童之间的交往,均突出儿童的中心地位。如前文所述孩子剧团是自行管理的;1932年在上海市与宝山县交界之孟家木桥村,沪太汽车路的余废桥站旁,离大场不过三里的地方成立山海工学团;1935年陶行知在此基础上在上海郊区创办山海儿童社会,其宗旨是使山海工学团之范围内各村儿童自助工学团联合起来,实行工以养生,学以明生,团以保生的生活,以参加新村,新国,新世界之创造。凡在山海工学团工作区域内,十六岁以下,六岁以上之儿童加入各村儿童工学团者,皆为山海儿童社会之会员。[①] 山海工学团也是由成员管理自己;此外陶行知还发起小先生制,让识字的儿童教授村庄和工厂中不识字的成人,这更加突出了儿童的中心和主导作用。

(二) 以儿童全面发展为依归

社会交往从根本上说是人的本质的拓展,人的本质与价值的实现处于一切社会活动的最高层面。人的发展既是衡量社会进步的尺度,也是推动社会前进的内在动力。在上海社会转型期间,社会亟须大量现代人才,成人为儿童堆砌的交际环境也服务于社会需求,儿童群体生活以儿童全面发展为依归。

上海现代城市交往以科学理性和价值理性塑造着儿童这一日常交往的主体,对人才的需求促使上海社会培养儿童为全面发展的现代人,既要具有适应意识,又要富于创新精神,既具有竞争意识,又富于协作精神,既具有崇高理想,又富于奋斗精神。这一点反映在学校中,是为儿童设置门类齐全的科目:小学有公民训练、卫生、体育、国语、社会常识、自然、算术、劳作、美术、音乐等;初级中学有公民训练、国文、英语、历史、地理、算学、物理、化学、动物、植物、体育、卫生、图画、音乐等[②],儿童可以在与师生朋友的交往中习得现代知识。如果说学校科目的重点在于"知",那么童子军课程更重视"行"。童子军初级课程里面包括誓词规律、党旗国旗、徽章、童子军史略、礼节、操法、卫生、记号、结绳等,无论是服务他人的礼节训练,还是记号、结绳这样的野外训练,均可在一定程度上提升儿童对社会的适应性,促进儿童的成长进步,锻炼儿童应对战争、效力国家的能力。

[①] 白桃:《儿童社会的组织》,载中国儿童文化协会编:《今日之儿童》,生活书店1936年版,第86页。

[②] 《上海市教育统计》,第30页;《第二次中国教育年鉴》,"乙编",第27—30页;转引自忻平:《从上海发现历史——现代化进程中的上海人及其社会生活1927—1937(修订版)》,上海大学出版社2009年版,第176页。

(三) 敦促儿童成长为现代新人,服务城市建设和民族复兴为最终目的

"小时候会过团体生活的人,长大以后一定是国家社会的良好份子"①。培养儿童的人际交往能力的最终目的是要把孩童培育为适合上海城市建设的现代人。

在团体生活中,儿童要从集体出发,顾全大局,"第一应有自治的精神,能够自己管理自己。第二应有牺牲的精神,不可只顾个人,要处处顾到团体。第三要有亲爱的精神,能够同生活,共甘苦,一件事情一个人呢做不了,大家来帮忙。还有,在团体生活里,不可不注意的,就是公共卫生。……"②儿童还会对成人进行卫生宣传,号召搞好卫生:"我们是年幼识浅的一群,所以要请诸位和我们一同实行,因为这是有关公众福利的。"同时要求还要重视公共卫生:"顾全了自己,还要顾全公众。"③团体是由多人组成的,成员的发展依赖团体成员间的互相配合,自治、牺牲、亲爱和讲卫生要求成员自律,一方面是现代人的必备素质,另一方面也有利于团体成员的共同发展和成人后对社会做出贡献。一首名为《想》的儿歌表达了儿童在人际交往中互相帮助并服务社会的理想:想我将何以助人家,使人家快乐无涯?想我将何以助社会,使社会璀璨光华?想我将何以助自己,使自己品学无差?人间社会与我孰佳,岂不是极乐世界吗?④

城市化扩大人际交往,新的政治体制、制度规范、价值观念和科学技术几乎都是在城市人的交流中得以产生的,人类文明的主要成果基本上都是在城市居民的沟通和传承中得以产生、保持和传播的。马克思认为城市是全新的,"造成新的力量和新的观念,造成新的交往方式、新的需要和新的语言",上海社会人际交往与社会转型相互作用、相互影响,共同丰富着现代社会的交往内容,统一于现代交往过程之中,这一切也为上海儿童的发展创造了新的条件和环境。社会流动和人际间的广泛交往不仅是促进儿童社会化,早日融入现代城市的必经之路,更是为儿童成年后建设城市做准备。

---

① 嘉平:《怎样过团体生活》,载许粤华:《现代儿童》第 6 卷第 6 期,改进出版社 1942 年版,第 231 页。
② 嘉平:《怎样过团体生活》,载许粤华:《现代儿童》第 6 卷第 6 期,改进出版社 1942 年版,第 231 页。
③ 徐学文:《儿童卫生故事》,商务印书馆 1933 年版,第 88—89 页。
④ 陆静山:《新儿童生活歌曲》,上海乐华图书公司 1938 年版,第 50 页。

第二节　儿童现代人格的塑造

"人格是指一个人的精神面貌,它通过个人的生活道路而形成,反映了人与人之间差异的稳定特征"①。人格形成的过程也是人的社会化过程,即人从自然存在到社会存在的发展过程。随着社会形态的发展变迁,日常生活的不断进步,上海人的人格也在发生着嬗变,上海大多数社会成员逐步理解和接受了现代化的内涵和精神,按照现代化的方向调整、选择和重塑人格,建立起与现代化的历史进程相适应的、和谐的心理和行为模式。社会转型推动社会成员从传统走向现代,上海社会以现代方式教养儿童,力求使他们"变得现代化起来,形成现代的态度、价值观、思想和行为方式,并把这些熔铸在他们基本的人格之中"②。而儿童人格形成的过程也即是儿童的社会化过程,儿童社会化的内涵涉及众多,笔者结合上海特殊的社会转型和民族解放斗争的时代背景,从生活技能的积累、社会角色的塑造、行为规范的约束和价值观念的养成四个方面来分析儿童人格的养成。

一、生活技能的积累和社会角色的塑造

人的现代化的实质是根据时代发展的需要,把人的各方面素质和主体意识提高到当时社会发展的水平和需要,从而实现人的现代化。人的现代化是一种心理态度、价值观、生活方式的改变过程,是由前工业时代的传统人过渡到工业时代的现代人的质变,是适应现代科技和生产力发展水平的人的素质的普遍提高和全面发展,它指向未来的社会建设,因而儿童的现代化至关重要,但人的现代化又不是远在彼岸,可望而不可即的镜中花、水中月,而是个体的人在日常生活中不断突破自我,积累生活技能、扮演适合自己的社会角色,进而实现个人社会价值的过程,这一过程首先是从童年开始的。

"现代历史著述方面的一切真正进步,都是当历史学家从政治形式的外表深入

---

① 黄希庭:《心理学导论》,人民教育出版社1991年版。
② [美]阿历克斯·英格尔斯:《人的现代化》,殷陆君等译,四川人民出版社1985年版,第6页。

到社会生活深处时才取得的"①。生活是人类赖以生存和发展的基本方式,人是生活的主体,人的解放离不开生活方式的变革。因此,关于生活、生产知识技能的教育便成了社会转型期上海儿童学习的首要基本内容,也是他们获取社会认可的第一步,培养未来现代化建设的劳动者是人们对儿童进行教育最终目的之所在。一个人在成长过程中,要取得社会成员的资格就需要通过各种方式学习社会所积累起来的知识、技能、规范,不断发展自己的社会性,而儿童阶段就是人类这种社会性形成极为关键的时期。

(一) 生产生活技能的积累

"新时代的慈幼事业,不是从个人的立场出发,而是从社会的立场出发,不是基本于恻隐心,而是基本于责任心"②。基于这种责任心,上海城市引导儿童掌握各种生产生活技能,更好地服务于以后的城市建设。在上海生存发展,就必须适应上海城市,掌握现代生存生活技能,这是成为一个现代人所应具备的基本素养,儿童要学习将来从事各种现代职业所具备的本领,城市为儿童生产生活技能的养成提供路径。

1. 儿童要学习将来从事各种现代职业所具备的本领

"要改变一般的人的本性,使他获得一定劳动部门的技能和技巧,成为发达的和专门的劳动力,就要有一定的教育和训练"③。儿童也是如此,社会转型期的上海重视对儿童进行职业陶冶,在日常生活耳濡目染之中造就儿童对现代职业的敏感:"职业陶冶,并不就是职业教育,或职业训练,是一种无形的熏陶。要使儿童于不知不觉中,养成他对于职业发生兴趣,对于职业的劳动有习惯。譬如教之园艺,种竹养花,非常有趣,儿童并不知为农,而农在其中。教之工作,竹头木屑,都可成器,兴趣亦浓,儿童初不知为工,而工在其中。他如学校之贩卖部,储蓄部,不一定为习商,而商在其中。……此即所谓陶冶也。"④

关于20世纪20—30年代上海现代职业的类别,前面章节已详细描述,我们对

---

① 中共中央马克思恩格斯列宁斯大林著作编译局:《马克思恩格斯全集》(第12卷),人民出版社1962年版,第450页。
② 陈铁生:《新时代的慈幼意义》,载《现代父母》第5卷第1期,中华慈幼协会1937年发行,第5页。
③ 中共中央马克思恩格斯列宁斯大林著作编译局:《马克思恩格斯全集》(第23卷),人民出版社1972年版,第195页。
④ 蒋息岑:《家庭教育的实际》,大东书局1933年版,第99—100页。

上海社会各种职业的大致印象是上海人多从事具有现代特征的第二、三产业,事实上,19世纪后半期,上海传统商业行业的从业人数还占优势。在租界,据1865年公共租界当局对界内华人职业分布情况进行的统计,绝大部分为苦力、杂货店业主、米商、小贩、裁缝、理发师、木匠、建筑工、小饭店店主等传统服务性职业人员,而洋行职员、翻译、教师、药剂师等新式职业人数很少或者没有①。而到了20世纪,情况即发生很大改观,各种现代职业层出不穷,成为上海人谋生的主要手段,此处不再一一赘述。家庭注重对儿童现代职业的训练,对儿童未来的规划不再循传统士农工商的等级排列或者以加官晋爵和封妻荫子为目的,转而支持儿童从事商业或者其他富有现代技能的职业,这一点可以从市立小学毕业生就业中窥见一斑。

通过表6-3我们得知,在1927年第二学期143名毕业生中,从事工业、交通、医业、艺术、报业和政界等迥异于传统职业的人数共有43人,约占30%;从事农业者仅有5人,约占3.5%;商业和其他有95人,约占66%,在这个工商业占据主流地位的城市中,经商已成为绝大多数家庭中孩子的职业首选,成人儿童规划的观念也发生现代质变,这也是上海社会转型的充要条件。既然为儿童设想的未来职业多为现代职业,就势必要求儿童掌握从事这些职业所需的职业素养。

表6-3 1927年第二学期上海市立小学毕业生就业分类表

类 别	人数(人)	百分比(%)
商 业	91	63.6
工 业	17	11.9
交 通	15	10.5
农 业	5	3.5
医 业	5	3.5
艺 术	4	2.8
报 业	1	0.7

---

① 《上海公共租界工部局年报》,1865年。

续 表

类　　别	人数(人)	百分比(%)
政　界	1	0.7
其　他	4	2.8
总　数	143	100

资料来源：上海特别市政府秘书处：《上海特别市市政统计概要》(中华民国十六年度)，上海特别市政府秘书处1928年印行，第169页。

2. 生活技能养成途径

近代以来，上海本地居民和移民一道，经过现代化劳动方式的磨合历练，适应现代生活节奏和现代劳动方式，原来的农民或手工业者一跃成为现代化大生产的工业人口或从事非农产业的城市服务人员，在上海人适应新的劳动生活方式的过程中，其现代劳动技能、生存能力与竞争意识等现代人的素养在自觉地提高。城市人及其子女为了胜任现代职业——技术工人、律师、职员、记者等，不得不进入学校或以自学的方式学习基本技能、专门知识等。儿童生产生活技能的获取主要有两个过程：一是获取知识、经验的过程，二是将知识内化为儿童自身素质和能力的过程。不仅仅是儿童现代专业技能的提高，更是儿童自身素质、能力的全面提高。

在上海社会转型期，现代科层制成为儿童生产生活技能养成的主要途径："作为现代社会的一种重要结构体系，科层制组织是集人类文明与智慧之大成而以现代法理、组织、制度为基础的社会结构，它将工作其中的人们按现代严密的组织纪律与层层递进、丝丝入扣的管理制度组成了现代社会生产与社会生活的网络结构，它要求成员必须具备现代人的素质，才能使这部大机器顺利地运转起来。"①工厂、学校等是科层制最具代表的单位，在现代化进行中的发展中国家，必须"着重强调工厂的作用，视工厂为培养人的现代性的学校"②。工厂中童工和学徒工等的成长发展为上海城市培养了一大批熟练工人和具备一定管理经验的管理人员。在当年的三友实业社培养的一大批学徒工人中，有很多人在以后成为上海乃至全国最早

---

① 忻平：《从上海发现历史——现代化进程中的上海人及其社会生活1927—1937(修订版)》，上海大学出版社2009年版，第181页。

② [美]阿历克斯·英格尔斯：《人的现代化》，殷陆君等译，四川人民出版社1985年版，第10页。

的毛巾被单织造业的厂长、经理、老板。如该社继任经理王家珍,太平洋织造厂厂长李道发、赵生才,民光织造厂经理项立民,源康祥毛巾厂负责人黄葆康,萃众毛巾厂负责人范家骏、阮树文,大生被单厂负责人高成源等无不是工人学徒出身①。大隆机器厂工人几乎都出自本厂学徒,"而且工头、领班,到后来连各部主任甚至厂长都是由本厂学徒提升的"②。

学校可以通过语言、文字等符号,借助书本等物质媒介,依靠人自身的特殊的生理器官——大脑使儿童继承前人或他人的认识成果,即通过教师的言传身教和向书本学习知识来使儿童自身获得生产知识。同时技能形成是内在于生活中的,学习是儿童的客观生存状态,其学习的过程就是生活的过程,反之亦然;每一幢建筑,每一句上海话,都透露出时代的背景,传递着社会的信息,发挥着教化的功能,强化着生活于此的人们对上海社会、上海文化和上海生活的认同。儿童在学校中学习知识,必须在日常生活中进行实践,知行合一,拥有一定的生产生活经验,方可把知识转化为生产力。上海儿童在与现代生活的交往互动中,接触并学习现代文明成果,为其以后进入成人社会奠定基础。

对儿童而言,职业训练的方式很多,随处可觅的社会教育也是训练儿童现代技能的主要路径,在上海较为普遍的有以下九种:

(1) 机会班:附设于普通学校之内,目的是给予儿童以选择职业之试验的机会。各儿童在试验各种职业工作之后,教师即根据客观观察所得,判定儿童之职业可能性,而做特种职业选择的忠告。

(2) 补习学校:非正式的职业学校,补习时间是部分的,课程更无固定的标准。

(3) 职业学校:为正式学校的性质,教授完全职业的职业课程。

(4) 速成科:系普通学校或职业机关所主持,训练异常简单,期间亦甚短促,每科业结时可以得到一种职业的入门知识,若求深造,可继续再入其他速

---

① 中国人民政治协商会议上海市委员会文史资料工作委员会编:《上海文史资料》(第17辑),上海人民出版社1983年版,第182页。

② 上海社会科学院经济研究所:《大隆机器厂的发生、发展与改造》,上海人民出版社1959年版,第16页。

成科。

(5) **职业夜校**：专为白日工作者而设，补习性质、课程可随意选取。

(6) **商业学校**：不限入学资格，但普通均取费极高。

(7) **实习学校**：每周上课数小时，余时即在职业练习实习，旨在贯通学习与实践。

(8) **合作学校**：乃学校与职业界通力合作的学校，其特征是半日学习和半日工作，或学习数日后工作数日。

(9) **学徒**：手工业制度下手艺的办法，虽在工厂工业盛行的今日，各地仍然有其存在。①

可以想见，上海以现代都市的姿态给予儿童现代职业熏陶，儿童在童稚时期就接触或养成现代生产生活技能，成人后致力于上海城市建设和保卫现代化建设成果，儿童终将成为未来现代化建设的主力军，中国也终将实现现代化，正如一位儿童描述自己的理想那般："我国所有的矿产，都在开采；并且有很大的炼钢厂和机械厂。到处有制造肥料的工厂和育种农场。全国各县都有公路，铁路和运河，四通八达，旅行和运输，都很便利。有很多的汽车厂和水电厂，家家有一辆汽车，户户用电灯、电灶、电气冰箱。有大规模的纺织厂，造纸厂和印刷厂，布便宜，书报也便宜。还有很大的兵工厂，造船厂和飞机制造厂，出品特别精良，陆海空军的装备齐全，威力宏大，谁要碰我们的一草一木，喝，马上叫他吃个眼前亏！"②

（二）社会角色的塑造

角色是社会地位或社会期望与个体能力相统一的产物，作为"与某一位置有关的期待行为"③，是指在社会生活中处于一定社会位置，具有一定社会规范的活动个体及行为模式。"角色和地位、身份有着密切联系。地位是角色的基础，角色是地位的表现，处于某一地位，就具有相应角色。身份是人们在识别某种社会角色时使用的称呼，身份决定角色，角色则体现身份。正如角色概念是指那些占据不同地位、承担相应义务并运用角色担任能力去适应不同类型期望的个体。人们在现实

---

① 张少微：《儿童社会问题》，文通书局1942年版，第102—103页。
② 王金镐：《机器迷》，载叶圣陶主编：《新少年》，开明书店1936年版，第82—83页。
③ [英] 库珀等：《社会科学百科全书》，上海译文出版社1989年版，第660页。

生活中,面对不同的社会关系,以不同的社会身份出现,表现为不同的角色"①。它暗含了许多社会期望及相关的责任和义务。随着时代的变迁,儿童承担的社会角色的内容也发生着诸多的变化,20世纪20—30年代,在上海社会转型期,期望儿童成为城市建设接班人,这样的社会角色也被赋予了新的时代内涵,1927—1937年上海对儿童社会角色的期待也出现了新的特点。

1. 现实性与合理性相统一

社会角色源自社会需要,社会分工使人的个体需要变成一系列的社会需要。儿童社会角色的塑造适应城市发展的内涵需要,上海社会经济以各种工商业生产为基础,而且还以多样的社会分工为背景。这种多种生产和多样分工的现实,必然导致角色多样化的事实。生产领域不同的分工本身体现为不同的角色,个人的能力素质和兴趣爱好在角色中得到充分体现,人们为了自己价值的实现,为了自己利益的获得,为了更好地服务不断发展的社会需要,为了在竞争中立于不败之地,必然要寻找自己最适合的角色。

儿童社会角色的扮演与其所处家庭关系密切,在社会中上层家庭中,尤其是资本家和买办家庭中,孩童往往在海外留学,接受现代教育,学成后子承父业,如刘鸿生的儿子留学欧美,归国后在刘氏企业里面工作;吴培初是美国花旗银行上海分行的买办,他的大儿子吴大熹后来也在花旗银行做账房工作,后来又转为收款员②;而在社会下层家庭中,孩童往往成为家庭的经济支柱,沦为童工等底层劳动者,而童工又主要分布在面粉厂、棉纱厂等适宜于儿童劳作的轻工业领域。12岁女生李淑琴的好朋友因为家贫而无力读书,最终回到乡间劳作③;10岁男生薛希良的朋友同样家贫,但他一边做工一边向邻居家小朋友学习,居然也成了一个很有学问的人④;12岁男生毕鹤龄记录了一个8岁卖报童子在下雪的冬日卖报的情景⑤。无论是乡下劳作或者做报童等,都是因为这些孩子家庭贫穷,他们在社会和家庭中扮演的这些角色是合乎其家庭境遇的,而正确认识自己的责任,同样可以成为推动城市建设

---

① 魏英敏:《新伦理教程》,北京大学出版社2003年版,第448页。
② 中国人民政治协商会议上海市委员会文史资料工作委员会编:《旧上海的外商与买办》,上海人民出版社1987年版,第72页。
③ 李淑琴:《一个穷苦的小朋友》,载《儿童节纪念册》,儿童书局1932年版,第43—44页。
④ 薛希良:《一个穷苦的小朋友》,载《儿童节纪念册》,儿童书局1932年版,第45页。
⑤ 毕鹤龄:《一个卖报童子》,载《儿童节纪念册》,儿童书局1932年版,第46页。

和发展的人。

儿童社会角色的扮演还和时代背景密切相联,具有现实意义。一·二八和八一三事变后,上海的童子军承担起抗敌救国、服务社会的角色。1933年5月,上海童子军理事会决定动员征募救国基金,欲为抗战购买战斗机12架①。自八一三事变后,上海市童子军战时服务团即率领全市童子军从事战时服务工作,担任前后方交通、宣传、救护、保安、诊察、慰劳、军需募捐等工作。1937年全面抗战爆发后,决议将战时服务团童子军战时服务的情景拍摄成影片,并对战时服务的方法和经验加以解释,"拟往内地开映,即可唤起内地童子军奋起从事战时服务之组织,复可指示服务之途径"②。儿童勇于担当,同时在角色塑造中又增进民族认同感。

充分认识和理解角色本身的规范要求以及权利义务,努力扮演自己的角色。在现代社会中,角色能够为了自己的利益而努力扮演角色行为,合理而现实的角色对于自己,对于社会都是一种良好的推动。同时对角色行为不能仅仅局限在自我利益获得的层面上,要把角色扮演同社会发展进步和自我价值的实现联系起来。

2. 统一性与多样性并存

"社会角色一词,是指一个人该如何行为的文化规则"③。中国传统社会中,职业单一和微弱的社会流动性造成"士之子恒为士,农之子恒为农,工之子恒为工,商之子恒为商"的局面,恰如S. N. 艾森斯塔德认为:"传统社会一般被认为具有封闭的阶级体系,在极端的情况下具有僵硬的等级结构。在普遍接受的传统社会的理论模式中,流动性降到最低点。人们出生在什么地位,死也将在这个地位,子孙将继承祖辈的地位。"④而在现代社会中,角色有较大的流动性,社会转型期的上海职业门类齐全,使得儿童角色的扮演具有多样性,而这又都统一和服务于上海的现代化建设;再有,上海社会建构起儿童的社会角色是城市建设的接班人,但儿童在成年后扮演的角色又会因其家庭背景、社会环境、专业知识等的不同而有所区别,呈多样性。在以下永安公司员工的经历中,我们可以看到儿童社会角色的多样性与统一性。

---

① 《吴市长昨招待童子军》,载《申报》1933年5月7日。
② 中国第二历史档案馆,5-14849,《上海市童子军战时服务团关于童子军服务情形拍成影片致教育部社会教育司笺函》。
③ 霍兰德:《社会心理学原理和方法》,广东高等教育出版社1988年版,第348页。
④ S. N. 艾森斯塔德:《现代化:抗拒与变迁》,中国人民大学出版社1988年版。

范琪,1926年出生于江苏省昆县,7岁时父亲病故,抗战全面爆发后随母亲到上海避难,在上海难童中学读书,后转入淞沪中学,1941年进上海永安公司,在糖果部做练习生。

吴人杰,1914年生,1930年进永安公司参燕部当练习生,后为职员。1934年在第二中华补习学校读书时,参加学校里的同学会,从事抗日救亡活动。

钱正心,1916年生,1932年进入永安公司玻璃部当练习生,后为职员。1937年参加中国共产党的外围组织,从事外围活动,1938年入党。

赵永明,1918年生,浙江肖山县人,1936年进上海永安公司西装部做练习生,后为职员。1938年入党。

赵锡林,1915年生,1932年进永安公司文房部做练习生,后为职员。1938年加入中国共产党。

陶志泉,1925年生,上海嘉定县人,1939年徐汇中学毕业,1940年进永安公司鞋子部当练习生,1942年加入中国共产党。

王兰才,1918年生,1933年进永安公司鞋子部当练习生,后为职员。1941年加入中国共产党。

许克瑞,1924年生,1940年进永安公司文房部当练习生,后为职员,1941年参加中国共产党领导的益友社,1943年入党。

景本年,1924年生,1940年进永安公司皮鞋部当练习生,后为职员,1945年入党。①

20世纪20—30年代,他们都有过在上海生存或生活的童年经历,后通过自身努力都成为永安公司员工。但由于成长经历不同、文化背景和所学知识有较大差异,因而分属不同的部门,各司其职;但可以肯定的是,他们都服务于上海城市建设,都有进步的思想和举动,有的还加入共产党。社会分工使人的劳动成为单方面的,社会需要把人的个体活动分解开来,将某种社会职能固定在某个人或某些人身上,形成某种职业。上海城市从传统走向现代的过程中,形成以第二、三产业为主的职业体系以满足人们不同的需求,这些儿童经过自身努力,为自身谋取生存和更

---

① 上海华联商厦党委、上海永安公司职工运动史编审组:《上海永安公司职工运动史》,中共党史出版社1991年版,第180、188、190、193、196、200、203、205、209页。

好的生活,从事不同的社会职业,扮演不同的社会角色,服务于上海的城市建设。

3. 传统中更富于现代性

对每一个具体的上海儿童而言,总要面对人们在社会转型期对他们担当各种角色的期待,当他们成人后扮演一定的角色时,同时就必然意味着他承担了相应的角色任务;随着社会需要的变化,成人对儿童的角色期待不断变化发展;而由大众传播媒体的日益发达,人们对新事物、新现象的传播与接受能力都大大增强,上海城市是摩登的,居民对现代职业的追捧是热烈的。对杨树浦附近四村五十农家调查表明农民热切希望扮演城市人的角色,"有机会进入学校的农民,毕业之后,是不希望仍回农村的。他们愿意在都市中寻些工作,例如书记等",他们认为"农业是下等的职业,而认为有学问的职业是高尚的职业"①。在上海社会转型期,农民已深切体会到城市生活的优越性,他们一旦逾越传统,走向现代,就难以再回到传统中去。

社会角色的产生和存在是客观的,是一定时期内社会生产和社会需要发展的结果。对上海儿童来说,成人对他们角色期待的总方向是上海现代化建设接班人,接班人的角色本身就是与传统相对的,尽管传统依然存在于儿童日常生活中,但各种社会角色的现代性更加明显,由于上海已经基本完成由第一产业到第二产业的转换,工商、服务等各种现代职业角色都有待于儿童成人后来扮演。在上海,随处可见的街头小贩、货郎、手艺人以及里弄里形形色色的房东、二房东等透露出这个城市重商的传统,当儿童从四大百货公司练习生做起,直到成年后成为公司骨干,或者当刘鸿生、荣德生的子女海外归来,接手家族企业时,他们所从事的都不再是传统意义上的商业,而是以现代的、科学的、具有资本主义精神的理念来管理企业,即便是国际饭店中的侍应生也已不同于旧时的"店小二",他们已经跃出传统的禁锢,转而朝向现代化的方向发展。

儿童为能胜任某种或多种社会角色,就要进行角色学习,即儿童对其角色规范和角色要求的认识和理解以及学习顺利完成角色扮演任务,履行角色义务和行使角色权利,塑造良好角色形象所必备的知识、智慧、能力和经验等。20 世纪 20—30 年代,整个上海城市以现代化的标准要求和训练儿童,务使儿童成为现代人,成为现代化建设接班人,对此,儿童深有感触,努力适应自己未来扮演的角色,如陶行知

---

① 《工业化对于农村生活之影响——上海杨树浦附近四村五十农家调查》,载上海市社会局编印:《社会半月刊》1934 年第 1 卷第 5 期,第 66 页。

所期待的:"不可做树少爷! 不可做树小姐! 不可给折腰的大树把你们给笼罩住! 与害虫奋斗! 伸出头来向水分、肥料、空气、阳光进取! 这样,你们才能把自己造成中国栋梁之材,才可算是国家命根的青年。"①作为社会成员的儿童扮演某种社会角色时必须按照社会对该角色的要求来行动,符合社会的期望。

二、行为规范的约束和价值观念的养成

(一) 现代社会行为规范

每一个社会,都必然有一套本社会所特有的行为规范,规范着人们的行为,维持着社会的秩序。这些行为规范,是社会对个人的一种外定型,即社会为每一个成员确定的一套行为模式②。儿童甫一出生,就被置于社会行为规范的笼罩之下,在成人设定的礼仪规则中从事各种活动。20世纪20—30年代,处于社会转型期的上海将儿童定位为城市现代化建设接班人,并有与之配套的现代城市行为准则来规劝儿童的日常生活。实际上,为孩童设想和定位的成人和被设想和被定位的孩童同属于一个时代,一个社会,一个城市之下的大抵同一套价值体系,拥有共同的行为规范,共处于相同的社会转型期的现代化物质精神条件之中。

1. 公共空间的公共秩序和文明礼仪

城市中现代化的物质精神生活环境给居民提供舒适的生活空间,而要保持城市色彩斑斓的现代生活,还在于城市有一套行之有效的生活秩序,这也是生活于城市的儿童同样要遵守的。公园、商场、娱乐场所等公共空间是居民进行公共交往,举行各种活动的开放性场所,公共空间的环境需要城市居民包括儿童来共同维护。

20世纪20—30年代,电车中的道德问题一度成为上海人关注的热点,对于电车中随地吐痰、乱丢垃圾的不文明现象进行批评,同时也展开关于"让座"的讨论,多数人认为"对于年老之男子及幼童在电车中无位置者,均当起立让之"③,人们响应"让小孩子先上车! 把座位让给小孩子坐!"④的号召,形成一种文明的乘车礼仪,

---

① 陶行知:《陶行知教育文选》,教育科学出版社1981年版,第133页。
② 刘豪兴、朱少华:《人的社会化》,上海人民出版社1993年版,第19页。
③ 《电车中之让座问题》,载《申报》1923年7月21日增刊。
④ 《儿童节标语一束》,载戴自俺、孙铭勋:《儿童节教学做》,儿童书局1934年版,第256页。

到30年代,"在公共汽车和电车之中,见了老人和妇女小孩们上来,坐在附近的男人们,大都起来让座,差不多已成了一种普遍的习惯了"①。这种文明的行为不仅是出于对儿童的保护,而且也给儿童树立了典范,教会他们尊老爱幼,文明出行,及至他们成年后,可以把这种风气保持并传播,一代一代传下去。当城市居民都形成和铭记这种现代风气之后,整个城市的素质就上升到一个新的台阶。

再以公园为例,民国期间游览公园的风尚在上海颇为盛行,儿童也成为公园的主要游客之一,如前文所述及儿童节和儿童年期间,公园免费向儿童开放就是上海以现代化的城市设施教养儿童的主要方式之一,上海公共租界著名的兆丰、虹口、外滩三个公园每年都有数以万计的儿童参观游览,见表6-4。

表6-4 1929—1931年上海公共租界兆丰、虹口、外滩三公园儿童游览人数统计表

单位:人

公园	1929年	1930年	1931年
兆丰公园	87 887	90 885	126 842
虹口公园	63 703	60 760	79 194
外滩公园	39 327	31 318	75 889
总计	190 917	182 963	281 925

资料来源:上海市地方协会:《上海市统计》,商务印书馆1933年版,文化事业第9页。

在公园中,孩子们观察了公园良好的休憩环境,也在大人的带领下学会了不可随地吐痰、不可乱丢果皮纸屑等基本的行为准则,颐养身心,在生理和心理两方面得到现代风气之熏陶。而社会下层家庭中的儿童是难以享受到公园的待遇的,当劳工幼儿团的老师提出要带孩子们去公园时,"他们大多是不知道这公园是什么地方什么东西的"②受客观条件的限制,劳工幼儿团的孩子们更多的时候在街头巷尾玩耍,"能够得到许多新鲜有趣的刺激,在他们的心理方面,是可以发生许多不同的

---

① 吴圳义:《清末上海租界社会》,文史哲出版社1978年版,第63页。
② 《劳工幼儿为新教育探险之新纪录》,儿童书局1935年版,第98页。

变化的"①。城市的街头巷尾同属于公共空间,儿童在此同样受公共秩序的约束,要遵守交通守则,要知晓谦逊礼让等。这样,现代社会中,城市公共空间成为儿童社会化的主要渠道之一,在一言一行、一点一滴中酝酿着儿童成人后的文明礼仪。

2. 现代职业的道德操守

"社会规范是历史形成或规定的行为与活动的标准。社会规范执行一系列的功能,调节的、选择的、系统的、评价的、稳定的与过滤的功能。社会规范限定着人与人之间的关系"②。城市儿童从小接受的是城市行为规范、城市的道德观念和交际准则。儿童的任务是继续上海城市的现代化建设,因而他们要从事各种现代职业,扮演不同的社会角色。现代社会中,各种职业都有各自的职业操守,孩子们从小养成较强遵守行为规范的意识,他们成人后能较好地适应所从事职业的职业规范。

以司机为例,开始时只要是在租界取得驾驶执照的驾驶人,不需考试就可以在华界驾驶车辆,后来鉴于存在较大的弊端,改为"驾驶普通汽车与运货汽车长途汽车公共汽车等有别,后者技能良窃(劣)关系由重,应特予考验"③,在《上海市管理汽车司机人规则》中规定"凡汽车司机人曾在本市特区或其他市县领有司机执照,确能证明有路六个月经验者,免于考验,但须经过口头询问,如发生疑点,仍需考验,方可发给执照"。而由于上海特殊的政治格局,"一个驾驶者在上海需要知道三套不同的交通规则。当他在很短的时间内要通过或再通过一个边界线时,如果他不想被不同的法规处罚的话,他必须一直要不断地提醒自己"④。后来租界当局也采取了较为合作的态度,与上海市政当局接洽交通管理事宜,如法租界工部局就发函致上海市公用局,转达有关交通法规,"法租界工部局函达有关交通法规"⑤,同时上海市也有"三市及租界司机执照互用办法"⑥等。交通法则的不一致导致司机在工作时要时刻提醒自己应该遵守怎样的驾驶规章,否则将被处罚;若干年后,当有的

---

① 《劳工幼儿为新教育探险之新纪录》,儿童书局 1935 年版,第 96 页。
② Magill, F. N, *International Encyclopedia of Sociology*, pp. 1328 – 1329, Salem Press Inc., 1995.
③ 上海市档案馆,Q5 - 2 - 781。
④ 徐佩璜:《大上海的交通问题》,上海市档案馆,Q5 - 3 - 902。
⑤ 上海市档案馆,Q5 - 2 - 1216。
⑥ 上海市档案馆,Q5 - 2 - 1216。

儿童长大成人并从事司机的职业时,他们也要遵守这些规则,而行为规范不是在一朝一夕之间养成的,是得益于儿童从小在现代化氛围熏陶之下,积淀成遵纪守法的品格,以及他们从小的乘车经验。

另外,在工厂做工或公司上班要遵守上下班时间,而非"日出而作、日落而息";商业谈判要恪守谈判条约并保守商业秘密;学校教师更是要有职业操守等等,诸如此类的种种规范都是成人在不经意间言谈身教传授给儿童的,唯有此,儿童成人后方可养成现代人格,从事现代职业,成为城市建设接班人。

上海城市之所以有现代行为规范来约束儿童的活动,究其原因,不外有二:其一,成人与儿童共同生存于社会转型期间的上海,上海都市是上海市民共同的家,成人要遵守的行为规范也是儿童要遵守的;其二,成人视儿童为上海城市建设接班人,要从小就养成他们的行为规范,便于以后儿童更好地融入社会,扮演自己的角色。

"儿童的认知或智力发展和社会认知或角色承担发展是制约其道德发展的两个最重要条件"[①]。0—14岁正是儿童自身养成各种习惯的关键时期,在儿时养成的这些现代行为规范影响一生,并将直接影响到儿童现代人格的养成。成人所要遵循的各种法规不外乎以这些最基本的规范为起点而制定,现代行为规范是成为现代人之摹本,儿童为养成现代人格、在现代社会扮演自身角色,就必须约束自身行为,建设新式道德蓝本。

(二) 价值观念的形成

价值观是指一个人对周围的客观事物(包括人、事、物)的意义、重要性的总评价和总看法[②]。价值观取决于人生观和世界观。一个人的价值观是从出生开始,在家庭和社会的影响下,逐步形成的。日常生活中,一系列有规律和有秩序的日常活动,都渗透着某种价值观念的作用潜移默化地影响儿童价值观念的形成。

一个人所处的社会形态和生产方式,对其价值观的形成有决定性的影响。封建主义价值观念的核心是"家族本位""家长主义"和"君权至上",在这种价值观念

---

① 郭本禹:《道德认知发展与道德教育:科尔伯格的理论与实践》,福建教育出版社2005年版,第89页。

② 于丹丹:《大学语文教学的导向作用》,载《沈阳工程学院学报》(社会科学版)2005年第3期,第131页。

支配下,儿童在人格上对"家长"和"君主"处于从属地位,这是建立在封建专制制度和自然经济、小农生产方式基础之上的,因而从根本上说与上海现代化的生产方式和商品经济的社会基础不相适应。资本主义价值观念体系的核心是"个人本位"或"个人主义",它肯定个人生命、自由、私有财产等是神圣不可侵犯的"天赋人权",认为社会的一切权力都源自个人对自己生活的基本权利,在上海社会转型期,这种西方价值观念作为主导观念推动了上海现代化的进展。也正是在这种观念指导下,儿童作为生命的个体被发现,社会、政府和家庭给予儿童一系列的现代物质、精神生活,并在人际交往中向儿童传达西方现代价值观念,同时又把儿童看作城市建设接班人,在儿童的物质生活、精神生活和人际交往中向儿童灌输现代价值理念,并以现代的行为礼仪来规劝儿童的日常行动,借此使儿童形成现代的价值观念。

新生活运动期间,大东书局1934年出版了一套马客谈主编的《新生活公民训练法》,其中有八册适用于初级小学,详细列出了小学生应遵守的日常行为规范,在遵纪守时、爱国爱群、维护公共秩序等多方面给儿童以行为规范的约束和现代价值观念的启迪,并附以歌曲或短剧进行形象的阐述,这套书共八册,"以儿童生活为中心,指示儿童今后如何运用自己明了的道理,养成优良的思想习惯",可以看作上海城市理想儿童的蓝本。第一册主要引导儿童认知学校,养成良好课堂秩序、遵守校园秩序等;第二册培养良好的日常生活习惯,如按时早起、整理衣物、按时吃饭、衣着整洁等;第三册训练儿童意志力,如勇敢做事、坚韧励志立、爱惜名誉等;第四册注重儿童的日常交往,如帮助别人、热心公益、爱国爱群等;第五册养成儿童卫生习惯,如注意气候、身体清洁、热爱运动等;第六册教导儿童破除迷信、诚实互助、亲爱和睦、爱护动物等;第七册教导儿童吃苦耐劳、研究学问、悔改过失等;第八册培养儿童的人际交往,如劳动合作,遵守公共守则,爱惜公物等。

这一套书涉及儿童在家庭、学校、社会等领域日常生活的方方面面,从低年级到高年级,逐步加深儿童学习的深度和广度,其力图训练养成儿童的习惯、精神、德性等莫不是为了使儿童形成现代价值理念,以顺应上海社会转型的时代潮流,为上海现代化建设做出贡献,从这个意义上讲,按照这套书的价值体系培养出的儿童,即是上海城市的理想儿童,可以成为未来上海城市建设的接班人和主力军。综观这些对儿童的具体要求,可以发现儿童现代价值观念的养成有如下两个特点:

1. 现代价值观念的形成激励儿童创造美好生活

现代城市的生活基础及其运行机制,客观上要求不同价值观念之间的交流、认同甚至融合;不同的文化通过多种方式、多种渠道得到了经常性的、普遍性的交流,异质文明间的排他性,在现代社会中表现得尤为突出。上海是中西文明交锋的最前沿,作为城市现代化的一部分,西方的生活方式、文化及其价值观念逐渐渗透到上海居民的日常生活中,上海人早已熟稔中西文明的优劣,并将两种文明较好的融会贯通。一方面要求儿童继承劳动、节俭、团结等中国传统的优秀品质[1],另一方面又要求儿童学习西方文明的先进性,一些儿童也注意到需要向西方学习先进:"外国有许多地方,早已用机器耕田,浇水,收割,不费多大力气,一个人就可以种许多顷田地,收许多石粮食,真是进步极了!我们也要想法子采用,这样,就可以大量增加生产,就可以减少我们工作的时间,就有功夫来读书,来研究,来求进步。我国以农立国,农民占大多数,必须提高农民的知识,能研究,能进步,能赶上外国,才能够振兴实业,使国家富强,使民众康乐。"[2]从这一番话中可以看出,上海儿童乐于学习和创新,积极进取,这正是建设上海城市所需要的。

1934年陶行知在上海创办劳工幼儿团,专门招收劳动工人的幼儿,提出"我们对于劳工幼儿的培养不只是文字技术的训练,我们主要的任务是培植他们有正确的人生观念态度以向前奋发,而创造出一个劳动儿童的世纪。我们要培植他们自己知道运用科学的集团的力量来解决劳动者本身的现实生活的困难,取得劳动者本身现实生活的需要,满足劳动者本身现实生活的欲望,而促进人类文明有更大的长足的进展"[3]。陶行知贯彻"生活即教育"的教育理念,重视发挥儿童的主观能动性,重视儿童实践能力,儿童养成科学、团结等现代价值观念,进而改善自身生存状态,创造更加美好的生活,而儿童成长的终极目标又能推动上海城市的继续发展乃至人类文明的进步。

现代价值观念敦促儿童珍惜时光,冰英在《"今天"和"明天"》中谈到"我有一个弟弟,今年十一岁,一天到晚只知道玩耍……回家后放了书包一溜烟就逃跑了,把学校里的功课丢在脑后",当被要求做作业时总是说"明天做吧,我明天一定做好",

---

[1] 马客谈:《新生活公民训练法》(第8册),大东书局1936年版,第50—68页。
[2] 叶圣陶:《新少年》,开明书店1936年版,第81页。
[3] 《创办劳工幼儿团宣言》,载《劳工幼儿为新教育探险之新纪录》,儿童书局1935年版,第4页。

结果最终被惩罚了。作者总结说:"成功的人永远不会想明天,失败的人却常常希望明天,小朋友们,假如你们要做一个成功的人,就应该把握住今天,不要希望明天!"①从儿童的角度呼吁儿童珍惜大好年华,而不至于蹉跎岁月。

中国传统以和为贵,重视团体的合作价值理念也得到体现,小朋友们共同游戏反映了儿童的团队合作:"小朋友呀! 快来快来,快来游戏场,各种游戏,件件都有,大家一齐玩。拍球也好,滚铁环也好,个个乐洋洋,不开口,不打架,亲爱水般长。"②而据《申报》记载,这种团结协作的精神也用于建设上海城市中,"童子军劳动服务,昨日在市中心区举行,清晨天雨地湿,童军毫不畏怯,精神殊可钦佩,竟日劳动,成路一条,颇能表现吾上海青年朝气。昨晨七时,各团童军,遵令莅场报到者,计民生、民立、精华、金荣、私上中、市北……中小学团及社会团八十余,男女童子军达三千名……"③童子军团结协作,雨中筑路,儿童建设上海的热情由此可见一斑,而这种团结也是在现代团队的带领下,有组织有纪律地进行,这也是不同于传统的。此外,还有种种诸如勤奋、节约、务实、创新、进取等都是儿童作为未来的城市主人翁所应具备的现代价值观念和人格特征。

2. 现代价值观念促进儿童全面发展

城市发展的基础是人的全面发展,上海儿童的价值观念以个人的全面发展为价值取向。儿童的价值观念已经超越了传统,迈向现代化,这说明儿童正在成长为现代人,上海社会为儿童设定的规范,一是要使儿童学习现代知识,自身获得进步;二是建设现代城市,为社会作出贡献。儿童对之欣然接受,一名四年级十一岁男生说:"儿童在童年时所得的一切知识,都记在脑子里,将来在社会上做一个大人物,博得许多人的赞赏,那是多么快乐啊!"④一个五年级十二岁的女生真切地感受到自己的历史责任:"现在在我们所承继于父母师长以及一些成人的,是紊乱的社会,是破碎的山河,我们怎样使这紊乱的社会,变成光明的社会? 破碎的山河,变成完整的山河? 这是我们小朋友们的责任,也就是成人们重视我们的原因。小朋友! 我们

① 冰英:《"今天"和"明天"》,载申报儿童周刊社:《儿童之友》(第一集),申报馆1935年版,第44页。
② 马客谈:《新生活公民训练法》(第1册),大东书局1936年版,第29—30页。
③ 《三千男女童子军劳动服务,昨在市中心筑路三条》,载《申报》1936年6月22日。
④ 赖家庆:《童年是我们的黄金时代》,载《儿童节纪念册》,儿童书局1932年版,第50—51页。

应怎样努力迈进,才不辜负成人们的期望呢?"①要建设城市、复兴民族,首先儿童需掌握现代科学文化,并应用于社会生活各个领域,儿童的头脑中也有明晰的勤奋学习和保卫祖国的思想,四年级十一岁男生金乃迟以自己的双手为自豪:"我有两个好朋友,没有一时离左右;可以用他拿书本,可以请他做工打皮球;更可用他握枪放大炮,打得仇敌逃跑不停留;两个朋友究竟是谁? 就是我的一双大拳头!"②短小的儿童诗歌,看似简单,实则反映了上海儿童盼望自身全面发展、积极进取的人生观;还有儿童热衷于学习、自强不息的价值观;也有儿童从事生产,投身城市建设的愿望,更有不畏艰险、保家卫国的爱国观念。

儿童价值观念中还带有鲜明的民族主义情结,上海是各种外国势力的聚集地,也是民族冲突集中之地,民族主义情感和爱国主义意识作为至高无上的价值原则,一直为人们津津乐道,在这种社会氛围熏陶之下,儿童脑海中也被涂抹上浓厚的民族主义色彩,形成鲜明的爱国主义价值观念。上海仁智勇女中附小的许学文曾在自己的文章中记录了一个渴望强健身体,将来会为祖国打仗的儿童③。上海知本小学五年级女生吴品贤号召同学们为抗战将士捐赠自己的零用钱:"我们把每天买糖果买玩具的钱,节省下来,集在一起,转给前方一班英雄的将士,作为他们一切的需用……负起我们的责任吧!"④

在儿童身心获得发展,形成现代价值观念之时,上海城市现代化进程中的一些不良习气也对儿童身心健康成长造成一定影响。"上海人是传统的中国人加上近代高压生活的磨炼"⑤。"上海居,大不易",在上海的生存压力大是人所共知的事实,城市生活的紧张使城市人格产生某些畸形发展,吸食鸦片、犯罪、自杀等社会病态现象困扰着上海现代化的进行,上海社会也采取了对应措施来避免这些情况出现在儿童身上,如训练儿童养成不私用公共或别人物件的习惯和训练儿童养成忠诚悔过的习惯等。然而重利轻义的思想观念、冷漠的人际交流、上海人的"排外"思想等也在时刻影响着孩童的心理。

---

① 白继兰:《纪念儿童节要明了我们儿童的责任》,载《儿童节纪念册》,儿童书局1932年版,第34—35页。
② 金乃迟:《我的一双拳头》,载《儿童节纪念册》,儿童书局1932年版,第55—56页。
③ 许学文:《战士的梦》,载《申报》1934年4月4日。
④ 《写给全国小朋友的一封信》,载《申报》1936年12月27日。
⑤ 张爱玲:《到底是上海人》,载《流言》,五洲书报社1944年版,第58页。

"上海是金银气和脂粉气在支撑着……上海人的眼睛真太势利了……你如果衣服穿得不富丽,跑到公共场所,人家便会注意你,甚或将你撵诸门外,你若是到朋友家里,朋友就会疑心你是来借钱,便苦经先叹在你前,连饭都不留你吃一顿……衣服不整洁的人,跑入电车头等车厢,卖票的人,便会叫你跑到三等里去,好似你的脸上有字注明你只配坐三等车"①。在这样的社会氛围之下,儿童也不免沾染上一些势利的习气,推究其根本原因,是在上海社会转型期间,存在重利轻义的价值观念,使得儿童也极富现实主义思想。张爱玲5岁时,在上海跟着父亲和继母生活,继母为她做了一件"顶时髦的雪青丝绒的短袄长裙",然后说:"看我待你多好,你母亲给你们做衣服,总是拿旧的东拼西改,哪儿舍得用整幅的丝绒?你喜欢我还是喜欢你母亲?"就是这一件衣服,收买了一个5岁孩子的心,让张爱玲回答说喜欢继母,而且是发自内心的真实喜欢,后来张爱玲回忆说:"这次并没有说谎,想起来更觉耿耿于心了。"另外,还有很多孩童迫于生活的压力,沦为"扒手",或成为拐匪中的一员,这是因为上海在社会转型期间,商品化构成了上海现代社会价值观念的一个重要特征,在这样的利义观驱动下,文人可以出卖自己的良心,少女可以出卖自己的贞操,官员可以出卖自己手中的权力,一切东西都有了价格,可以零售批发。这是社会转型期间"拜金主义""实用主义"的表现。

儿童价值观念以是否符合城市发展为价值判断的尺度,虽有瑕疵,但对于整个上海城市现代化建设来说,儿童成人后能够在现代价值观念引导下,推动城市化的变革,担当城市建设主力军,可谓瑕不掩瑜。20世纪20—30年代上海社会成功培育儿童形成现代价值观念,指引他们融入社会、建设城市,实现个人价值和社会价值的统一。

---

① 灵犀:《上海人的势利》,载《社会日报》1933年4月30日。

结　语

　　1927年7月7日,上海特别市政府成立典礼上,蒋介石致训词:"上海特别市非普通都市可比,上海特别市乃东亚第一特别市。无论中国军事经济交通等问题,无不以上海特别市为根据。若上海特别市不能整理,则中国军事经济交通等问题,即不能有头绪。"①上海的现代化水平是当时中国最为成熟和最为完备的,而上海若要保持城市现代化的顺利进行,就需要培养下一代儿童为未来城市建设的主力军。市长吴铁城1935年曾说:"诚以儿童有敏慧之天资,纯洁之天良,活泼之天性,其智、其德、其体,均在成人之上。诚能教之养之,各得其方,自易蔚为社会之长才,改进民族之质素。"②以整个上海城市为单位进行思考,20世纪初期许多人为儿童的生活、成长和发展,付出了无数的心血和努力,无论效绩如何,其设想和努力是基于社会变迁和城市发展的需要。儿童仅是上海社会转型时期的一个社会群体,作为"大都市的小儿童",他们的生存生活方式、成长成才路径等值得我们深思。

一、从儿童成长和城市发展的角度看,二者互相促进,双向奔赴

　　上海自开埠后,原来就有着悠久传统和良好基础的商业同西方的商业结合,产生出一种新型的商业,改变了传统商业在中国始终处于边缘的命运,成为上海社会的主流行业,而且主宰了整个上海市民的社会生活。上海并不只是一个都市本体意义上的存在,作为西方半殖民主义统治并深受西方政治、经济、文化影响的产物,它也是一代中国人追求现代化的试验地,不仅象征着一种与中国传统完全背道而驰的生活方式,而且指明中国未来前进的方向。随着现代化建设的不断深入,必然

---

①《上海市政府成立盛况》,载《申报》1927年7月8日。
② 吴铁城:《儿童运动与民族前途》,载《申报》1935年4月4日。

形成多渠道、多方式的培育现代人才的体系,形成政府、社会和家庭共同推动,良性发展的培育儿童成为现代人才的格局。

现代化的实现是一个包括由经济、政治、文化在内的社会整体结构的现代化和社会的主体——人的整体素质、生活方式以及生活质量、大众心理和价值观念等现代化和谐融会贯通而成的社会变迁过程。人的现代化与社会的现代化密不可分,儿童发展是社会发展的一部分,同时儿童的发展对社会发展具有反作用,他们在成年后将对社会的发展承担责任。儿童的培养理念既要符合社会和时代发展的要求,又要反作用于社会的发展和时代的变迁。

二、从儿童史研究的范畴看,儿童与社会互相成就、互相建构

儿童史研究的"社会构建论"和"生活经验论"均把儿童置于家庭关系的背景下研究,描述历史上曾经的儿童悲惨命运,以及中世纪向现代社会转变过程中儿童命运的不断改善,描绘出历史研究中儿童作为生命个体和研究对象从无到有的过程,但较少突出儿童的主体地位。实际上,若把儿童安置在宏观社会背景和城市环境中来考察,不难发现儿童对客观世界的建构。

儿童日常生活史是对主流话语体系中史学宏大叙事的重要补充,通过追溯历史背景,重现上海儿童生存状态,回归儿童日常生活,能够发现儿童与社会的相互建构。城市与成人通过他们对儿童的看法,为儿童提供的衣食住行、医疗、娱乐等建构起儿童的概念、儿童的培育方式、儿童成长方式等。这些均可在史实考证、史料丛刊、统计数据中得以证明,也正因如此,又往往被认为仅仅把儿童作为客体进行研究,失去儿童的主体性,缺乏儿童自身的视角。受到生理、心理等因素影响,相较于成人,儿童留下的史料无疑是较少的,但从儿童留下的为数不多的图片、文章、日记等资料中,也可发现儿童对于社会和城市的看法以及期望。当上海城市和成人强调以现代卫生观念、生活观念、伦理观念、教育观念等引导儿童时,其自身也在时刻接受这种观念的影响,儿童日常生活从传统走向现代的过程也是上海城市现代化建设的重要组成部分,城市培养的儿童在成年后又继续塑造和建设城市,从这个意义上说,儿童与社会是互相建构的。

三、从历史发展脉络来看,儿童成长是上海城市前进的一种内生动力

"冲击-反应"模式认为传统中国社会缺乏内在动力带来的改变,在遭受西方入侵之后才逐步迈向近代社会;中国中心观认为应该从中国社会内部出发研究中国历史,但往往都忽略从儿童发现历史,从儿童日常生活的角度解读历史。

20世纪20—30年代的上海儿童,在日常生活体验到的世界是他们自己创造的历史,对儿童日常生活史的梳理和剖析,可以发现上海城市从传统到现代的转型覆盖儿童的全部生活,以及儿童参与其中的全部活动,包括生产、消费、学习、体育、精神、交往等领域,那些隐藏在儿童衣食住行、酸甜苦辣日常生活中的史料,往往是对历史的真实反映。

通过对上海儿童日常生活的研究,可以发现上海儿童的日常活动不仅反映着城市传统与现代的交互作用,也推动城市与儿童的共同进步。儿童有其内在生命发展需求,儿童拥有对世界的认知,一代代上海儿童努力生存、认真生活,进而希望民族解放、国家强盛的美好愿景构筑起上海城市的繁荣与进步。"大都市中的小儿童"并不仅仅是一个纯粹的受惠者和被动接受者,他们一直在以一种自己能认同的角度和立场积极主动地参与他们所属的城市,在与城市中的人、事、物互动的过程中,形成城市发展的动力之源。

图 表 目 录

图 1-1　初到上海的妇女肩挑孩子 …………………………………… 46
图 1-2　到上海去的 …………………………………………………… 48
图 1-3　上海的报童 …………………………………………………… 59
图 2-1　鲁迅和海婴 …………………………………………………… 94
图 2-2　弄堂里的孩子 ………………………………………………… 98
图 2-3　码头边的孩子 ………………………………………………… 99
图 2-4　铁罐中一点点食品都不能浪费掉 ………………………… 104
图 2-5　一个个水泥阴沟圈成了流浪儿童的临时睡窝 …………… 104
图 3-1　儿童捡拾马路上的香烟屁股,做卷烟卖给别人 ………… 129
图 3-2　解百勒鱼肝油广告 ………………………………………… 147
图 3-3　那威鳘鱼肝油广告 ………………………………………… 152
图 4-1　1929 年上海市立民众学校学生年龄分布 ………………… 165
图 4-2　1929 年上海市立职工补习学校学生年龄分布 …………… 165
图 4-3　二重饥荒 …………………………………………………… 174
图 4-4　公共体育场 ………………………………………………… 186
图 4-5　图画游戏 …………………………………………………… 203
图 5-1　四位小朋友隆重庆祝儿童年 ……………………………… 226
图 5-2　上海于儿童节进行健康检查 ……………………………… 227
图 6-1　童子军组织系统 …………………………………………… 247
图 6-2　童子军野外操练 …………………………………………… 249
图 6-3　年龄较小的孩子剧团成员 ………………………………… 253

图 6-4	孩子剧团全体成员	253
图 6-5	1937年9月—1942年9月孩子剧团活动路线图	259
表 1-1	1930—1936年上海华界人口年龄构成情况表	30
表 1-2	1910—1935年上海公共租界成人和儿童少年统计表	31
表 1-3	1930—1936年上海法租界成人和儿童少年统计表	32
表 1-4	桑德巴氏年龄构成类型表	33
表 1-5	1910—1936年上海法租界儿童少年性别分类统计表	35
表 1-6	1935年上海公共租界人口年龄构成统计表	35
表 1-7	1929—1936年上海华界人口出生数和死亡数统计表	37
表 1-8	1935—1936年上海公共租界人口出生数统计表	38
表 1-9	1929年1月—1930年1月上海市出生数和死亡数统计表	38
表 1-10	1928年北平、上海、广州、武汉、南京工人家庭妇女生育数及百分比分布表	41
表 1-11	20世纪30年代上海与江苏部分城乡的部分行业月工资比较表	44
表 1-12	1929年上海市立小学学生籍贯统计表	49
表 1-13	20世纪30年代上海知识分子阶层月收入抽样调查表	52
表 1-14	20世纪30年代上海邮政系统职工月收入表	52
表 1-15	20世纪20年代上海各中外工厂中童工数量表	57
表 1-16	1930—1936年上海华界人口职业比例构成表	71
表 1-17	1935年上海公共租界人口职业构成表	72
表 2-1	1933年上海医药人员与设备统计表	109
表 2-2	20世纪30年代上海市医院统计表	110
表 2-3	1936年上海各校缺点矫治及急救药品材料表	113
表 2-4	1932—1933年南京、上海、北平死亡儿童统计比较表	120
表 2-5	1927年10月—1928年5月上海特别市政府卫生局布种牛痘人数统计表	121
表 2-6	1934年3月—1935年6月上海各校学生身体缺陷统计表	122
表 2-7	1934年3月—1935年6月上海各校学生缺陷矫治统计表	122

表 3-1	1929 年上海六个工人家庭中子女收入的总数和百分数表	126
表 3-2	20 世纪 30 年代上海中产家庭之子女教育养费表	132
表 3-3	1930 年不同城市童工月工资数目表	136
表 3-4	1927 年 11 月—1928 年 10 月上海 230 户工人家庭月平均收入表	137
表 3-5	1927 年 11 月—1928 年 10 月上海 230 户工人家庭生活费五大类之每月平均数及百分比表	138
表 3-6	1927 年 11 月—1928 年 10 月上海家庭生活费分类之每月平均数及百分比表	139
表 3-7	1933 年 4 月《申报》刊登的儿童用品广告表	144
表 3-8	1927—1937 年《申报》广告中的奶粉品牌表	148
表 4-1	1927—1935 年上海教育局递增幼稚园、小学数目比较表(以市立为限)	157
表 4-2	1935 年上海市各级学校级别比较表	157
表 4-3	1935 年上海初等学校立别统计表	158
表 4-4	1929 年 7 月—1932 年 6 月上海幼稚园概况统计表	158
表 4-5	1928—1932 年上海市简易体育场设立情况表	159
表 4-6	1929 年上海市立小学教员资格情况表	160
表 4-7	1932 年南京、北平、上海、青岛初等教育各项比较表	161
表 4-8	1929—1931 年南京、上海、北平、青岛的小学、幼稚园毕业儿童数表	162
表 4-9	1932 年南京、上海、北平、青岛现受义务教育儿童数占学龄儿童总数情况表	162
表 4-10	1933—1935 年上海市社会教育机关概况统计表(学校式)	163
表 4-11	1934 年上海市社会教育概况统计表	165
表 4-12	1928—1937 年上海历届小学联合运动会表	171
表 4-13	1929—1935 年上海历年度初等学校学生数量比较表	173
表 4-14	20 世纪 20—30 年代上海主要儿童图书馆表	196
表 4-15	1910—1937 年上海主要玩具制造厂表	199

表 4-16　20 世纪 20—30 年代商务印书馆摄制的主要短片表……………… 207
表 4-17　1932 年 10—12 月上海流动放映队工作效果表…………………… 208
表 4-18　1935 年联华公司三部儿童电影表 ………………………………… 209
表 5-1　上海市儿童幸福委员会附属事业表 ………………………………… 225
表 6-1　中国童子军专科训练表 ……………………………………………… 248
表 6-2　上海市孩子剧团成员一览表 ………………………………………… 254
表 6-3　1927 年第二学期上海市立小学毕业生就业分类表………………… 264
表 6-4　1929—1931 年上海公共租界兆丰、虹口、外滩三公园儿童游览人数统
　　　　计表 …………………………………………………………………… 273

参 考 资 料

档案资料

上海市档案馆：

Q123-1-490　行政院呈自本年(1935年)8月1日至明年(1936年)7月31日定为儿童年

Q123-1-542　上海市儿童幸福委员会转请审计部上海市审计处核销劳动托儿所补助经费案

Q123-1-1317　审计部上海市审计处审核上海市儿童幸福事业委员会25年(1936年)10、11月份经常费支付预算

Q123-1-3426　审计部上海市审计处关于全国儿童绘画展览会筹备会郑宝宇的委派书

Q215-1-6118　上海市工务局有关儿童节文书

Q215-1-8330　上海市工务局有关儿童幸福委员会劳动托儿所文书

Q215-1-8369　上海市工务局关于儿童游戏场文书

Q235-1-50　儿童幸福委员会简则规程及儿童节纪念办法

Q235-1-94　上海市教育局关于举办无线电播音演讲与播音历及有关取缔儿童书局出版之算术书指令

Q235-1-299　上海市社会局关于教育部令全市县划分小学区办法后调查学龄儿童办法

Q235-1-349　上海市教育局关于民教馆儿童阅览室公约及阅书竞赛室民众娱乐室等规则

Q6-18-423　上海社会局关于学生的卫生防疫措施、健康教育及举办夏令儿童健康营等问题的来往文书

Q6-18-594　上海市社会局关于市立盐仓、实验民众学校、第一幼稚园、殷行区初等教育研究会、真浦教育巡回区的文件

Q6-18-287-258　《儿童周刊》杂志登记申请表

Q61-1-135-101　中华慈幼协会江浙旱灾筹赈会为推销梅兰芳义演戏券事致上海市银行总经理朱达斋函

Q113-4-4-5　善后救济总署补助收复区老幼残废等救济机关暂行办法

Q114-1-9　上海孤儿院章程

Q114-1-26　上海市社会局、中华慈幼协济会关于筹备本市儿童年代表及举行运动会的函

Q123-1-1514　审计部上海市审计处审核上海市教育局25年度(1936年)派员出席全国慈幼会议并考定华北教育川旅费临时费支付预算

Q235-1-247　幼稚园小学课程标准编订委员会规则

Q235-1-340　上海市教育局关于令饬中小学幼稚园举行纪念恩亲会限制办法

Q235-1-323　上海市中小学实施新生活运动第一期方案草案

Q235-1-440　上海市教育局关于市立西新小学、闸北幼稚园校长、主任交替及移交事项

S313-1-161　上海市教育局有关编印中、小学及幼儿园教育课本内容和供应问题的指示文书

U1-16-1143　上海公共租界工部局卫生处有关沪江大学、沪东公社中小学工人学校及幼儿园要求改善卫生设备的文件

U1-16-1153　上海公共租界工部局卫生处关于上海中学、上海师校、小学及幼儿园四校卫生设备改善问题的文件

U1-16-1194　上海公共租界工部局卫生处关于稚幼小学卫生情况及补助费等事宜的文件

U38-1-167　上海法租界公董局关于中华慈幼协会的文件

U133-0-136　《慈幼月刊》

Y8-1-1366　《慈幼月刊》(第二卷)1—9号

U1-4-137　上海公共租界工部局学校义务健康检查(儿童畸形病)

U1-4-931　上海公共租界工部局总办处关于举办儿童音乐会事

U1-14-1969　上海公共租界工部局工务处有关公园管理(昆山儿童公园)的文件
U1-16-996　上海公共租界工部局卫生处有关儿童福利会的儿童福利及召开健康婴儿比赛会等事的文件
U1-16-2610　上海公共租界工部局卫生处关于为儿童注射白喉液剂等文件
Y15-1-142　儿童手册
U1-3-4112　上海公共租界工部局总办处关于中国儿童福利会举行杨树浦区儿童健康运动事
U1-3-4292　上海公共租界工部局总办处关于工部局图书馆儿童故事会事
U1-4-9　上海公共租界工部局总办处关于儿童年

资料汇编

上海市通志馆年鉴委员会编:《上海市年鉴》(1935年),中华书局1935年版。
上海市通志馆年鉴委员会编:《上海市年鉴》(1936年),中华书局1936年版。
上海市通志馆年鉴委员会编:《上海市年鉴》(1937年),中华书局1937年版。
蔡鸿源编:《民国法规集成》,黄山书社1933年版。
上海市政府秘书处编印:《上海市市政法规汇编》(1—8集)。
内政部总务司第二科编:《内政法规汇编·礼俗类》,编者1940年印。
华文处译述:《上海公共租界工部局年报》,编者1937年印。
上海公共租界工部局编:《上海市公共租界工部局公报》,编者1940年印。
上海市政府秘书处编:《上海市政府公报》,编者1935年印。
上海市政府秘书处编:《上海市市政报告》,编者1936年印。
上海市文献委员会编:《上海人口志略》,编者1948年印。
上海市教育局中等教育处编:《上海市中等教育概况》,编者1948年印。
中国童子军总会编:《十年来的中国童子军总会》,编者1944年印。
上海市政府秘书处编:《上海行政统计概要》,1935年。
中国第二历史档案馆编:《中华民国史档案资料汇编》,江苏古籍出版社1991年版。
沈云龙主编:《故旧感忆录》,载《近代中国史料丛刊》(第28辑),文海出版社1996年版。
申报儿童周刊社编:《儿童之友》(1—2集),编者1935年、1936年印。

新生活运动促进总会编：《民国二十三年新生活运动总报告》。
新生活运动促进总会编：《民国二十四年全国新生活运动》。
贵州省儿童年实施委员会编：《贵州省儿童年实施委员会报告》，编者 1936 年印。
蒋镜芙、吴桂仙编：《新中华常识课本教授书》(1—8 册)，新国民图书社 1929 年版。
徐学文编：《儿童卫生故事》，儿童书局 1933 年版。
上海市政府秘书处编：《上海市政概要》，新民出版社 1934 年版。
董坚志编：《初级模范作文》，春明书店 1941 年版。
上海通社编：《上海研究资料》，上海书店出版社 1992 年版。
中国社会科学院近代史研究所中华民国史研究室编：《中华民国史资料丛稿》(第 13
　　辑)，中华书局 1984 年版。
全国儿童年实施委员会编：《全国儿童年实施委员会总报告》，编者 1936 年印。
李文海主编：《民国时期社会调查丛编·人口卷》，福建教育出版社 2004 年版。
李文海主编：《民国时期社会调查丛编·城市(劳工)生活卷(上)》，福建教育出版社
　　2005 年版。
黄苇等编：《近代上海地区方志经济史料选辑》，上海人民出版社 1984 年版。
宋原放主编：《中国出版史料》，山东教育出版社 2006 年版。
张静庐辑注：《中国近现代出版史料》，上海书店出版社 2003 年版。
少年儿童出版社编：《现代儿童报纸史料》，少年儿童出版社 1986 年版。
朱有瓛、高时良编：《中国近代学制史资料》，华东师范大学出版社 1987 年版。
上海文史馆等编：《上海地方史资料》，上海社会科学院出版社 1982—1986 年版。
中国人民政治协商会议上海市委员会文史资料工作委员会编：《上海文史资料存稿
　　汇编》(1—12)，上海古籍出版社 2001 年版。
上海通社编：《上海研究资料》，上海书店出版社 1984 年版。
徐雪筠等译编：《上海近代社会经济发展概况》，社会科学院出版社 1985 年版。
《内政年鉴·礼俗篇》(第四卷)，商务印书馆 1936 年版。
《内政年鉴·民政篇》，商务印书馆 1936 年版。
《上海卫生志》编纂委员会编：《上海卫生志》，上海社会科学院出版社 1998 年版。
《上海民政志》编纂委员会编：《上海民政志》，上海社会科学院出版社 2000 年版。
《上海青年志》编纂委员会编：《上海青年志》，上海社会科学院出版社 2002 年版。

《上海妇女志》编纂委员会编：《上海妇女志》，上海社会科学院出版社2000年版。
《上海租界志》编纂委员会编：《上海租界志》，上海社会科学院出版社2001年版。

时人著述

姚昶绪：《育儿法》，商务印书馆1930年版。
陶行知：《怎样做小先生》，商务印书馆1935年版。
陶行知：《知行诗歌别集》，商务印书馆1935年版。
陈鹤琴：《儿童心理之研究》，商务印书馆1933年版。
胡叔异：《假期作业课本》，商务印书馆1933年版。
洪式闾、吴迈：《生产与育婴》，商务印书馆1935年版。
林仲达：《儿童保护事业与法律》，新中国书局1932年版。
李廷安：《学校卫生概要》，商务印书馆1930年版。
钱弗公：《儿童保护》，商务印书馆1937年版。
吴继泽：《儿童事业概论》，商务印书馆1938年版。
王云五：《妇女儿童保护问题》，商务印书馆1933年版。
上海市教育局第一科庶务股：《大上海教育·幼稚教育专号》。
陈德徵：《上海特别市教育统计》，上海特别市教育局1929年版。
赵会钰：《上海之公用事业》，商务印书馆1947年版。
赵侣青、徐迥千：《儿童演讲研究》，中华书局1935年版。
张少微：《儿童社会问题》，文通书局1944年版。
胡叔异：《儿童的新生活》，正中书局1934年版。
朱智贤：《儿童教养之实际》，开华书局1933年版。
姜元琴：《儿童节》，商务印书馆1935年版。
黎正甫：《儿童教育概论》，中华公教教育联合会1936年版。
朱鼎元：《儿童文学概论》，中华书局1934年版。
萧孝嵘：《儿童心理学及其应用》，商务印书馆1936年版。
严园柱：《儿童阅读书报指导法》，大东书局1933年版。
中华儿童教育社：《儿童教育》，儿童书局1933—1937年版。
关瑞梧：《儿童教养机关之管理》，正中书局1947年版。

曾明群：《父母子女之权利义务》，商务印书馆1938年版。
陆伯羽：《怎样教育儿童》，长城书局1935年版。
《中华儿童教育社年刊·健康教育》，大东书局1934年版。
上海市政府社会局：《上海市工人生活程度》，中华书局1934年版。
黄一德：《纪念日的日记》，儿童书局1936年版。
麦惠庭：《中国家庭改造问题》，商务印书馆1930年版。
潘光旦：《优生概论》，商务印书馆1946年版。
上海特别市政府秘书处：《上海市政概要》，1929年版。
屠诗聘：《上海市大观》，中国图书编译馆1948年版。
儿童书局编辑部：《寄儿童们》，儿童书局1938年版。
[美] 赖勃尔：《儿童与家庭》，张昌祈译，开明书店1930年版。
杨西孟：《上海工人生活程度的一个研究》，社会调查所1930年版。

报纸杂志
《申报》
《上海生活》
《儿童周刊》
《良友》
《慈幼月刊》
《儿童年鉴》
《儿童手册》
《东方杂志》
《时代漫画》
《小孩画报》
《现代父母》
《独立评论》
《教育与民众》
《儿童科学杂志》
《上海青年》

《社会月刊》

《申报月刊》

《生活周刊》

《文学周报》

《新青年》

《新生活运动促进总会会刊》

《新闻报》

《大公报》

《文汇报》

《益世报》

《民立报》

《时报》

《中央日报》

专著

忻平:《从上海发现历史——现代化进程中的上海人及其社会生活1927—1937(修订版)》,上海大学出版社2009年版。

唐振常主编:《上海史》,上海人民出版社1989年版。

张仲礼主编:《近代上海城市研究》,上海人民出版社1990年版。

熊月之主编:《上海通史》,上海人民出版社1999年版。

徐公肃、丘瑾璋:《上海公共租界制度》,上海人民出版社1980年版。

费成康:《中国租界史》,上海社会科学院出版社1991年版。

邹依仁:《旧上海人口变迁的研究》,上海人民出版社1980年版。

乐正:《近代上海人社会心态(1860—1910)》,上海人民出版社1991年版。

郁慕侠:《上海鳞爪》,上海书店出版社1998年版。

[美]安妮特·拉鲁:《不平等的童年》,张旭译,北京大学出版社2010年版。

[美]卢汉超:《霓虹灯外——20世纪初日常生活中的上海》,段炼等译,上海古籍出版社2004年版。

[英]彼得·伯克:《图像证史》,杨豫译,北京大学出版社2008年版。

罗苏文：《上海传奇：文明嬗变的侧影(1553—1949)》，上海人民出版社 2004 年版。

陆士桢、魏兆鹏、胡伟：《中国儿童政策概论》，社会科学文献出版社 2005 年版。

陆士桢、王玥：《青少年社会工作》，社会科学文献出版社 2005 年版。

陆士桢、任伟：《儿童社会工作》，社会科学文献出版社 2003 年版。

马春雷主编：《在凝聚中引领——2007 上海青年工作课题调研集》，中国社会出版社 2008 年版。

王禄宁、杨雄主编：《儿童发展与社会责任》，上海社会科学院出版社 2004 年版。

熊秉真：《童年忆往》，广西师范大学出版社 2008 年版。

李长莉：《中国人的生活方式：从传统到现代》，四川人民出版社 2008 年版。

陈世联：《文化与儿童社会化》，中国社会科学出版社 2008 年版。

王笛主编：《时间·空间·书写》，浙江人民出版社 2006 年版。

吴健熙：《上海生活》，上海社会科学院出版社 2006 年版。

邵雍：《中国近代社会史》，合肥工业大学出版社 2008 年版。

邓伟志、徐榕：《家庭社会学》，中国社会科学出版社 2001 年版。

行龙：《从社会史到区域社会史》，人民出版社 2008 年版。

郎净：《近代体育在上海》，上海社会科学院出版社 2006 年版。

忻平：《全息史观与近代城市社会生活》，复旦大学出版社 2009 年版。

楼嘉军：《上海城市娱乐研究(1930—1939)》，文汇出版社 2008 年版。

苏竞存：《中国近代学校体育史》，人民教育出版社 1994 年版。

衣俊卿：《现代化与日常生活批评》，人民出版社 2005 年版。

[美] 李欧梵：《上海摩登——一种新都市文化在中国 1930—1945》，毛尖译，北京大学出版社 2001 年版。

罗存康：《少年儿童与抗日战争》，团结出版社 2015 年版。

徐兰君：《儿童与战争：国族、教育及大众文化》，北京大学出版社 2015 年版。

王星慧：《华北根据地少年儿童生活变迁研究》，江苏人民出版社 2022 年版。

杨丽萍：《从非单位到单位——上海非单位人群组织化研究(1949—1962)》，上海大学出版社 2022 年版。

Dewey, John. *The School and Society*. Chicago：University of Chicago Press, 1899.

deMause, Lloyd. *The Evolution of Childhood*, in LloyddeMause, ed., *The History of Childhood*. New York: The Psychohistory Press, 1974.

Holt, John. *Escape from Childhood*. New York: Ballantina Books, 1976.

Payne, George Henry. *The Child in Human Progress*. New York and London: G. P. Putnam's Sons, 1916.

Pinchbeck. *Children in English Society*, Volume Ⅱ: From the Eighteenth Century to the Children Act of 1948. Toronto: University of Toronto Press, 1973.

Harry Hendrick, *Child, Childhood and English Society, 1880-1990*, New York: Cambridge University Press, 1997.

Lloyd de mause, *The History of Childhood*, Linda A. Pollock, *Forgotten Children: Parent-child Relations from 1500 to 1900*, Cambridge: Cambridge University Press, 1983.

John Demos, *A Little Commonwealth*, New York: Oxford University Press, 1970.

Edward Shorter, *The Making of the Modern Family*, New York: Basic Book, 1976.

Lawrence Stone, *The Family, Sex and Marriage in England, 1500-1800*, New York: Harper and Row, 1974.

论文

辛旭:《儿童与社会的相互建构:儿童史研究突破的一种可能》,载《学术月刊》2016年第4期。

苏全有:《没有儿童的儿童史——对近代中国儿童史研究的回顾与反思》,载《河南理工大学学报》(社会科学版)2013年第2、3期。

谢忠强:《中国救济妇孺会慈善工作述评(1912—1917)》,载《山西师大学报》2007年第4期。

左芙蓉、刘继同:《国家与儿童:民国时期儿童福利政策与服务实践历史研究》,载《青少年犯罪问题》2006年第3期。

吕美颐、郑永福:《近代中国新法接生的引进与推广》,载《山西师大学报》2007年第5期。

苏新有：《抗战时期国民政府难童救济述论——以赈济委员会儿童教养院为例》，载《贵州社会科学》2007年第7期。

何孔娇：《民国上海最大的留养机构——新普育堂》，载《文史月刊》2006年第8期。

李宁：《中国代表团出席国联远东禁贩妇孺会议经过报告书》，载《民国档案》2007年第3期。

董根明：《抗战时期国民政府的儿童福利政策》，载《抗日战争研究》2006年第4期。

邓玉娜：《1946年北平市庆祝"四四儿童节"史料》，载《北京档案史料》2007年第3期。

《民国时期商务印书馆儿童读物的出版于阅读》，载《高校图书馆工作》2007年第7期。

《从晚清到"五四"——近现代报刊在中国现代儿童观生成中的作用》，载《浙江师范大学学报》（社会科学版）2006年第3期。

《杜威"儿童本位论"及其与中国儿童文学的关系》，载《云南社会科学》1995年第1期。

小田：《儿童生活往昔：丰子恺作品之社会史考察》，载《史学月刊》2006年第10期。

《中国近代儿童公育与非儿童公育思潮对婴幼儿教育社会化的推进》，载《西南师范大学学报（社科版）》2001年第2期。

《管窥二十世纪二十年代儿童公育问题》，载《安徽文学》2007年第7期。

《中国近代儿童报刊的历史考察》，载《新闻与传播研究》2006年第1期。

《从"新文艺书店的老大哥"到教科书和儿童读物出版的劲旅》，载《出版史料》2004年第3期。

熊贤君：《中华民国时期义务教育经费》，载《教育与经济》1999年第1期。

秦韶华：《上海市华届中小学学校卫生研究（1929—1937）》，硕士学位论文，华东师范大学，2007年。

南钢：《上海家庭教育的近代转型》，博士学位论文，华东师范大学，2004年。

于喜敏：《上海童子军研究》，硕士学位论文，上海师范大学，2006年。

蔡洁：《国难下的启蒙："儿童年"与儿童教育（1935—1936）》，载《福州大学学报》（哲学社会科学版）2016年第2期。

陈莹：《20世纪30年代民国儿童电影教育探析》，载《当代电影》2018年第5期。

李永宸：《李廷安学校卫生思想》，载《中国学校卫生》2019年第6期。

后　　记

　　行文于此,落笔为终。此书原是我的博士毕业论文,十三年后的今天,在机缘巧合之下出版了这本书。十三年风雨沉淀,如今已是不同心境,同当初稚嫩青涩的视角不同,人生角色的转换让我对事与物有了不同的见解,人生阅历的丰富也使我更加理性地认识历史、感知历史。回想起十多年前那个为毕业论文绞尽脑汁、奋笔疾书的自己,仍是热泪盈眶,没有当年的努力和坚持下去的毅力,没有当年的毅然决然,也不会有如今的淡定从容。

　　桃李不言,下自成蹊。首先我要特别感谢我的博士生导师忻平教授,从选题、开题到数据分析,再到论文写作,都离不开导师的谆谆教诲,导师传道授业解惑,有着严谨的教学态度,学识渊博,使我受益匪浅。同时,也感谢我的硕士生导师张礼恒教授,老师治学严谨、正直磊落,一直鼓励和关心我的学习和工作。感谢华东师范大学的各位授课老师,你们的教导和关心为我创造出了优越的学习机会,使我能够顺利地解决学习中的疑惑。

　　椿萱并茂,棠棣同馨。感谢父母对我的培养以及对我学术上的支持,我只不过是站在他们的肩膀上,去见识他们未曾见过的世界与繁华。从蹒跚学步,到成年独立,再到成家立业,漫长而又艰辛的道路上谢谢你们一直陪着我;感谢我的爱人,和我一起体验学习生活中的酸甜苦辣,静静地爱我、鼓励我、支持我;感谢我的儿子们,一直是我坚持学习的动力源泉。他们的爱我会牢记于心,我会砥砺前行,同时也希望我的家人能够平安快乐。

　　愿岁并谢,与友长兮。山河不足重,重在遇知己。感谢上海大学的吴静老师、丰箫老师、王聪老师,为本书的出版提供机会;感谢华东师范大学、上海大学的师兄、师姐、师弟、师妹和聊城大学的同事们给予我的鼓励、理解和支持,与我共渡难关,让我能够一直进步。

感谢我的学生们对本书出版工作的支持与帮助,感谢李倩文、初文扬、薛忠华、刘淑新、崔景秋、胡博、郭凯迪、董洁、冯如、于芯藤,他们在有限的时间里,帮助我搜集史料、修改语病、订正瑕疵、完善内容,圆满地完成了各自的任务……在我们的共同努力下,书稿焕然一新,随着时代发展变化,本书也作出了相应改变,更加丰富充实。

追风赶月莫停留,平芜尽处是春山。感谢并接纳每个阶段的自己,始终尽最大努力保持自信乐观,一步步脚踏实地创造现在。人生是渐进性和飞跃性的统一,每一个阶段都会带给我们不同的成长。我愿以此书的出版为契机,督促、激励自己在学术的道路上不怕艰难险阻,继续自信成长。

道阻且长,行则将至;行而不辍,未来可期。